Rudolf Taschner — WORAN GLAUBEN

Rudolf Taschner

WORAN GLAUBEN

10 Angebote für aufgeklärte Menschen

INHALT

VORWORT

Dieses Buch bringt Gedanken über mögliche Glaubensweisen zur Entfaltung. Dies kann, meiner festen Überzeugung nach, nur in der Form eines Essays gelingen. Denn beim Essay, so schreibt Theodor W. Adorno, sind all die heiklen Sujets, über die es nachzudenken gilt, weder „von einem Ersten her konstruiert noch runden sie sich zu einem Letzten". Und weiter: Der Essay „fängt nicht mit Adam und Eva an, sondern mit dem, worüber er reden will; er sagt, was ihm daran aufgeht, bricht ab, wo er selber am Ende sich fühlt und nicht dort, wo kein Rest mehr bliebe". Genau in dieser Form zu schreiben ist angemessen, wenn es gilt, das Thema des Glaubens aus verschiedenen Richtungen zu beleuchten, ohne dabei mit endgültigen Urteilen über irgendeine der zehn angebotenen Glaubensweisen den Stab brechen zu wollen. Es versteht sich von selbst, dass die von mir vorgestellten zehn Angebote einander keineswegs ausschließen und ebensowenig irgendeinen Anspruch auf Vollständigkeit erheben.

Jeder Mensch hat, wie seinen Fingerabdruck, seinen eigenen, unverwechselbaren Glauben, woran auch immer. Es ist ein Glaube, der sich im Laufe des Lebens verfestigen, wandeln, verflüchtigen kann. Gänzlich zerbrechen wird er nie. Man kann zwar als „Ungläubige" oder als „Ungläubiger" geschmäht werden, wenn man die Glaubensrichtung desjenigen nicht teilt, der so lästert. Aber absolut ungläubig zu sein widerspricht, so sagt Alexis de Tocqueville, „dem natürlichen Gefühl des Menschen und versetzt seine Seele in einen trostlosen Zustand". Die in diesem Buch vorgelegten

Angebote wollen davor bewahren. Nicht durch Aufdrängen eines Standpunktes – dann wäre es kein Essay. Sondern dadurch, dass die vergnügliche Lektüre zum beflügelnden Nachdenken anregt.

Ratschläge, Kritik, Zuspruch und Widerspruch erfuhr ich im Laufe des Schreibens von Laurentius Eschlböck OSB, Lukas Hartig, Jakob König, Exz. Maria-Pia Kothbauer, Heinz Sichrovsky und Hans Winkler. Ihnen allen sei herzlichst gedankt. „Gratias multas ago" dem verlässlichen und überaus engagierten Team des Christian Brandstätter Verlags, vor allem aber ein „merci cordialement" dem Verlagsleiter Nikolaus Brandstätter, der das Wagnis auf sich nahm, einen Essay – die heikelste Gattung Literatur, eine Art Nomade in Papierform – in sein ambitioniertes und von beneidenswertem Erfolg gekröntes Programm aufzunehmen.

Den belastbarsten Rückhalt erfuhr ich in gewohnter und für mich immer wieder bestärkender Weise von meiner Frau Bianca und von unseren beiden Kindern Laura und Alexander. Engagiert studierten sie kritisch mein Manuskript und halfen mir über manche Klippen beim Schreiben hinweg.

Kurt Gödel und Albert Einstein 1954 bei einem ihrer gemeinsamen Spaziergänge in der Nähe des Institute for Advanced Study in Princeton, New Jersey, USA.

Prolog

DER MATHEMATISCHE GOTTESBEWEIS

Kurt Gödel, 1906 in Brünn geboren, gilt als der größte Logiker seit Aristoteles. 1930 faszinierte er die mathematische Welt mit dem sogenannten Unvollständigkeitssatz, der die formale Mathematik in ihren Grundfesten erschütterte. Mit seinem klaren und unbestechlichen Verstand beeindruckte er Albert Einstein, als ihn dieser in Princeton kennenlernte – nicht nur Einstein, auch das Ehepaar Gödel ist vor Hitlers Schergen nach Amerika geflohen. Stundenlang unterhielten sich die beiden Geistesgrößen bei ihren Spaziergängen in den Parks des Institute for Advanced Study. Einstein behauptete einmal, dass er eigentlich nur deshalb von seiner Wohnung ins Institut gehe, weil er sich dort mit seinem Freund Gödel trifft und mit ihm plaudern kann.

Gödel behielt vieles von dem, was er wusste, für sich. Er war alles andere als gesprächig. In Amerika pflegte er nur mit Einstein und nach dessen Tod nur mit dem ebenfalls vor den Nazis nach Amerika geflohenen Wirtschaftsprofessor Oskar Morgenstern Kontakt. Als Gödel vor dem Zweiten Weltkrieg in Wien studierte und als Dozent lehrte – die meisten Vorlesungen sagte der menschenscheue Eigenbrötler ohnehin noch vor ihrem Beginn ab –, nahm er an den Sitzungen des berühmten Wiener Kreises teil: Jeden Donnerstagabend trafen sich Philosophen, Physiker, Mathematiker und andere Wissenschaftler im mathematischen Institut, um die Philosophie völlig neu zu begründen und all den Unfug von ihr zu entfernen, der sich ihrer Meinung nach seit Platon und Aristoteles angesammelt hatte. Nur exakte Definitionen waren geduldet, nur logisch einwandfreie Argumente, nur auf sicherer Erkenntnis beruhende Urteile – alles andere, vor allem das Reden über Gott, wurde als Scheinproblem bloßgestellt und verdammt. Gödel hörte sich all dies interessiert an und schwieg. Nie sagte er im Wiener Kreis ein einziges Wort.

Er machte sich seine eigenen Gedanken, die er streng für sich behielt. Er dachte nicht nur über Mathematik, sondern auch über Gott nach. Und gelangte in den 40er Jahren des vorigen Jahrhunderts zu einer in seinen Augen sehr befriedigenden Erkenntnis: Nach Gödels Tod, im Jahre 1978, tauchte in seinem Nachlass ein mathematischer Beweis für die Existenz Gottes auf. Gödel hatte ihn nicht veröffentlicht, weil er besorgt war, man könne ihn als Glaubensbekenntnis auffassen. Der Beweis ist vollkommen korrekt, hieb- und stichfest. 2013 hatten ihn die Informatiker Christoph Benzmüller von der Freien Universität Berlin und Bruno Woltzenlogel Paleo von der Technischen Universität Wien anhand eines eigens dafür entworfenen Computerprogramms überprüft – Gödel wäre darüber ziemlich sicher erbost gewesen. Denn ihm, dem fraglos größten Logiker der Neuzeit, einen Fehler in einer von ihm als wichtig erachteten Abhandlung zu unterstellen, ist eigentlich eine Frechheit.

Bei seinem Gottesbeweis bediente sich Gödel eines raffinierten Arguments des mittelalterlichen Kirchenlehrers Anselm von Canterbury: Wenn Gott als derjenige gemeint ist, über den hinaus nichts Vollkommeneres gedacht werden kann, aber dieser Gott nur als Möglichkeit und nicht als Wirklichkeit existierte, dann trüge er nicht die Fülle der Vollkommenheit in sich. Denn nur möglich, aber nicht wirklich zu sein, bedeutet unvollkommen zu sein. Gott jedoch trägt die Fülle der Vollkommenheit in sich. Darum, so Anselm, ist Gott nicht bloß gedanklich möglich, sondern sogar wirklich: Er existiert.

Den hl. Thomas von Aquin, Immanuel Kant und viele andere Denker überzeugte Anselms Beweis nicht. Thomas von Aquin glaubte andere, stichhaltigere Gottesbeweise liefern zu können. Doch aus der Sicht Gödels klang Anselms Herleitung von Gottes Existenz verführerisch. Und ihm gelang tatsächlich, Anselms Argument auf ein mathematisch sicheres Fundament zu stellen.

Trotzdem sind Gottesbeweise, mögen sie von Anselm von Canterbury, von Thomas von Aquin oder von Kurt Gödel stammen, höchst eigenartig. Nur Zweifler an Gott bedürfen ihrer. Wer an Gott glaubt, hat keinen Gottesbeweis nötig. Anscheinend war das Mittelalter – jene Ära, in der die Kirche größte Machtentfaltung entwickelte, in der Hunderte von Klöstern gegründet, eine Unzahl romanischer und gotischer Gotteshäuser errichtet wurden – eine Zeit, in der man an Gott zu zweifeln begann. Wie ein Ertrinkender verzweifelt nach einem Strohhalm greift, so verlangten die Gelehrten des Mittelalters nach Gottesbeweisen. Denn ihr Glaube begann zu bröckeln.

Aber kein Gottesbeweis bringt den Glauben an Gott zurück. Ein Gott, der bloß existiert, selbst wenn er auf mathematisch sicherer Basis existiert, geht mich nichts an. Weder tanze ich vor noch bete ich zu ihm.

Wie auch Kurt Gödel aus seinem Gottesbeweis für sein eigenes Leben wohl kaum Gewinn ziehen konnte: Seit der Ermordung des von ihm verehrten Leiters des Wiener Kreises, des Philosophieprofessors Moritz Schlick im Jahre 1936, litt er an Depressionen und hatte immer wieder Nervenzusammenbrüche. Sein labiler Geisteszustand wurde durch den Verdacht seines Freundes Einstein, dass der US-amerikanische Geheimdienst, wie einst in Deutschland die Geheime Staatspolizei, überall seine Fänge ausbreite, um einen krankhaften Verfolgungswahn bereichert. Nach Einsteins Tod zog sich Gödel fast völlig von der Öffentlichkeit zurück. Selbst im eigenen Hause wurde er zusehends sonderlich. Sein Essen, so mutmaßte er, könnte vom Geheimdienst vergiftet sein. Nur wenn seine Frau Adele mit seinem Besteck die Speisen vorkostete, griff er, nach stundenlanger sorgfältiger Beobachtung des Gesundheitszustandes seiner Frau, zaghaft zu. Als Adele Gödel für längere Zeit ins Krankenhaus musste, verweigerte Gödel stur jede Nahrungsaufnahme und ist schließlich aus Angst, vergiftet zu werden, verhungert.

Im Übrigen war Kurt Gödel überzeugt, dass Gespenster existieren.

Friday the 13th, Freitag der 13. bringt Unglück, denn 13 gilt als Unglückszahl (wie in China die Zahl 4). Dagegen helfen eine Hasenpfote und
das Daumen-Halten – in Amerika: to keep one's fingers crossed, das
Kreuzen der Finger.

DER GLAUBE AN 313

Er besitzt keinen guten Ruf. Trotzdem dürften ihm mehr Menschen anhängen, als man vermuten würde: dem Aberglauben. Denn er besteht seit Urzeiten. Schon Steinzeitmenschen warfen Würfel, die sie aus den Knochen der von ihnen erlegten Tiere schnitzten. Wenn die Würfel günstig fielen, waren sie überzeugt, dass ihnen die Götter oder Geister günstig gewogen sind.

Der römische Historiker Sueton berichtet, dass Kaiser Augustus ein manisch besessener Würfelspieler war: Er warf vier Würfel gleichzeitig und freute sich herzhaft über den „Venuswurf", der dann zustande kommt, wenn die vier Würfel lauter verschiedene Augenzahlen zeigen. Dann nämlich, so glaubte er, ist ihm Venus, die Göttin der Liebe, hold. Dass man im Werfen der Würfel dem Glück nachjagt, dass man aus den Sternen oder aus dem Blick in eine Kristallkugel das Schicksal ergründen möchte, das alles und viel mehr hat sich bis heute erhalten. In den kuriosesten und wunderlichsten Spielarten begegnet man dem Aberglauben.

Wohl kaum ein anderes Volk auf der Erde ist seit alters her bis in die Gegenwart so sehr dem Aberglauben verfallen wie das chinesische. Dies beginnt schon damit, dass ein Chinese sich möglichst schnell die Hände waschen will, wenn er sich vom Unglück verfolgt fühlt, weil er damit die schlechte Aura, das an ihm klebende Pech, entfernen möchte. Meint er aber, einen guten Lauf zu haben, vermeidet er das Händewaschen, um die an ihm haftende Fortuna nicht wegzuspülen.

Die Farbe Rot wird in China besonders geliebt, und das hat nichts mit dem dortigen kommunistischen Regime zu tun. Sondern seit jeher glaubt man in China daran, dass Rot das Glück und die Freude anzieht. Leider sind viele Chinesen heillos dem Glücksspiel verfallen, und die meisten von ihnen betreten das Casino – am besten nicht durch den Haupteingang, er hat dem Feng Shui zufolge eine schlechte Aura, sondern durch einen Seiteneingang – mit roter Unterwäsche: Egal ob Boxershort, Slip oder Büstenhalter – solange Chinese und Chinesin rot tragen, ist das Glück auf ihrer Seite.

Gelb, einst die kaiserliche Farbe, steht für Toleranz, Geduld und Weisheit, gewonnen aus Erfahrungen. Gelb, vor allem Gold, ist als glücksbringende Farbe vielleicht sogar noch mächtiger als Rot, aber es war früher allein dem kaiserlichen Hof vorbehalten. Ebenso sind auch andere Farben mit Symbolen überfrachtet und kommen nach streng zu befolgenden Regeln zur Geltung: Grün lindert Sorgen und verheißt Ruhe, Hoffnung und Frische; Blau steht für das Wachstum, die Hoffnung und die Treue etc.

Doch erst richtig tobt sich Chinas Aberglaube bei den Zahlen aus.

Die Zahl vier, chinesisch „si" gesprochen, ist in China die Unglückszahl schlechthin. Denn diese Zahl klingt auf Chinesisch genauso wie Sterben und Tod. Wo immer es geht, wird vier gemieden, sogar wenn diese Ziffer als Einerstelle in Zahlen wie 14, 24 oder 34 vorkommt. 44 ist natürlich ganz schlimm. Mobiltelephonnummern, die mit 4 enden oder in denen die Ziffer 4 häufig vorkommt, sind in China unverkäuflich.

Dafür sind die Zahlen sechs und neun recht beliebt. Das chinesische Wort für sechs klingt im Kantonesischen genauso wie das Wort für Wohlstand. Im Standardchinesischen klingt es wie das Wort für flüssig, im Fluss sein. Darum denkt ein Chinese, wenn er auf die Ziffer 6 stößt, an einen sprudelnden Gewinn. Bei der Zahl neun denkt er an den Kaiser von China, dessen Beamte in einem System von neun Rängen organisiert waren und denen der Kaiser neun verschiedene Ehrenzeichen für besondere Taten verleihen konnte. Der in der chinesischen Mythologie als guter Dämon verehrte Drache hat neun Kinder.

Die absolute Glückszahl Chinas jedoch ist acht. Sie wird im Chinesischen „ba" gesprochen, und das klingt so ähnlich wie das Wort für den bevorstehenden Reichtum. Verträge unterzeichnet man am besten am 8. des Monats um acht Uhr. Als die Bank of Communications an die Hongkonger Börse ging, beantragte sie die Wertpapiernummer 3328. Diese Zahl endet nicht nur mit der Ziffer 8, wenn man sie im Chinesischen ausspricht, hört man überdies die Devise „leicht reich werden".

Autokennzeichen und Mobiltelephonnummern mit vielen Ziffern 8 werden zu hohen Preisen verkauft. Den Gegenwert von mehr als 20.000 Euro zahlte ein Geschäftsmann im südlichen Hainan für eine Nummer, die mit 888 endete. Und bei einer Versteigerung einer Nummer mit einer fünffachen 8 ergatterte diese ein Privatmann aus der Provinz Henan für sage und schreibe 75.000 Euro.

So gesehen ist es kein Wunder, dass die in Peking abgehaltenen Olympischen Spiele mit einer feierlichen Zeremonie exakt am 8. 8. 2008 abends um 8 Uhr und 8 Minuten eröffnet wurden.

W elche Zahl ist Ihre Lieblingszahl?"
In fast jedem Interview mit mir als Mathematiker taucht diese Frage auf. Weil viele dem Aberglauben anhängen, bestimmte Zahlen trügen die Aura des Glücks oder des Unglücks in sich. Sie vermuten daher: Wer sich mit Mathematik beschäftigt, hätte zu Zahlen ein besonderes, ein inniges, vielleicht sogar ein erotisches Verhältnis. Ich habe es aufgegeben, mich gegen diese Frage zu wehren und zu betonen, dass für mich jede Zahl gleich viel oder besser: gleich wenig bedeutet. Ich habe mir einfach eine Standardantwort zurechtgelegt und sage schlicht: „313."

„Warum gerade 313?", wird sofort nachgefragt.

„313 ist die Zahl des Autokennzeichens von Donald Duck", antworte ich darauf. (Ich spreche dabei „Duck" so aus, wie es geschrieben steht. So hatte ich es als kleines Volksschulkind getan und war später schwer enttäuscht, als man mich belehrte, dass es richtig „dak" auszusprechen sei. Bis heute wehre ich mich dagegen, schon aus Verehrung für Doktor Erika Fuchs, jene großartige Germanistin, die alle vom genialen Carl Barks geschaffenen Donald-Duck-Geschichten mit einzigartigem Sprachwitz ins Deutsche übertrug.)

Die Idee zum Nummernschild 313 für Donalds Karosse stammt vom ersten Donald-Duck-Zeichner Charles Alfred Taliaferro, der auch Donalds Neffen Tick, Trick und Track erfand. Die Zahl 313 soll wohl auf Donalds Geburtstag, den 13. März, hinweisen (Three-Thirteen lautet er im Amerikanischen, weil in den USA die Nummer des Monats vor jener des Tages genannt wird – wir kennen das von Nine-Eleven). Klar, dass ein Pechvogel wie die vom Schicksal verfolgte Ente Donald an diesem Tag geboren sein muss: 3×13 symbolisiert ein dreifaches Unglück.

Warum 13 in unseren Breiten als „Dutzend des Teufels" mit dem Unglück verwoben sein soll, ist nicht leicht zu beantworten. König Philipp von Makedonien, der Vater Alexanders des Großen, wollte zu den zwölf Statuen der olympischen Götter sein eigenes Abbild als 13. Statue hinzufügen und wurde, bevor es dazu kam, von seinem Leibwächter Pausanias meuchlings ermordet. Vielleicht hat es damit zu tun, vielleicht aber wegen eines banalen sprachlichen Grundes: Die Zahl 13 setzt sich im Deutschen wie im Englischen als erste aus den sprachlichen Bausteinen drei und zehn zusammen, während alle Zahlen davor durch unzerlegbare Wörter bezeichnet sind. Für diese Deutung spricht, dass in Italien traditionell nicht 13, sondern 17 als Unglückszahl gilt. Dort erfolgt der gleiche sprachliche Sprung im Zählen von quattordici, quindici, sedici zu diciassette, diciotto, diciannove, also von 14, 15, 16 zu 17, 18, 19 eben bei der Zahl 17. Ein anderer Grund, dass die Nachkommen der alten Römer 17 als Unglückszahl empfinden, mag aus der römischen Schreibweise dieser Zahl herrühren: XVII. Man kann die Buchstaben so vertauschen, dass daraus das lateinische Wort VIXI entsteht, übersetzt: Ich habe gelebt. Und zwar in der Bedeutung: Ich habe mein Leben bereits hinter mir. Doch nur mehr traditionsbewusste Italiener erinnern sich an die Unglück bringende Aura von 17. Für junge, dem nördlichen Europa und Nordamerika aufgeschlossene Italiener ist bereits 13 zur Unglückszahl geworden.

Wie dem auch sei: Aus mathematischer Sicht ist an 313 nichts Besonderes zu bemerken. 313 ist Primzahl, aber das sind auch unendlich viele andere Zahlen. Sie ist überdies das „größere Geschwister" der Primzahlzwillinge 311 und 313: Zwei Primzahlen bilden nämlich dann ein Zwillingspaar, wenn sie sich um 2 unterscheiden. Primzahlzwillinge sind zum Beispiel 3 und 5 oder 11 und 13 oder 521 und 523 oder 1997 und 1999. Es gibt sie zuhauf. Als Lieblingszahl für einen Mathematiker ist 313 nicht gerade die erste Wahl. 1729 ist mindestens genauso attraktiv.

Doch bei der Frage nach der Lieblingszahl fühle ich mich eben nicht als Mathematiker angesprochen. Sondern als ein Mensch mit seinen Vorlieben und seinen Schwächen, mit seinen Wünschen und seinen Geheimnissen. Wenn ich bei der Frage nach der Lieblingszahl mit „313" antworte, verstecke ich mich hinter Donalds Figur. Sie ist untrennbar mit 313 verwoben, und ein wenig finde ich mich – wie wohl viele unter uns – in ihr wieder.

Obwohl ich weiß, dass es ein wenig verrückt ist, halte ich bei meinen Spaziergängen auf den Straßen Wiens immer wieder nach Autos Ausschau, ob sie wohl 313 als Kennzeichen tragen. Wenn mir so ein Gefährt vor die Augen tritt, freue ich mich und halte den Tag für gerettet. Ich bin schon zufrieden, wenn 313 wenigstens in der Ziffernfolge des Kennzeichens auftaucht, ja sogar, wenn das Kennzeichen mindestens zweimal die Ziffer 3 und mindestens einmal die Ziffer 1 in sich trägt. Das kommt recht oft vor und lässt mich insgeheim hoffen, dass die Ziele, die ich mir gerade vornehme, erreicht werden. Einmal begegnete ich sogar einem Wagen mit dem Kennzeichen 313 und der Buchstabenkombination DD. 313 mit den Initialen Donalds! Besser konnte ich es gar nicht treffen!

Selbstverständlich weiß ich, dass dieser kleine private Aberglaube nichts anderes als eine lächerliche Marotte ist. Aber ich werde von ihr wohl mein Lebtag nicht loskommen. Sie schadet auch nicht. Im Gegenteil: Wenn 313 genauso wie homöopathische Pillen einen Placebo-Effekt hervorruft, nützt mir mein kleiner Aberglaube. Und er ist im Gegensatz zu den homöopathischen Pillen ohne Kosten verbunden.

Meine Haltung zum Aberglauben eifert jener des großen dänischen Physikers Niels Bohr nach, der einer schönen Anekdote zufolge einmal in seinem Haus von einem Kollegen besucht wurde. Über dem Eingang zum Haus hing ein Hufeisen, was den Besucher maßlos erstaunte: „Sie, Herr Bohr, und ein Hufeisen? Glauben Sie etwa im Ernst daran, dass es Glück bringt?" Niels Bohr antwortete: „Selbstverständlich nicht! Aber ich habe mir sagen lassen, es hilft auch dann, wenn man nicht daran glaubt."

Nicht wenige jedoch sind dem Aberglauben heillos verfallen. Die aufgeklärte Welt war bass erstaunt, als man erfuhr, dass der Terminkalender des in den 1980er Jahren mächtigsten Mannes der Welt, des US-Präsidenten Ronald Reagan, von der Astrologin seiner Frau Nancy sorgfältig geplant und eingeteilt wurde. Die Horoskope der kalifornischen Wahrsagerin Joane Quigley, Erbin eines vermögenden Hotelbesitzers und Autorin astrologischer Handbücher, wurden von Nancy Reagan meist am Wochenende auf Camp David telephonisch eingeholt: An ihnen hatte sich die Weltmacht USA zu orientieren. Änderungsvorschläge der politischen Berater des Präsidenten, die aus vernünftigen Gründen vorgebracht wurden, verhinderte Nancy Reagan oft erfolgreich. „Praktisch jeder wichtige Schritt oder jede Entscheidung der Reagans wurde im voraus mit einer Frau in San Francisco abgeklärt, die Horoskope stellte", so Donald Regan, ein nach Veranlassung von Nancy Reagan aus dem Stab des Präsidenten entlassener Berater. Die Gattin des Präsidenten wollte immer sichergehen, „dass die Konstellation der Gestirne für das jeweilige Unternehmen günstig war".

„Während die First Lady ihre Augen auf die Sterne richtete, hatte der Präsident seinen Kopf in den Wolken", schrieb damals das sonst Reagan-freundliche *Wall Street Journal* despektierlich. Umso erstaunlicher ist es, dass Ronald Reagan jener erfolgreiche Präsident der USA war, in dessen Ära die Zerrüttung der Sowjetunion und ihrer Satellitenstaaten, wohl auch durch die Drohungen des Präsidenten mit SDI, vulgo „Star Wars", befördert, offen zutage trat, jener Präsident, der in Berlin in Richtung Osten die Worte „Mr. Gorbachev, tear down this wall!" rief – und tatsächlich: Ein Jahr nach seiner Präsidentschaft verschwand die Mauer. Gläubige der Astrologie finden bei ihm und seiner Gattin reichlich Stoff zur Unterlegung ihrer Überzeugung.

Alle Belege der Statistik, dass astrologische Prognosen genauso haltlos sind wie das Lesen im Kaffeesud oder das Legen von Tarotkarten, prallen an den Anhängern des Aberglaubens ab. Statistik, entgegnen sie listig, ist wie ein Bikini: Sie zeigt viel, aber verbirgt das, was man wirklich sehen will. Tatsächlich ist der Einzelfall, das die jeweils einzelne Person betreffende einzigartige und einmalige Ereignis, dem Zugriff der Statistik entzogen. Auch wenn ich weiß, dass die Wahrscheinlichkeit für das Werfen einer Sechs bei einem Würfel genau 1/6 beträgt, hilft mir dieses Wissen nicht, wenn ich den Würfel nur einmal werfe. Auch wenn statistisch noch so überzeugend belegt wird, dass sich an einem Freitag dem 13. im Schnitt gleich viele Unfälle ereignen wie an jedem anderen Tag: Wenn die dem Aberglauben verfallene Person an einem Freitag dem 13. von der Treppe stürzt, macht sie dieses Datum dafür verantwortlich. Kühl rechnende Gemüter entlarven mit Statistik den Aberglauben als Unsinn. Aber wer will angesichts seines persönlichen Schicksals im kühlen Rechnen verharren?

Die Römer der Antike taten es gewiss nicht. Sie gehörten einem Volk an, das für seinen fast übertriebenen Aberglauben geradezu berüchtigt war. Keine Entscheidung zur Schlacht ohne vorherige Befragung des Orakels, das oft zweideutige Antworten gab – Julius Caesar berichtet davon in seinen Büchern über den Gallischen Krieg. Auguren beobachteten den Flug der Vögel am Himmel. Haruspices – das Wort stammt aus dem Etruskischen, es bedeutet übersetzt „Seher", in dem Wortteil „-spices" verbirgt sich der Ursprung dessen, was man heute eine „Spekulation" nennt – wühlten in den Eingeweiden der geschlachteten Opfertiere. All dies und noch viel mehr fauler Zauber gehörte zum alltäglichen Ritual. Jedes römische Haus hatte seine eigenen kleinen Gottheiten, die Laren und Penaten, die es am kleinen im Haus errichteten Altar ständig zu beschwören galt, um sich vor Unglück zu schützen. Wehe, wehe, es geschah ein Schnitzer beim Aufsagen der Beschwörungsformel – dem Unheil war dann Tür und Tor geöffnet. Nach der Hochzeit wird die Braut vom Bräutigam über die Schwelle getragen, denn stürzte sie beim Eintritt ins Haus, wäre dem Paar mit Sicherheit bitteres Verderben beschieden. Bezeichnend für den unbändigen Aberglauben der Römer ist, wie Theodor Birt in seinem Buch über römische Charakterköpfe die von den Zeitzeugen mit allerlei Brimborium umrankte Schilderung der Geschehnisse knapp vor der Ermordung des Gaius Julius Caesar überliefert:

Die Tat war auf die Iden des März angesetzt, den 15. des Monats. Allerlei böse Vorzeichen warnten den Herrscher. Aber er verachtete sie. Caesar trug seine Verachtung allen Aberglaubens stets zur Schau. Seine einzige Schwäche war, dass er, wenn er reiste und den Wagen bestieg, dabei einen Zauberspruch dreimal aufsagte. Das kam daher, weil er einmal mit einem Wagen zusammengebrochen war. Jetzt geschah es, dass am Tage vor dem 15. März ein kleiner Vogel, den man den „kleinen König" oder Zaunkönig nannte, in den Senatssaal flog und da von anderen Vögeln totgebissen wurde. Welche Vorbedeutung! Schlimmer noch, dass Calpurnia, seiner Gattin, in der letzten Nacht träumte, dass Caesar in ihrem Schoße starb.

Am Morgen fühlte Caesar sich unpässlich – er kränkelte jetzt öfter – und zauderte auf Andringen Calpurnias ernstlich in die Senatssitzung, die er selbst anberaumt hatte, zu gehen. Der Senat war schon versammelt. Die Mörder warteten lange auf ihn, umsonst. Ein bleicher Schreck befiel sie. Gelang die Tat heute nicht, so musste alles ruchbar werden. Es war etwa 11 Uhr vormittags. Das Warten war unerträglich. Einer der Senatoren wurde abgeschickt, Caesar zu holen. Da entschloss sich Caesar; er kam wirklich. In seiner Hand trug er einen eben eingetroffenen Brief, der ihm den ganzen Mordplan enthüllen sollte. Aber er verschob es, ihn aufzumachen. Unterwegs bemerkte Caesar einen Wahrsager, einen Haruspex, der ihn kürzlich vor den Iden des März gewarnt hatte. Caesar rief ihn lachend an: „Heute sind ja die Iden, und ich lebe noch!" Der andere erwiderte ernst: „Die Iden sind da, aber noch nicht vorüber."

Vor dem Sitzungssaal fand Caesar die Opferdiener, die schon Tiere geschlachtet hatten. Er wollte vor der Sitzung erst opfern. Aber es war schon zu spät geworden. Er unterließ es und betrat sogleich den Saal, der mit des Pompejus gewaltigem Standbild geschmückt war.

Selbst Theodor Birt, der nüchterne Gelehrte, scheint überzeugt zu sein: Hätte Caesar die Eingeweideschauer ihr Amt an diesem Tag vor der Senatssitzung verrichten lassen, er wäre seiner Ermordung entgangen. Die Weltgeschichte hätte einen anderen Verlauf genommen.

Wie eigenartig, dass mit all dieser Leichtgläubigkeit das Römische Reich über viele Jahrhunderte bestehen konnte, große Teile Europas und den gesamten Mittelmeerraum, von den britischen Inseln bis zu Ägypten, von Spanien bis zu Kleinasien reichend, also fast einen Kontinent beherrschte. Noch eigenartiger, dass vor der Schlacht an der Milvischen Brücke mit der Entscheidung des Kaisers Konstantin für das Christentum das Ende dieses Weltreiches eingeläutet wurde. Nun kamen jene Anhänger einer in den Augen der heidnischen Römer verrückten jüdischen Sekte zum Zug, die nicht nur Juden wie Heiden zu missionieren trachteten, sondern auch alle dem Aberglauben frönenden Kulte brüsk ablehnten. Vor Kaiser Konstantin schimpften die sich vor den launischen Göttern fürchtenden Römer die frühen Christen noch verächtlich „Atheisten".

Launisch waren nicht nur die Götter der Römer, launisch waren auch die griechischen Götter. Bei Gewittern schwang Zeus seine Blitze, bei Erdbeben schlug

Hephaistos auf den Amboss, bei Sturmfluten warf Poseidon erregt den Dreizack. Doch im Unterschied zu den Religionen Ägyptens oder Babylons war der griechische Götterhimmel wenig ehrfurchtgebietend. Boshaftigkeiten und Betrügereien, Intrigen und Gemeinheiten beherrschten die von Hesiod und Homer beschriebene Götterwelt: Zeus stellte jedem weiblichen Wesen nach, sei es sterblich oder unsterblich. Die betrogene Hera verfolgte ihn, von Eifersucht getrieben. Aphrodite war von verführerischer Anmut und trieb mit den Liebhabern wie eine Katze mit der Maus ein oft grausames Spiel. Athene, die Göttin der Weisheit, war in Wahrheit eine zickige Jungfrau – kurz: Der Götterhimmel der Griechen war nichts anderes als die Vorwegnahme der Soap-Operas. Und wie bei den billig produzierten Endlosserien waren auch die griechischen Götter zur Unsterblichkeit verdammt. In Wahrheit, dies war den aufgeklärten Griechen schon mehr als 500 Jahre vor Christi Geburt, zur Zeit des Thales von Milet, des Pythagoras und des Heraklit bewusst, konnte man all dies nicht wirklich ernst nehmen.

Es ist nämlich nicht die Statistik, die den Aberglauben als Unsinn entlarvt. Es ist vielmehr die Einsicht, dass all jene Regeln und Verfahren, welche die dem Aberglauben Ergebenen mit peinlicher Akribie verfolgen – das Vermeiden im 13. Stockwerk eines Hauses zu wohnen, sich in die 13. Reihe eines Busses oder eines Flugzeugs zu setzen, so es diese überhaupt gibt, beim Begegnen mit einem Schornsteinfeger mit der rechten Hand einen Knopf des eigenen Anzugs zu berühren, Misteln in Häusern aufzuhängen, um die Bewohner vor Hexen zu bewahren – erbärmlich platt sind. Es ist schlicht die trostlose und zugleich lächerliche Banalität des Aberglaubens, die dazu zwingt, ihn abzulehnen.

Jedenfalls in Lebenslagen, in denen man sich der Tiefe des Daseins zu stellen hat. In Situationen wie diesen versagt der Aberglaube schmählich.

Den Griechen der Antike war dies, selbst wenn sie es sich der Tradition der alten Göttermythen zuliebe nicht eingestehen wollten, bereits in ihrem Inneren bewusst. Einer Legende nach wagte sich einst einer von ihnen auf den Olymp, den nebelverhangenen Berg, wo dem Aberglauben zufolge die Götter wohnten. Doch er fand auf seinem Gipfel nur Steine. Was tun, wenn die Himmel von den Göttern geleert sind?

Drei überdimensionale Windräder an der Spitze eines Berges, die Bäume haushoch überragend, künden missionarisch vom Glauben an die Natur, weil sie das Zeichen des alten Gipfelkreuzes ersetzen.

DER GLAUBE AN DIE NATUR

D er Himmel groß, voll herrlicher Verhaltung! Ein
Vorrat Raum, ein Übermaß von Welt! Und wir, zu
ferne für die Angestaltung, zu nahe für die Abkehr
hingestellt."

Die poetischen Worte Rilkes kommen uns in den Sinn,
wenn wir in einer wolkenlosen Nacht, fern von den stören-
den Lichtern der Großstadt, das sternenübersäte Himmelszelt bewundern.

Was uns Heutige zum Staunen veranlasst, wurde vor
mehr als fünf Jahrtausenden im alten Ägypten von den
dort wirkenden Priestern als Zeichen und Wunder der im
Himmel thronenden Götter gedeutet. In dieser riesigen
Wüste, die allein durch den lebenspendenden Nil bewohn-
bar war, strahlen in fast allen Nächten die Sterne im hellsten
Glanz. Das gleißende Band der Milchstraße bildete in den
Augen der ägyptischen Astronomen ein Abbild des Nils
auf der Himmelskuppel. Oder war es umgekehrt, dass der
irdische Nil so fließt, wie es sein Ebenbild im Sternenzelt
vorgibt?

Ein auffälliges Ereignis, das sich wundersam wiederholte,
spricht dafür: Immer, wenn ein besonders helles Gestirn im
Sternbild des Hundes – es trägt heute den Namen Sirius, die
alten Ägypter nannten es Sopdet, Göttin des neuen Jahres –
knapp vor Sonnenaufgang über dem Horizont erschien,
begann der Nil über die Ufer zu treten und mit dem frucht-
baren Schwemmland von seinem Oberlauf die Äcker der
Bauern zu überfluten. Die Priester ließen durch den Pharao
dem Volk verkünden, dass die Götter jenes himmlische

Zeichen setzten, das den fruchtbringenden Nil das Land zu überfluten veranlasst. Sie selbst aber wussten: Der Rhythmus, nach dem der Sirius seinen Aufgang in der Morgendämmerung vollzieht, wiederholt sich nach einem ehernen Gesetz: 365 Tage muss man warten, und er wird wieder erscheinen. Diese Zeitspanne von 365 Tagen ist das ägyptische Jahr. Die Beobachtung der antiken Astronomen war sogar so genau, dass ihnen eine leichte Verzögerung beim Auftauchen des Sirius auffiel. Sie führt dazu, dass sich der Stern nach jedem vierten Jahr um einen Tag verspätet – ein Geheimnis, das die Gelehrten streng für sich behielten.

Dem Volk wurden die Rhythmen der Zeit als göttliche Fügungen vermittelt. So verkündeten die Priester, dass die riesigen Obelisken, die an ihrer Spitze mit einer kleinen vergoldeten Pyramide endeten, die Strahlen des Sonnengottes Ra hier auf Erden darstellen. Und tatsächlich spiegelte sich die Sonne an der Obeliskenspitze im strahlenden Widerschein. Wer aus dem einfachen Volk erkannte darin nicht das segensreiche Wirken der Priester? Tatsächlich jedoch diente der Obelisk den klugen Gelehrten als Zeitmesser: Während des Tages wandert der Schatten im gleichmäßigen Lauf von Westen über Norden nach Osten. Und die Länge des Schattens ändert sich im Laufe des Jahres: Im Sommer ist er kurz und der Tagesweg der Schattenspitze nach innen gekrümmt, im Winter ist er lang und der Tagesweg der Schattenspitze nach außen gekrümmt. Nur zu Frühlings- und zu Herbstbeginn, an den Tag- und Nachtgleichen, wandert die Schattenspitze während des Tages entlang einer kerzengeraden Linie.

Möge das ungebildete ägyptische Volk hinter allen Geheimnissen der Natur die Macht der ewigen Götter vermuten – den Priestern und Pharaonen war es nur recht: So waren sie sich der Fügsamkeit des Volkes sicher. Die Gelehrten selbst aber wussten: Die Geheimnisse ruhen nicht bei irgendwelchen Göttern, sondern in der Natur selbst. Einer Natur, die mathematischen Regeln folgt. Doch nie, nie, nie darf dies verraten werden. Denn der Verlust der Götter bedeutete den Sturz der theokratischen Gesellschaft Ägyptens ins Bodenlose.

Ähnlich waren die anderen frühen Hochkulturen der Menschheit vom religiösen Kult geprägt: Die Gottheiten lenken die Kräfte der Natur, die Priester bilden die Brücke von der Erde zum Himmel – nicht umsonst heißen sie Pontifices, Brückenbauer –, die Gesellschaft erhält durch den geheimnisvollen Kult Stabilität, und die Macht ist in der Hand der wenigen Gelehrten geballt. Nur die Griechen überwanden in der Ära der Antike diese Herrschaftsform, bei der die Staatsgewalt aus der Lehre von den Göttern erwächst. Dazu fehlte den Göttern des Hesiod und des Homer das Ehrfurchtgebietende. Sie waren eher lächerliche Figuren. Schon um 500 v. Chr. behaupteten Thales, Heraklit, Anaximander und die anderen ersten Philosophen, die Wahrheit nicht von Göttern zu vernehmen, sondern in der Beobachtung der Natur zu finden. Es gibt nur Atome und das Leere, lautet die nüchterne Feststellung von Leukipp und Demokrit.

So poesielos kalt wollen die meisten Menschen die Natur jedoch nicht sehen. Sie erblicken in ihr das Zweckmäßige, das Lebenspendende, das Zielgerichtete, das ihnen Wohlgesonnene. Selbst wenn die launischen Götter der Griechen Phantasiegebilde einfallsreicher Poeten sind: Die Schöpfung, egal ob sie von den Göttern hervorgebracht wurde oder nicht, ist ein Wunderwerk.

„Omnia in mensura et numero et pondere disposita": „Alles ist nach Maß und Zahl und Gewicht geordnet", heißt es im Buch der Weisheit.

Die Zeugnisse für die Ordnung in der Natur scheinen erdrückend zu sein. In den ersten Hochkulturen der Menschheit erblickte man sie bevorzugt am gestirnten Himmel:

Die Sonne durchläuft während eines Jahres auf der Himmelskuppel einen Kreis, die sogenannte Ekliptik, auf der sich die zwölf Sternzeichen Widder, Stier, Zwillinge, Krebs, Löwe, Jungfrau, Waage, Skorpion, Schütze, Steinbock, Wassermann und Fische befinden. Darum wurde seit ältester Zeit das Jahr in zwölf Monate unterteilt. Bei den alten Ägyptern bestand ein Monat immer aus 30 Tagen, drei sogenannten Dekaden, die jeweils zehn Tage umfassten, und am Ende des Jahres wurden, gleichsam zur Korrektur, noch fünf zusätzliche Tage angehängt. (Der von der Nationalversammlung Frankreichs nach der Revolution von 1789 eingeführte „Republikanische Kalender" übernahm diese ägyptische Tradition. Die fünf zusätzlichen Tage, die sogenannten „Jours sans-culottides", wurden jedes vierte Jahr um einen weiteren Schalttag ergänzt.)

Im Zweistromland blickte man bevorzugt auf den Mond, der innerhalb von ziemlich genau 29 Tagen und einem halben Tag seine Phasen wechselt. Darum bestand dort ein Monat abwechselnd aus 30 und aus 29 Tagen. Jeder Monat sollte beginnen, wenn sich am frühen Abend die feine Sichel des zunehmenden Mondes von Neuem zeigt. Zwölf dieser Monate, also insgesamt $6 \times 30 + 6 \times 29$ Tage, das sind 354 Tage, bilden das Mondjahr. Es ist um elf Tage kürzer als das aus 365 Tagen bestehende Sonnenjahr. Die Priester Babylons, die zugleich Astronomen und Mathematiker waren, weil sie die Ordnung des Himmels zu beschreiben verstanden, erfanden einen sinnreichen Trick, mit dem sie das zu kurze Mondjahr mit dem Sonnenjahr ausgleichen konnten: Nach drei Mondjahren fehlen bereits 3 × 11, also 33 Tage für drei Sonnenjahre, das ist bereits mehr als ein Monat. Wenn man daher in jedem dritten Mondjahr noch einen 13. Monat als Schaltmonat einschiebt, gleichen sich die Mond- und die Sonnenjahre ganz gut aus. Doch trotzdem sind die drei Mondjahre mit dem einen Schaltmonat immer noch um drei Tage kürzer als drei Sonnenjahre – auf lange Sicht eine zu große Lücke. Man muss ein wenig öfter als nur alle drei Jahre Schaltjahre mit 13 Monaten einschieben.

Die babylonischen Mathematiker betrachteten zur Verbesserung ihrer ersten Korrektur die auf 3 × 11, also die auf 33 folgenden Vielfachen von elf, also die Zahlen 44, 55, 66, 77 und so weiter. Bei der Zahl 19 × 11, also bei 209, wurden sie fündig. Denn 209 ist fast 210, jene Zahl, die sich als 7 × 30 ergibt. Weil 19 × 11 fast mit 7 × 30 übereinstimmt, erkannten die Gelehrten, dass nach 19 Mondjahren hinreichend genau sieben Monate auf 19 Sonnenjahre fehlen. Nun wussten sie, wie man sehr sinnreich die Mondjahre mit den Sonnenjahren abgleichen kann: Von 19 aufeinanderfolgenden Mondjahren sollen zwölf dieser Mondjahre sogenannte Gemeinjahre oder Normaljahre sein, bestehend aus zwölf Monaten. Die restlichen sieben dieser Mondjahre sollen Schaltjahre heißen und aus 13 Monaten bestehen. Dabei werden diese Schaltjahre ziemlich gleichmäßig in die Serie von 19 aufeinanderfolgenden Jahren verteilt: Es sind dies nach den ersten beiden Normaljahren das 3., das 6., das 8., das 11., das 14., das 17. und das 19. Jahr des Zyklus.

Wie von geheimnisvoller Hand geleitet scheinen die Zahlen sieben und zwölf den Lauf der Zeit im Himmel zu beherrschen: Zwölf Monate bilden in Ägypten ein Jahr und in Babylon das Normaljahr. Sieben Jahre innerhalb des aus sieben plus zwölf bestehenden Zyklus von 19 Jahren sind im babylonischen Kalender Schaltjahre, zwölf Jahre sind Normaljahre. Zwölf Tierkreiszeichen durchmisst die Sonne innerhalb eines Jahres. Und sieben Wandelgestirne sehen wir mit freiem Auge am Himmel: die Sonne, den Mond und die Planeten Merkur, Venus, Mars, Jupiter und Saturn. Auf diese geht die Zählung der sieben Tage der Woche zurück. Überdies manifestiert sich die Zahl sieben im schönen Sternbild der Plejaden, des Siebengestirns, das von Anfang Juli bis Ende April am nördlichen Sternenhimmel sichtbar ist.

Pythagoras von Samos, der um 500 v. Chr. lebende Erfinder der Mathematik, kannte aus seinen Reisen in den Orient bestimmt dieses zauberhafte Wirken der Zahlen sieben und zwölf auf das kosmische Geschehen, das die Zeit regiert. Zugleich wusste er, dass diese beiden Zahlen die Musik regieren: Zwölf aufeinander getürmte Quinten stimmen fast – der kleine, für ein ungeübtes Ohr kaum erkennbare Unterschied heißt das pythagoreische Komma – mit sieben aufeinander getürmten Oktaven überein. Niemand weiß, warum sowohl in den Sphären des Himmels als auch im Erklingen der Töne die beiden Zahlen sieben und zwölf, die Summe von drei und vier und das Produkt von drei mit vier, diese außerordentlich vorrangige Rolle spielen. Pythagoras selbst meinte, dass die Musik vom Himmel herab zur Erde kam. Die Klänge der himmlischen Sphären seien jedoch unseren irdischen Ohren verschlossen.

Thales von Milet, der ein Lehrer des Pythagoras gewesen sein soll, hatte von den babylonischen Priestern darüber hinaus noch weitere und tiefere Lehren über die Ordnung im Bau des Himmelsgewölbes vernommen:

Die Bahn der Sonne entlang des Himmelszeltes heißt deshalb Ekliptik, weil der Mond die Sonne verschwinden lässt, wenn er bei Neumond die Ekliptik kreuzt. Das griechische „ekleipein" bedeutet nämlich verschwinden; die Ekliptik ist die Linie der Finsternis. Mit ihren bemerkenswert genauen Beobachtungen verfolgten die babylonischen Gelehrten akribisch die Mondbahn und konnten berechnen, wann sie die Ekliptik schneiden wird. Dadurch gelang es ihnen, Sonnenfinsternisse vorherzusagen. Eine Sonnenfinsternis ist ein höchst beeindruckendes Ereignis. Adalbert Stifter beschrieb die in Wien am 8. Juli 1842 stattgefundene Finsternis, auf deren Beobachtung er sich zuvor gründlich vorbereitet hatte:

Aber, da sie nun wirklich eintraf, da ich auf einer Warte hoch über der ganzen Stadt stand und die Erscheinung mit eigenen Augen anblickte, da geschahen freilich ganz andere Dinge, an die ich weder wachend noch träumend gedacht hatte, an die keiner denkt, der das Wunder nicht gesehen. Nie und nie in meinem ganzen Leben war ich so erschüttert, von Schauer und Erhabenheit so erschüttert, wie in diesen zwei Minuten.

Noch erschütterter mussten die Bewohner Babylons gewesen sein, wenn sie plötzlich am helllichten Tage erlebten, dass sich eine schwarze Scheibe vor die Sonne zu schieben scheint, diese gleichsam auffrisst, ihrer Leuchtkraft beraubt und die ganze Umgebung in dunkle Dämmerung versetzt. Die Tiere bewegen sich nervös und stoßen Angstlaute aus, die Blüten der Pflanzen neigen sich wie wenn der Abend begänne – einen Augenblick lang befürchten alle, die Sonne würde für immer verlöschen.

Nun aber stelle man sich vor, ein babylonischer Priester hätte schon einen Tag zuvor die Leute gewarnt: Am nächsten Tage werde sich die Sonne verfinstern. Ein Drache werde sie zu verschlingen drohen. Aber wir, die Priester Babylons, so behauptet der Verkünder, haben zu den Göttern gebetet und dafür gesorgt, dass der Drache die Sonne wieder aus seinen Fängen entlässt. Wenn die Bevölkerung Babylons erlebt, dass die Voraussage des Predigers tatsächlich so eintritt, wie er verkündet hatte, zweifelte niemand mehr, dass die Priester tatsächlich Zugang zu den Göttern im Himmel besaßen. Für Jahrhunderte war dieser Glaube auf unerschütterlichem Fels gebaut und somit die lukrative Stellung des Priesterstandes mit dem sich aus den Opfergaben des Volkes ergebenden ungeheuren Reichtum gesichert.

Wir wissen nicht, wie es Thales gelang, den Priestern Babylons das Geheimnis ihrer Rechnungen zu entlocken, mit denen sie die Sonnenfinsternisse vorherzusagen verstanden. Wir wissen aber, dass seit der Sonnenfinsternis des 28. Mai im Jahre 585 v. Chr., die Thales vorausberechnen konnte, die Legende vom Drachen, der die Sonne zu verschlingen droht, eine fromme Lüge ist. Sonnenfinsternisse sind so natürliche Ereignisse wie der Sonnenaufgang am Beginn und der Sonnenuntergang am Ende des Tages, wie der Wechsel der Phasen des Mondes, der allein durch die unterschiedliche Betrachtung des von der Sonne beleuchteten Mondes herrührt, ja wie alle anderen Ereignisse auch.

Trotzdem lassen sich viele nicht die Vorstellung eines göttlicher Schöpfers und Erhalters der Welt rauben, der die Natur verkörpert. Manche Menschen glauben, diesen Demiurgen wie eine Person ansprechen zu können. Sie beten zu ihm in der Hoffnung, er würde sie erhören und das Naturgeschehen zu ihren Gunsten ausrichten. Sie weihen ihm Gedenktafeln und bringen Dankesopfer dar, wenn sie meinen, der Demiurg sei ihnen wohlgesonnen gewesen. Mit einem Gottesglauben hat dies aber nichts zu tun, nur mit einer Personifikation der Natur. Denn die Begriffe Demiurg oder Schöpfer oder die poetischen Worte „Mutter Erde" oder „Mutter Natur" umschreiben symbolisch die Natur selbst. Sie wird als Urgrund des Daseins empfunden. Aus ihr wurde das Geschöpf geboren, in ihr fühlt es sich eingebettet, sie wird es einst im Tode umfangen.

Die Römer riefen, nachdem der Mond scheinbar verschwunden war und Neumond herrschte, „Kalo! Kalo! Kalo!" gegen Himmel, weil sie sich wieder den Mond herbeiwünschten, der die Nacht in ein sanftes Licht taucht. Die Tage, an denen dieser Ruf zu Mutter Natur erschallte, nannten die Römer die „Kalendae", eines der überaus seltenen lateinischen Wörter mit dem Buchstaben K, daher sicher aus urältester Zeit stammend und eine unumstößliche Tradition begründend. Unser Wort Kalender stammt von diesem Ruf. Und die Tatsache, dass es drei Nächte sind, bei denen während des Neumonds schwarze Finsternis herrscht, bis endlich wieder am frühen Abend die schmale Mondsichel aufleuchtet, dürfte der Grund für die heilige Dreizahl der Tage sein, in denen der Prophet Jona von einem großen Fisch verschlungen war und in denen der gekreuzigte Heiland im Grab lag.

Wir vergessen in einer von Technik durchdrungenen Welt, wie intensiv in alten Zeiten die Menschen, vor allem jene auf dem Lande, ihre Abhängigkeit von der Natur wahrnahmen. Ob es viel oder spärlich Nahrung von den Feldern und vom Fleisch der Tiere gab, genügend oder zu wenig Felle, Leder und Wolle für die Textilien, ausreichend oder mangelhaft Holz für die Tischler und Bauleute, hing davon ab, ob das Wetter der Ordnung folgt, die ihm seit jeher den Jahreszeiten entspricht. Der französische Revolutionskalender verdeutlicht diese Ordnung in den poetisch klingenden Monatsnamen: Die Herbstmonate Vendémiaire, Brumaire und Frimaire tragen die Weinlese, den Nebel und den gefrierenden Tau in ihren Namen; die Wintermonate Nivôse, Pluviôse und Ventôse den Schnee, den Regen und den kalten Wind; die Frühlingsmonate Germinal, Floréal und Prairial die Knospen, die Blumen und die Wiesen; schließlich die Sommermonate Messidor, Thermidor und Fructidor die Ernte, die Hitze und die Früchte des Feldes. Wenn die Bauern um eine Verschonung vor Unwetter und Hagel, um Regen in Zeiten der Dürre oder um Sonnenschein bei Überflutungen ihrer Felder beten, so richten sie ihre Gebete nicht an einen ihnen fremden Gott der Bibel, selbst wenn ihnen dies ein Priester vorgaukeln sollte, sondern an die Mutter Erde, auf dass diese alles wieder so einrichten möge, wie es die Natur haben will.

Denn dass alles „nach Maß und Zahl und Gewicht geordnet" ist, zeigt sich in der Sicht vieler nicht nur am gestirnten Himmel, sondern auch hier auf Erden. Ein Kristall, der aus einer Lösung wächst, indem man diese abkühlt oder das Lösungsmittel zum Verdampfen bringt, scheint wie von selbst einem Ordnungsschema zu gehorchen, das die wunderbar glatten Flächen mit ihren schnurgeraden Kanten hervorbringt. Diese Ordnung wurde nach Erfindung der Lupe und des Mikroskops noch profunder entdeckt. Die Kristalle der Schneeflocken beeindrucken durch ihre Vielfalt und ihre Symmetrie. Es ist wie ein Rätsel, dass die einzelnen, von verschiedenen Seiten kommenden, den Schneekristall bildenden Moleküle „wissen", wie sie sich an den Kristallkeim andocken müssen, um im sich bildenden Kristall die schöne und fast vollkommen empfundene Symmetrie zu wahren.

Noch intensiver empfindet der naive Beobachter das Walten der Natur im Bereich des Lebendigen. Es ist in seinen Augen Mutter Natur, die einem Organismus bei einer kleinen Verletzung die Kraft und die Fähigkeit verleiht, die Wunde zu verheilen und den Körperteil in seinen ursprünglichen Zustand zu versetzen. Scheinbar ist die Natur bestrebt, Leben schaffen zu wollen, das sich an Phänomenen wie den folgenden zeigt: der Zusammensetzung des Lebendigen aus Zellen; dem Stoffwechsel, der Entwicklung des Lebendigen durch Aufnahme der Nahrung, durch Wachstum und Gliederung zu immer komplizierteren Zuständen; der Fähigkeit des Lebendigen, sich als dieses gegliederte Ganze gegen Störungen zu behaupten; der zeitlichen Begrenzung der individuellen Existenz, gefasst in die Begriffe Geburt und Tod; schließlich der Fähigkeit zur Fortpflanzung und zur Übertragung der spezifischen Konstitution auf die Nachkommenschaft. All diese Phänomene lassen Belebtes von Leblosem durch einen tiefen Abgrund deutlich getrennt empfinden. Während tote Materie träge ist, erfahren wir das Lebendige als Quelle der Aktivität und Spontaneität, und dies immer deutlicher, je tiefer wir in die

Welt der Pflanzen und Tiere, Menschen miteingeschlossen, eindringen.

W er an die Natur glaubt, ist danach bestrebt, mit ihr in Harmonie zu leben. Seit jeher wurden daher von den Naturverbundenen die Erfindungen einfallsreicher Ingenieure, die den natürlichen Gang der Dinge beschleunigen oder bremsen, ihn gar in andere Richtungen leiten, mit Argwohn betrachtet. Schon Archimedes erlebte dies im misstrauischen Blick der ägyptischen Fellachen, als er ihnen die von ihm erfundene Wasserschraube vorführte: Durch Drehung eines Rades am oberen Ende eines schräg gehaltenen Zylinders, dessen unteres Ende in den Nil gesteckt wird, kann man mit diesem Gerät das Nilwasser in die Höhe treiben und so die Felder bewässern. Archimedes brauchte das Rad nicht einmal mit eigener Hand zu drehen: Er verband es mittels eines Riemens mit einem Mühlenrad, das vom Nil in Bewegung gesetzt wurde. Auf diese Weise schraubte der Nil wie von selbst das Wasser in die Höhe.

In den Augen der Bauern war es ein unnatürliches Gerät. Denn von den vier Elementen Erde, Wasser, Luft und Feuer, aus denen nach alter Tradition die irdische Sphäre besteht, sollten ihrer Ansicht nach nur Luft und Feuer in die Höhe wandern dürfen, Wasser und Erde sinken hingegen von Natur aus immer nach unten. Allein die Brauchbarkeit der Erfindung des Archimedes überzeugte sie nach langem und skeptischem Erwägen. Schließlich beschlossen sie, statt mühsam schwere Eimer zu tragen, nun mit dem Drehen der archimedischen Schraube die Felder mit Nilwasser zu versorgen.

Mit seiner Erfindungsgabe hätte Archimedes bereits in der Antike eine industrielle Revolution in Gang setzen können. Er kannte bereits die dafür maßgebenden Gesetze der Physik, vor allem jene der Statik und der Mechanik. Das Wissen um die Naturgesetze war allgemein in der Antike beachtlich: Dass man mit Dampfdruck Türen automatisch öffnen kann, wussten bereits die alten Ägypter, und „élektron" ist ein griechisches Wort, das Bernstein bedeutet; die Parther kannten zur Zeit des Archimedes schon elektrische Batterien. Die konservative Haltung seiner Mitbürger ließ Archimedes wie auch seine Kollegen jedoch nicht im Entferntesten daran denken, dieses Wissen zur Veränderung der Natur zu nutzen. Archimedes dürfte die Überzeugung seiner Zeitgenossen geteilt haben, dass mit Dampfkraft oder elektrischer Kraft betriebene Maschinen die natürliche Ordnung der Gesellschaft zerstören würden. Denn die Maschinen übernähmen die Arbeit, welche gleichsam von Natur aus die Sklaven zu leisten haben. Und dass es freie Bürger und dienende Sklaven gibt, schien den Menschen der Antike genauso natürlich wie die Tatsache, dass es Tag und Nacht gibt, den Sommer und den Winter, das Land und das Meer.

Die Skepsis gegenüber Erfindungen, die in die natürliche Ordnung einzugreifen drohen, beherrschte auch die Neuzeit und dauert bis heute fort. Als die ersten mit Dampflokomotiven betriebenen Züge durch die Landschaft rollten, wurden mehrfach lautstark Bedenken geäußert, die Reise mit Zügen könne der Gesundheit schaden: „Ortsveränderungen mittels irgend einer Art von Dampfmaschine", schrieb 1835 das Königlich Bayrische Medizinalkollegium, „sollten im Interesse der öffentlichen Gesundheit verboten sein. Die raschen Bewegungen können nicht verfehlen, bei den Passagieren die geistige Unruhe, ,delirium furiosum' genannt, hervorzurufen. Selbst zugegeben, dass Reisende sich freiwillig der Gefahr aussetzen, muss der Staat wenigstens die Zuschauer beschützen, denn der Anblick einer Lokomotive, die in voller Schnelligkeit dahinrast, genügt, um diese schreckliche Krankheit zu erzeugen. Es ist daher unumgänglich nötig, dass eine Schranke, wenigstens sechs Fuß hoch, auf beiden Seiten der Bahn errichtet werde."

Man mag heute darüber lächeln. Wiewohl die „Schranke, wenigstens sechs Fuß hoch", heute Schallschutzwand genannt, gibt es vielerorts. Sie schützt die Ohren der Anrainer bei den Schienen vor unnatürlich lautem Schall und verunstaltet zugleich die Landschaft.

Denn die Skepsis gegenüber findigen Köpfen ist geblieben, wenn diese meinen, mit ihren physikalischen, chemischen, gentechnischen Erfindungen die Natur überlisten zu können. Diese Vorbehalte gegenüber der Technik haben in den letzten Jahrzehnten sogar zugenommen. Noch in den 70er Jahren des vorigen Jahrhunderts schlugen zum Beispiel unabhängig voneinander sowohl US-amerikanische wie auch sowjetische Bauingenieure ernsthaft vor, die von kontrollierter Atomkernspaltung erzeugte Hitze von fast tausend Grad zu nutzen, um so mit eigens dafür konstruierten Fräsmaschinen, die kleine Kernreaktoren in sich tragen, möglichst rasch und billig die Röhren von Tunnels zu bohren. Heute ist man sich weitgehend einig, dass dies vielleicht technisch möglich ist, aber nicht verwirklicht werden sollte. Ein solcher Vorschlag ist nur ein Beispiel von vielen Tausenden technisch realisierbarer Ideen, die den immer strenger werdenden Prüfungen und Kontrollen der Umweltverträglichkeit nicht standhalten. Der Schutz der Natur hat für alle an die Natur Glaubenden unumschränkte Priorität.

Das Unbehagen vieler gegenüber der Kernkraft hat nicht allein mit der Angst vor einem Unfall im Kraftwerk zu tun, das mit dem Risiko der radioaktiven Verstrahlung der Umgebung einhergeht. Kernkraft wird abgelehnt, weil radioaktiver „Müll" – per definitionem etwas, das nicht in die Natur gehört – nur langfristig und mühevoll zu entsorgen ist. Kernkraft wird abgelehnt, weil der große, das Bild der Landschaft mit einem gewaltigen Betonkubus und einem riesigen rauchenden Schlot prägende Kraftwerksbau verstört. Andere Großkraftwerke verändern ebenfalls die umgebende Natur, auch deren Planung und Bau ist Protesten der Naturschützer ausgesetzt, aber bei der Kernkraft äußert sich diese Gegenwehr am lautesten. Kernkraft wird abgelehnt, weil die Kernenergie geheimnisvoll in den Atomen des schweren Uran schlummert, das vor Jahrmilliarden aus einer Explosion einer Supernova, aus dem Kollaps eines Milliarden Jahre vor unserer Sonne leuchtenden riesigen Sternes hervorging. Kernenergie gilt als archaische, dämonische Energie, deren fürchterliche Fratze sich zum ersten Mal bei den Bombenabwürfen im August 1945 über Hiroshima und Nagasaki enthüllte.

Aus der Sicht der Kernkraftgegner sind die Öl, Gas oder Kohle verheizenden Kraftwerke bei weitem nicht so kompromisslos abzulehnen, obwohl auch diese die Natur schädigen. Es ist nämlich unnatürlich, dass der Mensch innerhalb von ein paar Dutzend Jahrzehnten all die fossile Energie verbraucht, die sich über Jahrmillionen aus pflanzlichen und tierischen Organismen aus längst vergangenen erdgeschichtlichen Epochen gesammelt hat. Das Verbrennen der wertvollen stofflichen Energieträger ist Raubbau an der Natur.

In den Augen umweltbewusster Schützer der Natur hat man sich allein auf die Nutzung sogenannter regenerativer Energie zu beschränken. Dies ist im Wesentlichen jene „erneuerbare" Energie, die von der aus den Ernten jeden Jahres gewonnenen Biomasse, die von der Wasserkraft, der Windkraft oder direkt von der Strahlung der Sonne auf die Erde herrührt.

Insbesondere anhand der Windkraft zeigt sich, wie kraftvoll sich gegenwärtig der Glaube an die Natur gebärdet. Früher gab es andere Symbole der Glaubensmacht: Riesige Pyramiden, kolossale Tempelanlagen, gewaltige Säulenhallen zeugen von den Religionen der ersten Hochkulturen, der Griechen und der Römer. Die in der Romanik, in der Gotik und im Barock errichteten Kirchen und Kathedralen erinnern an die Macht der Kirche, die sich auf den christlichen Glauben beruft. Im späten 19. und frühen 20. Jahrhundert wurden andere Kathedralen errichtet: gigantische Bahnhofshallen. Wie die Grand Central Station in New York mit ihrer mächtigen Haupthalle, auf deren Decke man die Sternzeichen des nächtlichen Himmels erblicken kann. Wie die sechs großen Kopfbahnhöfe von Paris. Huschten einst Ministranten mit ihren weißen Gewändern und mit bunten, reich bestickten Kaseln angetane Priester zwischen Sakristei und Altar, sah man in der Hochzeit der Bahnhöfe das uniformierte Personal der Gepäckträger, der Schaffner und die Fahrdienstleiter mit ihren roten Schirmmützen den Verkehr regeln. Wurde einst die betende Gemeinde vom Weihrauch betört, der aus den von Messdienern geschwungenen Kesseln strömte, erfüllte in den Bahnhöfen der Wasserdunst, der zischend aus den schwarzen Lokomotiven entwich, die sich über den Gleisen wölbenden Hallen. Erinnerte in den Kathedralen das schimmernde rote, ewige Licht an die Anwesenheit konsekrierter Hostien in fein ziselierten goldenen Kelchen, gemahnte in den Bahnhöfen die allseits einsehbare Bahnhofsuhr an den sich genau an den Lauf der Zeit richtenden Fahrplan der Züge. Die Parallelen zwischen den uralten Symbolen des Glaubens an die Kirche und den im 19. und 20. Jahrhundert sprießenden Symbolen des Glaubens an die Technik sind unübersehbar.

Beim Glauben an die Natur spielt das Windrad die gleiche imposante symbolische Rolle. Wie einst die Türme der Kirchen, wie die Minarette der Moscheen, ragt es nun nicht bloß als Merkmal der Energiegewinnung aus einer sauberen und erneuerbaren Quelle, sondern auch als Zeichen eines starken und tiefen Glaubens an Mutter Erde aus den Landschaften empor. Windräder sind Sinnbilder des Glaubens, die den gesamten Raum erobern, in dem wir leben. Auf Anhöhen errichtete einzelne Windräder, in weiten Ebenen, an Küsten oder auf See zu Hunderten errichtete Windkraftanlagen künden mit dem stillen, gravitätischen Drehen der dreiflügeligen Räder vom Walten der Natur, dem wir unterworfen sind. So als ob die drei Flügel eine neue Trinität verkünden. Auf einem Berg in der nördlichen Steiermark wurden just drei überdimensionale Windräder errichtet, die – von der die Städte Graz und Wien verbindenden Südbahn aus weithin sichtbar und für den Beobachter beklemmend – die großen Bäume der bis zur Spitze des Berges reichenden Wälder haushoch überragen. Sie liefern nicht bloß Energie, sie künden ostentativ, ja missionarisch vom Glauben an die Natur, weil sie das Zeichen des alten Gipfelkreuzes ersetzen.

W er an die Natur glaubt, ist danach bestrebt, mit ihr in Harmonie zu leben. Dazu ist es nötig, sich der Natur gegenüber zu öffnen, gleichsam zu hören, was sie als ein ihr angemessenes Verhalten verlangt. Die erste und naheliegende Botschaft, welche die meisten von Mutter Natur vernehmen, lautet, dass man auf die Gesundheit, das körperliche Wohl, die sportliche Leistungsfähigkeit bedacht zu sein hat.

Manfred Lütz, Theologe, Arzt, Buchautor und Direktor des Alexianer-Krankenhauses für psychisch Kranke in Köln, wirft einen mit leiser Ironie behafteten Blick auf das manische Bestreben der Gesundheitsbewussten, sich ihr körperliches Wohlbefinden unter allen Umständen zu bewahren: „Für viele ist heute Gesundheit das höchste Gut, und es gibt weichgespülte Christen, die meinen, man könne Gott näher kommen, indem man jedem Trend hinterherrennt. Die herrschende Gesundheitsreligion feiert ihre Hochämter bei Städtemarathons, die Fitnessstudios sind ihre Wallfahrtskapellen und Diätbewegungen ihre Bußübungen." Lütz beschreibt klarsichtig die Zwänge, denen sich aussetzt, wer der Gesundheit atemlos nachjagt:

> Die WHO hat einmal definiert, Gesundheit sei völliges körperliches, seelisches und soziales Wohlbefinden. Nach dieser inzwischen revidierten Definition ist tatsächlich niemand gesund. Ich halte es da lieber mit Nietzsche. Der hat einmal gesagt: Gesundheit ist dasjenige Maß an Krankheit, das es mir noch erlaubt,

meinen wesentlichen Beschäftigungen nachzugehen. Heute herrscht jedoch ein geradezu utopischer Gesundheitsbegriff, der von dauerndem Wohlbefinden ausgeht. Die viel diskutierte Burn-out-Welle hängt damit zusammen, dass viele denken, man muss stets ausgeglichen und bestens gelaunt sein, immer gut schlafen und hochbelastbar sein. Und weil niemand offen über diese Dinge redet, denkt jeder für sich, er sei der Einzige, bei dem das nicht richtig funktioniere.

Die Griechen feierten den gesunden, kräftigen, heilen Körper alle vier Jahre in heiligen Spielen im Stadion von Olympia im Nordwesten der Halbinsel Peloponnes. Umrankt waren die sportlichen Wettkämpfe mit Tempelriten zu Ehren des Göttervaters Zeus. Doch dies diente – jedem Griechen war es bewusst – bloß der Zierde, war vorgespiegelter Aufputz für das eigentliche Fest: der Feier des von der Natur wohlgeformten und gestählten menschlichen Körpers. Auch bei den Olympischen Spielen der Neuzeit hört man die pathetischen Worthülsen vom völkerverbindenden Charakter der Spiele, von dem Frieden zwischen den Nationen, der während der Spiele herrschen soll, Fahnen werden geschwungen, Hymnen intoniert, olympisches Feuer wird in einer öligen Zeremonie entzündet, aber auch heute kommt es wie damals nur darauf an, die von der Natur Bevorzugten, die ihr Talent in unermüdlichem Training zur Entfaltung bringen, zu feiern.

Den Schwachen, den Kranken, den Verkrüppelten ist in diesem Weltbild kein Platz gegönnt. Tatsächlich dachten die Römer der Antike in dieser Hinsicht beeindruckend konsequent und zugleich brutal: Brachte in einem römischen Haus die Frau des Hausherrn ein Kind zur Welt, beäugte es zunächst der Vater, ob es wohl gesund und hinreichend stark sei. Meinte er, dass dies der Fall sei, hob er den eben geborenen Säugling in die Höhe, um ihn den Anwesenden und symbolisch der Stadt Rom zu zeigen, und das Kind war als Glied der Familie aufgenommen. Ließ der Vater das Kind hingegen liegen, wurde es von den Sklaven von der Mutter entrissen, aus dem Haus weggebracht und buchstäblich auf den Müll geworfen. Es wurde nicht einmal begraben.

Derzeit ist man sich weitgehend einig, dass solch unmenschlicher Frevel zu verabscheuen ist. Doch es ist gar nicht lange her, als der Arzt und Sozialreformer Julius Tandler im Jahre 1924 in einem Aufsatz schrieb: „Welchen Aufwand übrigens die Staaten für völlig lebensunwertes Leben leisten müssen, ist zum Beispiel daraus zu ersehen, dass die 30.000 Vollidioten Deutschlands diesem Staat zwei Milliarden Friedensmark kosten. Bei der Kenntnis solcher Zahlen gewinnt das Problem der Vernichtung lebensunwerten Lebens an Aktualität und Bedeutung. Gewiss, es sind ethische, es sind humanitäre oder fälschlich humanitäre Gründe, welche dagegen sprechen, aber schließlich und endlich wird auch die Idee, dass man lebensunwertes Leben opfern müsse, um lebenswertes zu erhalten, immer mehr und mehr ins Volksbewusstsein dringen." Weit vom Verhalten des Hausvaters der römischen Antike war Tandler mit seiner Ansicht nicht entfernt.

Leider hilft der Glaube an die Natur nicht bei der Frage, ab wann das Leben eines noch unbeholfenen, nicht auf eigenen Beinen stehenden Wesens wie das eines noch ungeborenen oder gerade schon geborenen Kindes schützenswert ist. Ab wann beginnt ein Wesen Mensch zu sein? Ab dem Augenblick, in dem das Sperma des Mannes in die

Eizelle der Frau dringt? Ab dem dritten Monat der Schwangerschaft? Ab der Beseelung, die laut Thomas von Aquin bei Buben am 40. und bei Mädchen am 90. Tag nach der Empfängnis stattfindet? Ab dem Einsetzen der Eröffnungswehen? Ab dem Durchschneiden der Nabelschnur? Es gibt kein zwingendes Indiz, wonach diese Frage aus naturrechtlicher Sicht klar zu beantworten ist. Niemand kann aus dem Glauben an die Natur entnehmen, wie Peter Singer zu widersprechen ist, der für das – natürlich schmerzfrei gestaltete – Töten einer behinderten Person plädiert, wenn diese von der Natur so schwer benachteiligt ist, dass ihr in den Augen anderer das Leben eine Last und der Allgemeinheit eine unverhältnismäßig hohe Bürde darstellt.

Dass die Unmündigen, die Schwachen, die Kranken, die Missgebildeten, die Behinderten, sogar die dem knapp bevorstehenden Tode Geweihten geschützt werden sollen, ja dass ihnen besondere Zuwendung zuteilwerden soll, begründet sich aus einer anderen Quelle als aus dem Glauben an die Natur. „Das geknickte Rohr wird Er nicht zerbrechen und den glimmenden Docht wird Er nicht auslöschen", lesen wir beim Propheten Jesaja. Wir lesen es nicht im „Buch der Natur".

Mögen wir noch so fleißig die Fitness-Studios besuchen, um unseren Körper zu trainieren, mögen wir noch so sorgsam die Ratschläge der Ärzte befolgen, um Krankheiten zu vermeiden oder wenigstens wirksam zu bekämpfen, mögen wir noch so akribisch auf Speisen und Getränke, auf eine gesunde Lebensführung achten, mögen wir noch so intensiv die Bäume umarmen, früher oder später werden wir alle hinfällig, schwach, krank, lebensuntüchtig – wir sind dennoch alle dem Tode geweiht. Welcher Trost bleibt dem an Mutter

Natur Glaubenden angesichts dieses sicheren Fatums? Wohl der, dass er im Sterben von der Natur umfangen und aufgenommen wird. Er war in seinem irdischen Dasein ja nur eine Episode in dem ununterbrochen waltenden Kreislauf des Stirb und Werde, in den er sich in der Stunde des Todes mit resignativer, in sein Los fügender Ergebenheit fallen lässt. Täte er es nicht, zweifelte er an der Natur, wäre er in den Augen jener, die an die Natur glauben, „nur ein trüber Gast auf der dunklen Erde".

In diesen Kreislauf eingebunden ist nicht allein der einzelne Mensch. Hierin eingebunden ist das gesamte Menschengeschlecht, das erst vor einigen tausend Jahren aus Steinzeithöhlen hervorkroch und dem auch kein ewiges Dasein beschieden ist. Hierin eingebunden ist alles Lebendige im Wasser, auf dem Lande und in der Luft, dessen Existenz von einem lebensfreundlichen Klima auf der Erde abhängt, das sich immer wieder wandelt. Hierin eingebunden ist das rund fünf Milliarden Jahre alte Planetensystem, bestehend aus der Sonne und die sie umkreisenden Himmelskörper, beginnend bei den Riesen Jupiter und Saturn, sich fortsetzend über die kleineren Planeten wie Venus, Erde, Mars und endend bei Planetoiden, Monden und den Staubteilchen der Oortschen Wolke. Nach weiteren fünf Milliarden Jahren wird sich die Sonne in den letzten Phasen ihres Lebenszyklus zu einem „roten Riesen" aufblähen und so groß werden, dass sie die Bahnen von Merkur und Venus, der sonnennächsten Planeten, verschluckt und die Erde versengt. Danach stößt die Sonne ihre von Brennmaterial entleerte riesige Hülle ab. Diese saust durch das Sonnensystem und mag dabei die restlichen Planeten mit sich reißen. Zurück bleibt eine verschrumpelte Sonne als blasser „weißer Zwerg".

Doch in den Weiten des Raumes verdichten sich die von den zerbrochenen Sternen weggeschleuderten Gashüllen, sie bilden riesige kugelförmige Objekte, die wieder zu strahlen beginnen: Neue Sonnen kommen hervor, die ihrerseits zum Teil wieder von neuen Planeten umkreist werden, auf denen sich das Spiel der Entstehung von Leben wiederholen mag, sich zuweilen sogar die Geburt intelligenter Wesen ereignet, die in fernster Zukunft, wie wir heute, das gestirnte Himmelszelt bewundern werden.

Der erste Prophet einer in den ungeheuren Räumen des Alls ewig waltenden Natur war Giordano Bruno, ursprünglich Dominikanermönch, der schon wenige Jahre nach seiner Priesterweihe im Jahre 1572 der Ketzerei verdächtigt wurde. Er trat aus dem Orden aus und entschloss sich zu einer unsteten Wanderschaft, die ihn von Neapel und Rom aus über Turin, Venedig und Padua nach Genf, Toulouse, Paris, Oxford, Marburg, Wittenberg, Prag, Helmstedt, Frankfurt, Zürich und schließlich wieder nach Italien, nach Padua und Venedig führte.

So rastlos Bruno durch Europa zog, so unstet war sein Denken. Es gründete nicht auf präzisen Beobachtungen und ausgeklügelten Experimenten, sondern auf ungezügelten Spekulationen und wilden Phantastereien. Bruno hat es seinem überspannten und ungestümen Wesen zu verdanken, dass er mit seiner aufdringlichen Rechthaberei, seiner rücksichtslosen Streitsucht und seinem beißenden Spott alle ihm ursprünglich wohlgesonnenen Gönner vergrämte. Die Kirche hatte sich Bruno schon deshalb zum Feind gemacht, da er die Lehre von der Gottessohnschaft Jesu und vom

Jüngsten Gericht vehement ablehnte. Als er bei seiner letzten Station als freier Mann in Venedig seinen Gastgeber enttäuschte, der sich von Bruno Einblick in magische Künste erhofft hatte, lieferte ihn dieser an die Inquisition aus. Nach einem siebenjährigen Prozess landete Bruno schließlich am 17. Februar 1600 auf dem Campo de' Fiori in Rom auf dem Scheiterhaufen.

So spekulativ Brunos Philosophie gewesen sein mag, in einer Schlussfolgerung hat er wegweisend gedacht: Bruno war begeisterter Anhänger der Theorie des Nikolaus Kopernikus, wonach nicht die Sonne die im All ruhende Erde, sondern die Erde die Sonne umkreise. Das unter anderen auch vom herausragenden Astronomen Tycho de Brahe dagegen ins Spiel gebrachte Argument lautete: Sollte die Erde mit ihrem riesigen Abstand von der Sonne diese umkreisen, würde man von der Erde aus die auf dem Himmelszelt angehefteten Sterne von der Position aus, in der sich die Erde am 21. Juni zu Sommerbeginn befindet, unter einem anderen Winkel sehen als von der Position aus, in der sich die Erde am 21. Dezember zu Winterbeginn befindet. Doch ein scheinbares Schwingen der Sterne innerhalb eines Jahres ist nicht feststellbar. Sie sind wie feste Punkte auf den Himmelsglobus angeheftet, heißen darum Fixsterne.

Bruno erkannte, dass die Lösung dieses Widerspruchs gegen das kopernikanische Weltbild nur darin bestehen kann, den Himmelsglobus zu zerbrechen: Es gibt ihn gar nicht. In Wahrheit, so Bruno, sind die Sterne so ungeheuer weit von uns in den Tiefen eines unermesslich großen Weltalls entfernt, dass wir ihr scheinbares Wackeln während des Jahreskreises nicht sehen können. Wie recht Bruno damit hatte, wurde lange nach seinem Tod bestätigt. Erst die Entwicklung großer astronomischer Fernrohre gestatte es dem Königsberger Astronomen Friedrich Wilhelm Bessel, endlich die scheinbare Schwingung eines Fixsternes während eines Jahres messen zu können. Die Schwingungsweite, die Bessel registrierte, beträgt nur etwa ein Tausendstel des Durchmessers der Vollmondscheibe. Bessels Resultat war atemberaubend. Am 19. Oktober 1838 schrieb er an seinen Kollegen Olbers in Berlin, dass der von ihm gemessene Abstand des Sternes „61 Cygni" im Sternbild des Schwans fast hundert Billionen Kilometer beträgt, „welche das Licht in 10,3 Jahren durchläuft". Von der Sonne benötigt das Licht zur Erde nur acht Minuten, und vom Mond aus ist das Licht in knapp eineinhalb Sekunden bei der Erde. Diese schlichte Mitteilung Bessels zerbrach endgültig die Kristallsphäre des Weltalls, welche die Fixsterne tragen sollte. Und sie öffnete den Himmel in ungeahnte Weiten.

Dabei handelt es sich bei 61 Cygni um einen jener wenigen Sterne, die unserem Sonnensystem benachbart sind. Die meisten Sterne der Milchstraße sind mehrere tausend Male weiter entfernt als dieser. Und auch die Milchstraße ist nur einer von ungezählt vielen „Spiralnebeln", Sternensystemen, welche Milliarden von Sternen enthalten, unter denen unsere Sonne nur ein sehr durchschnittlich helles Exemplar darstellt. Der Milchstraße benachbart liegt der Andromedanebel, ein Spiralnebel ungefähr so groß wie die Milchstraße selbst. In klaren Nächten kann dieser Spiralnebel als schwaches Leuchten im Sternbild der Andromeda von einem dunklen Standort aus mit bloßem Auge gesehen werden. Nicht einmal zu Zeiten Brunos ahnten die Astronomen, von welcher riesigen Entfernung aus dieses Licht zu ihren Augen gelangte. Der Andromedanebel ist so weit weg, dass das von ihm stammende Licht zweieinhalb Millionen Jahre für seine Reise bis zu unseren Augen benötigt – dagegen verblasst die Entfernung des 61 Cygni von der Erde zu praktisch nichts …

Obwohl Bruno von den tatsächlichen Größenverhältnissen im Kosmos keine Ahnung hatte, war er dennoch davon überzeugt, dass der Weltenraum unendlich groß sei, dass er seit Ewigkeit bestünde und nie vergehen werde, dass er von unendlich viele Sonnen erfüllt sei, von denen wir nur unsere eigene als die Erde in ihrer Bahn haltende, erwärmende und lebensspendende Sonne wahrnehmen, die anderen unendlich vielen aber von uns so weit entfernt seien, dass wir sie nur in der wolkenlosen Nacht als schwach schimmernde Sterne sehen. Doch nicht nur auf der Erde in unserem Sonnensystem, überall, an unendlich vielen Stellen des Universums herrscht Leben. Das ganze All ist von Leben erfüllt. Weil das Universum unendlich groß ist, bleibt für Gott außerhalb kein Platz. Es gibt nämlich gar kein Außerhalb. Weil das Universum ewig besteht, gibt es für Gott kein Zuvor, bevor er es schuf, und kein Danach, nachdem er es zerstört haben wird. Gott, so Bruno, ist nicht jenseits von Raum und Zeit. Gott ist, wie auch das Leben, im All eingewoben. Jeder Ort, jede Zeit sind von ihm durchdrungen. Einen anderen Gott als Mutter Natur gibt es nicht. Die Natur und Gott, sie sind eins.

Was aber ist das Wesen der Natur, die sich, so Bruno, über ewige Zeiten hin im unendlichen Raum ausbreitet? Woran glaubt jemand, der an die Natur zu glauben behauptet? Bis zu diesen Zeilen wurde nur von den Phänomenen erzählt, welche die Natur hervorruft und die von unseren Sinnen empfangen werden. Bis zu diesen Zeilen wurde die hinter diesen Phänomenen verborgene Ordnung bloß in Andeutungen und nur ungefähr, nur staunend erahnt. Doch der Forschergeist des Menschen will vom Staunen zum Wissen gelangen, von der Ahnung zur Klarheit. Warum ist die Natur so „nach Maß und Zahl und Gewicht geordnet", wie es uns das Buch der Weisheit verkündet?

Schon Demokrit und Leukipp gaben darauf die bekannte nüchterne Antwort: Es gibt nur Atome und das Leere. Aus nichts anderem bestehe die Natur. Dieses prosaische Wort wurde lange Zeit von poetischen Bildern über das Wirken eines göttlichen Weltenschöpfers verdrängt, brach sich jedoch zu Beginn des 19. Jahrhunderts wieder erneut eine Bahn. Den Anlass dazu gab ungewollt Sir Isaac Newton, der größte Naturforscher seiner Zeit und Begründer der Theoretischen Physik:

Vor Newton waren fast alle davon überzeugt, dass die Wandelsterne am Himmel – Sonne, Mond und die mit freiem Auge sichtbaren Planeten Merkur, Venus, Mars, Jupiter und Saturn – von den Engeln Gottes mit ihren Flügelschlägen durchs Himmelszelt getrieben werden. Dieses schöne, stimmungsvolle Bild verblasste, nachdem im Jahre 1666 ein Apfel auf des jungen Newtons Kopf gefallen war: Die Kraft, mit der Gestirne beschleunigt werden, so lehrt Newton, ergibt sich aus einem prosaischen mathematischen Gesetz, in dem allein die Massen der Himmelskörper und ihr gegenseitiger Abstand einfließen. Das Gesetz gilt für alle Körper, für einen Apfel genauso wie für Planeten. Selbst das Auftauchen der Kometen, das einst als Wink Gottes und als Ankündigung einer neuen Epoche galt, ist Newton zufolge in dieses Formelwerk eingebunden und seines Nimbus beraubt.

Dabei, dies sei betont, war Newton ein tiefreligiöser Mensch. Er war geheimer Anhänger der Lehre des antiken römischen Theologen Arius, wonach Jesus zwar Gott ähnlich, aber keinesfalls selbst Gott sei. Geheim hielt Newton vor den Zeitgenossen seine Überzeugung, weil sie gegen die offizielle Lehre der Kirche von der Trinität, von den drei göttlichen Personen, in Widerspruch stand. Newton befürchtete, seinen Adelstitel und seine hohen staatlichen Ämter zu verlieren, wäre sein Glaube an einen einzigen und ungeteilten Gott als Vater und Schöpfer der Welt bekannt geworden. Er war sogar überzeugt, das Wirken des Schöpfers im Kosmos erblicken zu können: Er stellte fest, dass nach fünf Umläufen des Jupiters um die Sonne der Saturn zwei Umläufe vollzieht. Immer wieder kommen die beiden Planeten an der gleichen Stelle im Himmel einander nahe. Nun sind Jupiter und Saturn zwei Planeten mit riesigen Massen, sodass nach Newtons Kraftgesetz eine Sogwirkung auf die anderen Planeten von der Sonne weg auf diese Himmelsstelle ausgeübt wird. Das Sonnensystem droht zu zerbrechen. Um dies zu verhindern, so meinte Newton, greift der Schöpfer persönlich von Zeit zu Zeit ein. Er rettet gleichsam eigenhändig das zerbrechliche Gleichgewicht der Planetenbahnen.

Napoleon Bonaparte, den Mathematik und Naturwissenschaften außerordentlich interessierten, kannte Newtons Glauben an das zeitweilige Eingreifen Gottes im Himmelsgeschehen. Umso erstaunter war er, als er bei einem Vortrag des Mathematikers und Astronomen Pierre Simon Laplace erfuhr: Das Verhältnis der Umlaufzeiten von Jupiter und Saturn ist nur näherungsweise, aber nicht ganz genau fünf zu zwei. Daher verteilt sich in Wahrheit die Stelle, an der die Riesenplaneten einander nahe kommen, mit der Zeit über den

Himmel. Die Gefahr einer Sogwirkung auf eine bestimmte Stelle ist gebannt. „Wo bleibt denn dann in ihrem System der Schöpfer?", fragte Napoleon den von seinem mathematischen Genie überzeugten Laplace. „Sire, diese Hypothese benötige ich nicht mehr", war dessen stolze Antwort.

Wie einst Leukipp und Demokrit war nun auch Laplace der Ansicht: Das gesamte Geschehen in der Natur, von den mit Fernrohren vermittelten Bewegungen der Gestirne bis hin zu den Regungen der kleinsten Körper, die mit dem Mikroskop wahrgenommen werden, selbst wenn diese belebt sind, beruhe auf Newtons Kraftgesetz, dem alle Atome unterworfen sind. Wenn man Laplace fragte, was denn die Natur sei, würde er zur Antwort geben: Die Natur besteht aus einem dreidimensionalen Raum, der die Bühne des kosmischen Schauspiels darstellt. Die Natur besteht aus einer eindimensionalen Zeit, die den Verlauf dieses Schauspiels ermöglicht. Und die Natur besteht aus einer riesigen Zahl von Atomen, den Akteuren des Schauspiels. Die Regie des Schauspiels folgt dem Gesetz Newtons: Es beschreibt, mit welcher Kraft jedes Atom von jedem der anderen angezogen und dadurch in seine Richtung beschleunigt wird. Wenn man zu einem Zeitpunkt registriert, wo sich die Atome im Raum aufhalten und mit welcher Geschwindigkeit sie unterwegs sind, erlaubt das Gesetz Newtons, die Anordnungen der Atome zu allen beliebigen Zeiten auszurechnen. Dies, so Laplace, ist alles, was die Natur zu bieten hat. Alle Phänomene, die wir mit unseren Sinnen empfangen, lassen sich darauf zurückführen.

Das materialistische Weltbild von Laplace, wonach die Natur allein aus Raum, Zeit, Materie und den mathematischen Gesetzen der Mechanik besteht, wurde in der Folge sowohl ergänzt als auch korrigiert. Ergänzt wurde es, indem es Naturforschern gelang, Phänomene, die sich scheinbar diesem Weltbild widersetzen, doch in dieses einzuordnen. Korrigiert wurde es, indem es Naturforschern gelang, sowohl die Materie wie auch den Raum und die Zeit einzig und allein auf die Mathematik zurückzuführen. Im Folgenden wird dies grob und andeutungsweise skizziert.

Das Massenanziehungsgesetz Newtons beschreibt die Gravitation. Ihr zur Seite gestellt wurde von Coulomb, Ampère, Volta, Ohm, Gauß, Weber, Ørsted, Faraday und anderen die Elektrizität. Schließlich zeigte James Clerk Maxwell 1865, dass sich alle elektrischen, alle magnetischen und alle optischen Naturvorgänge auf vier mathematische Gleichungen zurückführen lassen, die nun zusammen mit den Gleichungen Newtons eine Fülle von Phänomenen der unbelebten Welt beschreiben. All das, was zur Strömungslehre, Akustik und Optik gehört, wurde somit in die Mechanik Newtons und in die Elektrizität Maxwells eingebunden. Darüber hinaus zeigten Maxwell und in der Folge Ludwig Boltzmann, dass sich mit den mathematischen Gesetzen der Wahrscheinlichkeitsrechnung und Statistik zudem die gesamte Wärmelehre ebenfalls in die Mechanik Newtons und in die Elektrizität Maxwells einflechten lässt.

Abgesehen von den Phänomenen der stofflichen Änderungen toter Materie, die der damals noch im Dunklen tappenden Chemie zugeordnet wurden, und abgesehen von den Phänomenen des Lebens, bei denen Biologen damals noch eine auf die Vermehrung und die Erhaltung der Art zielgerichtet wirkende „Vis vitalis", eine „Lebenskraft" vermuteten, schienen die Gleichungen von Newton und Maxwell die gesamte Natur zu erfassen. Als Max Planck um 1875 das

Studium der Physik ergreifen wollte, riet ihm sein späterer Lehrer, der Physiker und Mathematiker Philipp von Jolly davon nicht deshalb ab, weil Planck unbegabt wäre, ganz im Gegenteil. Er meinte, Planck würde seine Begabung nicht zur Geltung bringen können, wenn er sich der Physik zuwende, die Jolly „als eine hochentwickelte, nahezu voll ausgereifte Wissenschaft" beschrieb, „die nunmehr, nachdem ihr durch die Entdeckung der Energie gewissermaßen die Krone aufgesetzt sei, wohl bald ihre endgültige stabile Form angenommen haben würde. Wohl gäbe es vielleicht in einem oder dem anderen Winkel noch ein Stäubchen oder ein Bläschen zu prüfen und einzuordnen, aber das System als Ganzes stehe ziemlich gesichert da, und die theoretische Physik nähere sich merklich demjenigen Grade der Vollendung, wie ihn etwa die Geometrie schon seit Jahrhunderten besitzt."

Planck war es, der 1900 „ein Bläschen prüfte", das sich als veritable Blase herausstellte. Durch die mathematisch korrekte Beschreibung der Strahlung eines sogenannten Schwarzen Körpers begründete er die Quantentheorie, jene mathematische Theorie der Materie, die uns die Vielfalt der stofflichen Welt verstehen lässt. Neben Gravitation und Elektrizität treten in atomaren und subatomaren Dimensionen zwei weitere in Erscheinung: eine sogenannte starke Wechselwirkung und eine sogenannte schwache Wechselwirkung – mathematische Konzepte, die den Zusammenhalt der subatomaren Objekte in Formeln fasst. Mit der Quantentheorie wurde die Chemie, die sich zuvor mit einer bloßen Beschreibung der stofflichen Änderungen begnügte, zu einem Teil der Physik und damit der abstrakten Mathematik unterworfen. Alle stofflichen Änderungen, selbst diejenigen der von Leben erfüllten Materie, sind prinzipiell mit mathematischen

Gleichungen zu fassen. Seither ist von einer Vis vitalis keine Rede mehr. Vielmehr weiß man, dass die einst von Darwin und seinen Kollegen beschriebenen Phänomene der Selektion und Mutation auf atomare Vorgänge in den großen organischen Molekülen zurückgeführt werden können, letztlich auf die Quantentheorie, auf eine abstrakte mathematische Theorie.

Doch nicht nur die Materie und die auf sie wirkenden Kräfte, selbst Raum und Zeit, welche die Bühne des Naturschauspiels darstellen und seinen Verlauf ermöglichen, sind spätestens seit Einsteins berühmter Relativitätstheorie in dieses Schauspiel selbst miteingebunden. Auch sie sind Variablen in der Mathematik der Natur. Wobei es so scheint, als ob die „Mathematik der Natur" – nun bestückt mit Gleichungen und Formeln, die allgemeiner und abstrakter als die Gleichungen Newtons und Maxwells sind – die Natur nicht bloß modellhaft nachbildet, sondern mit der Natur identisch ist.

Was ist die Natur? Sie bestehe nur aus den Atomen und der Leere, behaupteten Leukipp und Demokrit. Sie verwirkliche sich in Raum, Zeit und Materie nach dem mathematischen Gesetz Newtons, behauptete Laplace. Sie sei nichts anderes als Mathematik, behaupten Forscher der Gegenwart wie Stephen Wolfram oder Max Tegmark. Die Mathematik aber ist abstrakt. Raum, Zeit, Materie sind konkret. Wie passt das zusammen?

Der feinsinnige Astrophysiker Sir Arthur Stanley Eddington war sich dieses zwiespältigen Begriffs von Natur bewusst. Auf der einen Seite empfinden wir, dass die Phänomene der Natur unmittelbar vorhanden sind. Auf der anderen Seite verliert sich bei immer genauerer Analyse dieser Phänomene die Natur zu einer abstrakten Konstruktion. Eddington hatte diesen verwirrenden Zwiespalt anhand eines banalen „natürlichen" Objekts, nämlich seines Schreibtisches, verdeutlicht. Zunächst beschreibt er diesen, wie wir ihn unmittelbar empfinden: „Er ist ausgedehnt; er ist ziemlich beständig; er ist farbig; vor allem ist er substantiell." Doch als Physiker sieht er den Schreibtisch mit anderen Augen: „Er gehört nicht zu der vorher erwähnten Welt." Von dem aus Atomen bestehenden zweiten, dem „wissenschaftlichen" Schreibtisch sagt Eddington: „Mein wissenschaftlicher Tisch ist nahezu leer. Spärlich verstreut in dieser Leere sind zahlreiche elektrische Ladungen, die mit großer Geschwindigkeit umhersausen." Eddington verwendet dabei die überholten Vorstellungen einer nicht mehr gültigen Atomtheorie; heute lehrt die Quantentheorie, dass die von Eddington genannten elektrischen Ladungen auf höchst eigenartiger Weise mit unbestimmtem Ort und unbestimmter Geschwindigkeit „verschmiert" sind; allein ein komplizierter mathematischer Formalismus vermag sie korrekt zu fassen. Doch wie dem auch sei, Eddington stellt verblüfft fest:

Ich brauche Ihnen nicht zu sagen, dass mir die moderne Physik durch minutiöse Prüfung und unbarmherzige Logik versichert hat, dass mein zweiter, wissenschaftlicher Tisch der einzige ist, der wirklich da ist – wo immer sich dieses „Da" befinden mag. Auf der anderen Seite brauche ich Ihnen nicht zu sagen, dass die moderne Physik es niemals schaffen wird, mir den ersten Tisch auszutreiben, der sichtbar vor meinen Augen steht und den ich mit Händen greifen kann.

Welcher der beiden Schreibtische Eddingtons ist der „wirkliche", der von Natur gegebene: der sinnliche erste oder der wissenschaftliche zweite? Oder – und dies ist die zugleich verblüffendste wie auch tiefsinnigste Lösung des Paradoxons der beiden Schreibtische Eddingtons: Keiner der beiden Schreibtische ist „wirklich", also von Natur gegeben. Weil es ohne Sir Arthur Stanley Eddington die Natur gar nicht gibt …

Wer einen Sonnenuntergang in der pannonischen Tiefebene, ein Nordlicht in Skandinavien, das Farbenspiel in den Flügeln eines Schmetterlings, die Wohlgerüche aromatischer Verbindungen, die Fürsorge der Schwäne für ihre gerade zur Welt gekommenen Küken, die sie sogar auf dem Rücken bei ihren Flügen mitnehmen, wer irgendeines dieser oder anderer Naturgeschehen nicht nur bestaunt, sondern darin sogar das Tiefste des Daseins zu finden meint, glaubt unumstößlich daran, dass der erste, der sinnlich gegebene Schreibtisch der eigentliche Schreibtisch Eddingtons ist. Aber auch wer an das von der eigenen Existenz unabhängige Bestehen der Mathematik in einer abstrakten platonischen Welt glaubt und den zweiten, den wissenschaftlich vermittelten Schreibtisch für den eigentlichen Schreibtisch Eddingtons hält, teilt genauso wie der Erstgenannte mit Albert Einstein jenen Glauben, den Einstein seine „kosmische Religiosität" nannte. Angesichts des gigantischen Schauspiels der Natur, in dem der Einzelne wie ein belangloser, unerheblicher, nichtiger Statist seinen flüchtigen Auftritt absolviert, kann man bloß vor den atemberaubenden Naturereignissen, vom Urknall, den Sternexplosionen und den Schwarzen Löchern bis hin zum Flattern eines Schmetterlings, bis hin zu den biochemischen

Reaktionen, auf denen das Leben fußt, in Bewunderung verharren: „Das Individuum", so Einstein, „fühlt die Nichtigkeit menschlicher Wünsche und Ziele und die Erhabenheit und wunderbare Ordnung, welche sich in der Natur sowie in der Welt des Gedankens offenbart. Es empfindet das individuelle Dasein als eine Art Gefängnis und will die Gesamtheit des Seienden als Einheitliches und Sinnvolles erleben." Der Glaube an die Natur lässt einerseits in wohliger Ehrfurcht vor den gigantischen Kräften des Alls erschauern, beruhigt aber andererseits zugleich, weil diese Kräfte das eigene persönliche Dasein nicht berühren. Moral beruht auf Konvention. Der Freigeist setzt sich darüber locker hinweg. Nicht von ungefähr hat sich der „kosmisch religiöse" Einstein den ihm nahestehenden Menschen gegenüber zuweilen erstaunlich infam und rücksichtslos verhalten.

Seine moralische Ödnis rechtfertigt der an die Natur Glaubende aus seiner Sicht einleuchtend: Alles, was dem Einzelnen für sein Dasein triftig scheint, das Wertvolle, dem er nacheifert, das Verhasste, das er verachtet, all seine Liebe und sein Leid, verfällt angesichts der dafür blinden Natur zu völliger Belanglosigkeit. All sein Fühlen, all sein Streben ist im Grunde nicht mehr als eine Marotte, nicht zu unterscheiden von den Zuckungen eines Pantoffeltierchens. Dessen muss sich jeder, der – bildhaft gesprochen – „seinen Gott" in der Natur zu finden glaubt, bewusst sein.

Von einer unabdingbaren Voraussetzung jedoch geht der Glaube an die Natur aus: Dass eine vom Glaubenden unabhängige Außenwelt existiert, dass diese vor seiner Geburt schon existierte und auch nach seinem Tod existieren wird. Nur sie gibt es wirklich. Das Vorhandensein der Außenwelt, das Dasein der Natur auch ohne mich, scheint so manifest, dass es geradezu verrückt klingt, dies in Zweifel zu ziehen. Trotzdem folgerte Niels Bohr aus „seiner" Quantenmechanik, dass Ereignisse „in der Natur" nur dann vorliegen, wenn sie beobachtet, gemessen werden. Einstein, der Prophet des Glaubens an die Natur, hielt diese Ansicht seines Freundes Bohr für grotesk. Als sich der Bohr-Schüler Abraham Pais in Princeton Einstein vorstellte, begrüßte ihn dieser mit der kauzigen Frage: „Glauben Sie, Herr Pais, dass der Mond existiert, wenn wir ihn nicht anschauen?" Der verdutzte Pais wusste vielleicht nicht, dass sich Einstein mit diesem Rätsel auf den englischen Zeitgenossen Newtons bezog, den Philosophen und Theologen George Berkeley, der allen Ernstes meinte: Eine von der Wahrnehmung unabhängige Außenwelt gibt es gar nicht. Es ist nicht so, dass wir den Mond beobachten können, weil er existiert, sondern umgekehrt: Der Mond existiert nur deshalb, weil er wahrgenommen wird. Esse est percipi, lautet Berkeleys Axiom: Sein bedeutet Wahrgenommen-Werden.

An den auffälligen Sternbildern verstehen wir, wie in einem Gleichnis, Berkeleys Sicht der Dinge wohl am besten: Eigentlich sind die Sterne, von der Erde aus gesehen, völlig chaotisch auf der Himmelskuppel verstreut. Aber alle, die das Sternenzelt bewundern, nehmen sofort Sternbilder wahr: den Großen und den Kleinen Wagen, den Orion, das W der Kassiopeia, die Sternbilder des Tierkreises. Nur weil wir sie so sehen, gibt es diese Sternbilder. Zum Entsetzen Einsteins könnte es mit der Natur im Ganzen ähnlich sein: Nur weil sie wahrgenommen wird, gibt es die Natur.

Ohne mein Dasein gibt es kein sinnlich empfundenes Phänomen. Es muss den fühlenden Menschen Sir Arthur Stanley Eddington geben, damit Eddington seinen Schreibtisch mit seinen Händen greifen kann. Ohne mein Dasein gibt es auch keine Mathematik. Die Vorstellung, Mathematik gäbe es in einer abstrakten platonischen Welt unabhängig von dem, der sie betreibt, ist absurd. Zahlen sind eine menschliche Erfindung. Nirgendwo außer in Gedanken sind sie anzutreffen. Es muss daher den geschulten Mathematiker Sir Arthur Stanley Eddington geben, damit Eddington seinen Schreibtisch als quantenmechanisches Objekt verstehen kann.

Ohne mein Dasein gibt es keine Außenwelt.

Dies bedenkend, verliert der Glaube an die Natur jeglichen Halt.

Mount Rushmore, South Dakota, USA, mit den in Stein gemeißelten Präsidenten George Washington, Thomas Jefferson, Theodore Roosevelt und Abraham Lincoln (von links nach rechts).

DER GLAUBE AN DIE GESCHICHTE

M eine Behausung wird bald das Nichts sein. Aber mein Name wird weiterleben im Pantheon der Geschichte." Dieses stolze Wort schleuderte Danton im Prozess seinen Richtern entgegen, die ihn zum Tode verurteilten. Er gehörte zu den Zehntausenden von Opfern der „Terreur" genannten Schreckensherrschaft. Im Gefolge der Französischen Revolution von 1789 wütete der sogenannte Wohlfahrtsausschuss in Paris mit unbarmherziger Strenge und blinder Willkür. Die trotz ihrer Unschuld Verurteilten wurden nach kurzen Prozessen zur Place de la Révolution gekarrt, der späteren Place de la Concorde, und dort schnitt ihnen der Henker mit der Guillotine den Kopf vom Körper ab. An manchen Tagen folgten die Hinrichtungen so dicht aufeinander, dass dem Scharfrichter nicht mehr die Zeit blieb, das Messer vom Blut der jeweils zuvor Hingerichteten zu reinigen. Danton war selbst einst Leiter dieses Wohlfahrtsausschusses, bestrebt von dem, mit den anderen Revolutionären geteilten Willen, für Frankreich und seine Bürger das Beste zu tun. Schließlich distanzierte er sich von der Fortsetzung des von diesem Gremium mit voller Absicht geplanten Terrors, was ihm das Leben kostete.

Diesen Preis war er bereit zu zahlen. Denn sein Name „wird weiterleben im Pantheon der Geschichte". Der Pantheon, das war in der Antike ein Heiligtum, das allen Göttern geweiht war. Diese ersetzt der an keine Götter mehr glaubende Danton durch die Heroen der Geschichte. Er, Danton, fühlt sich spätestens jetzt, da er in wenigen Minuten zum Vollstrecker der Todesstrafe gezerrt wird, als einer von ihnen. Auch „Georges Jacques Danton, geboren 1759, geköpft 1794, ein Held der Revolution", wird irgendwann, dessen war er gewiss, in einer Ruhmeshalle in Stein gemeißelt prangen. Mehr, so meinte Danton, kann man vom Dasein nicht erwarten.

Ganz ähnlich zeichnete Walter Jens, Altphilologe, Historiker, Schriftsteller und Deutschlands größter Redner am Ende des vorigen Jahrhunderts, die Figur des Gaius Julius Caesar. Wie später Danton und viele andere Helden der Geschichte zuvor und danach interessiert Caesar allein Nimbus und Ruhm, die ihm die Welthistorie verleiht. Jens griff in dem von ihm verfassten Fernsehspiel *Die Verschwörung*, die schon bei Sueton gehegte Vermutung auf, der an Epilepsie leidende Caesar hätte angesichts seiner Krankheit, die in einem erniedrigend schrecklichen Tod zu enden droht, einen tollkühnen Plan gefasst: Caesar selbst inszenierte ein Komplott zu seiner Ermordung, die ein erhabener, ein für alle künftigen Generationen unvergessener Tod sein sollte. „Manche hegen den Verdacht", schreibt Sueton, „Caesar habe gar nicht länger leben wollen." Und Walter Jens fügt als weitere Indizien hinzu: „Ist es überhaupt möglich, dass ein Diktator mit einem so vollkommenen Spitzel-System, wie es Caesar besaß, nichts von einer Verschwörung bemerkt haben soll, zu der beinahe hundert Männer gehörten? Und wie viele Abenteurer, wie viele zwielichtige Gestalten waren darunter! Wenn es für Spitzel jemals eine günstige Gelegenheit gab, sich unter die Rebellen zu mischen … hier war sie gegeben." Wenn Caesar es gewollt hätte, so argumentiert Jens, locker hätte er die dilettantische Konspiration zerschlagen können.

Warum also tat er es nicht? War er zu alt oder zu krank, hatte er keine Kraft mehr, sich der Verschwörung entgegenzustellen? Oder kam sie ihm am Ende gar gelegen; wollte er sterben; ersehnte er sich, von der Fallsucht gezeichnet, einen raschen, gewaltsamen Tod, so dass er die Revolte förderte? Ja war es nicht sogar denkbar, dass er es war, der die Verschwörung gegen sich selbst erdachte? Eine Revolution – erfunden, um den Tod zu bringen, den er sich wünschte; ein Komplott – ersonnen, um sein Leben durch eine Verschwörung zu krönen, deren Scheitern er vorausberechnete; eine Konspiration – ausgedacht, um der eigenen Unsterblichkeit willen: war das seine letzte und verwegenste Idee?

Alles dafür zu geben, auf dass der eigene Name im Pantheon der Geschichte prangt, das bedeutet, an die Geschichte zu glauben.

Die Geschichte verheißt Unsterblichkeit. Seit Beginn der Menschheit waren die Herrscher der Völker davon überzeugt. In Ägypten zeichneten Schreiber das Leben und wohltätige Wirken des Pharaos auf. Ihre Berichte wurden in Stein graviert, auf dass sie ewig zu lesen waren. In kunstvollen Bildern wurden Szenen festgehalten, die sogar all jenen Nachfahren, welche die Hieroglyphen nicht mehr lesen können, von der Regierungszeit des Pharaos berichten.

Herodot aus Halikarnassos, der erste große Geschichtsschreiber der Griechen, beginnt sein bedeutendes, *Historien* genanntes Werk mit dem Vorsatz, er schreibe es, „damit die

Taten der Menschen nicht durch die Zeitläufe verschwinden, damit die großen und bewundernswerten Leistungen nicht ruhmlos vorübergehen, die auf der einen Seite von den Griechen und auf der anderen Seite von den Barbaren vollbracht wurden". Auch Herodot verbindet Geschichte mit Unsterblichkeit.

Der römische Geschichtsschreiber Titus Livius schuf ein umfassendes Werk, das von der sagenhaften Gründung Roms 753 v. Chr. bis zu Beginn der Herrschaft der römischen Cäsaren um die Zeitenwende reicht. Er tat dies, um dem römischen Volk zu beweisen, dass der Lauf der Geschichte in ein ewiges Rom mündet, in dem für alle Zeiten die Berichte des Livius von Generation zu Generation überliefert werden.

Und Gaius Sallustius Crispus, genannt Sallust, ein eine Generation vor Livius lebender römischer Geschichtsschreiber, begründet seine Tätigkeit mit seinem Glauben an die Geschichte. Er sieht nur zwei Möglichkeiten, seinem Leben Sinn zu verleihen: Entweder, indem man sich als Held erweist, der in der Erinnerung der Menschheit für alle Zeiten genannt wird. Das hat Sallust, wie er bekennt, versucht. Er schlug die Laufbahn eines Politikers ein – aber der Erfolg war gering und ewigen Ruhm hat er dabei nicht erlangt. Oder, indem man als Historiker über die glorreichen Taten anderer berichtet und so selbst durch sein Geschichtswerk für immer in aller Munde bleibt. Damit war für Sallust auch klar, dass es allein wert ist, über die Geschichte des römischen Volkes zu berichten und die Geschichte der anderen Völker einzig und allein aus der Sichtweise Roms darzustellen. Denn wer anders als Römer, so glaubte er, würden bis in die fernsten Zeiten seine Bücher studieren, galt doch schon zu seinen Tagen Rom als die Ewige Stadt.

Umgekehrt galt in der Antike als das härteste Urteil, das die Geschichte sprechen konnte, die Verbannung in das Vergessen. „Abolitio nominis", später „Damnatio memoriae", die „Verdammung des Andenkens", nannten es die Römer. Bereits die Griechen verhängten diese in ihren Augen strengste Strafe, die einem Menschen widerfahren kann. Und vor ihnen versuchten die Ägypter, die Statuen, Bilder und Berichte über die in Acht und Bann verfallenen Herrscher wie Hatschepsut oder Echnaton zu vernichten, damit diese in Vergessenheit geraten. Bei Hatschepsut war der Grund, dass ihr Nachfolger es nicht wahrhaben wollte, dass eine Frau als Pharao geherrscht und Großes vollbracht hatte. Bei Echnaton war es der neue Glaube, den er als Pharao verordnet hatte und der den Priestern des alten Glaubens die Macht entzog; nach des Echnatons Tod rächten sich diese.

Der berühmteste Fall des versuchten Hinauswurfs aus der Geschichte ist jener des verrückten Brandstifters Herostratos, der eines der sieben Weltwunder der Antike, den Tempel der Artemis in Ephesos, mit dem von ihm gelegten Feuer vollkommen zerstörte. Ziel seines Zündelns war, mit dieser Wahnsinnstat ewige Berühmtheit zu erlangen. Um ihn noch bitterer als nur mit dem Tode bestrafen zu können, wurde ihm vor seiner Hinrichtung verkündet, dass sein Name für alle Zeiten nie mehr ausgesprochen werden würde und damit seine Tat sinnlos gewesen sei. In Ephesos war es fortan bei Todesstrafe verboten, den Namen „Herostratos" zu sagen.

Dies ist die sonderbare Ironie der Geschichte: Über die Jahrtausende hinweg kennt man Herostratos, den Namen jenes einfältigen Hirten, der durch die Damnatio memoriae, die genau das Gegenteil bewirken wollte, über seinen Tod hinaus sein Ziel erreichte: Solange Menschen von der Antike erzählen, wird auch er in aller Munde sein.

Gottlob kommen nur wenige Zeitgenossen auf die Idee, im Begehen wahnwitziger Verbrechen für immer in die Geschichte eingehen zu wollen. Aber mindestens ebenso wenigen gelingt es, den Lauf der Weltgeschichte so zu beeinflussen, dass ihnen ein ewiges ehrendes Andenken sicher ist. Innerhalb einer Periode von vier Jahren kann im Allgemeinen nur eine Person von mehr als 300 Millionen in den Vereinigten Staaten Geborenen Präsident der USA sein und in dieser Position die größte Machtfülle auf Erden innehaben. Doch selbst wenn diese Person das hohe Amt bekleidet, bedarf es außergewöhnlicher Umstände, großen politischen Talents, unerhörten Muts und eines gehörigen Maßes an Glück, dass sie später mit George Washington, Thomas Jefferson, Abraham Lincoln oder Theodore Roosevelt in einem Atemzug genannt wird.

Was aber ist mit den übrigen zig Millionen Amerikanern, die nicht einmal davon träumen dürfen, Präsident der Vereinigten Staaten von Amerika zu werden? Was mit der Heerschar der vielen Erdenbürger, die nicht im Entferntesten auch nur die geringste Chance haben, am Ende des Jahres am Titelbild des *Time Magazine* als „Person of the Year", als einflussreichster Mensch zu prangen? Ist der Glaube an die Geschichte nur den ganz wenigen vorbehalten, den höchstens ein oder zwei Dutzend Menschen während eines ganzen Jahrhunderts, deren Namen in den Geschichtsbüchern künftiger Generationen vermerkt sein werden?

Hierauf gibt es zwei völlig unterschiedliche Antworten, die nicht für wenige, sondern für viele trotzdem den Glauben an die Geschichte rechtfertigen. Die erste Antwort besteht darin, neben der Weltgeschichte auch andere Lesarten von „Geschichte" zu betrachten.

Fasst man den Begriff Geschichte etwas breiter, als es Historiker gewöhnlich tun, eröffnet sich auch für Alt und Jung, Arm und Reich, Groß und Klein, kurz: für jede und jeden unter uns die Möglichkeit, an Geschichte zu glauben. Denn es gibt Betätigungsfelder sowohl in Beruf wie auch bei ehrenamtlichen Funktionen, die im Umfeld derer, für die sie gedacht sind, bleibende Bedeutung besitzen.

Es ist nicht die Weltgeschichte, aber es ist die Geschichte eines Sportklubs, die Geschichte einer Runde von wohltätig gesinnten Personen, die Geschichte eines Freundeskreises, die Geschichte einer großen oder auch kleinen Körperschaft, die Geschichte eines Vereins, kurz: die Geschichte welcher freiwilligen Vereinigung auch immer, in der man seine Persönlichkeit einbringen kann und die es dieser Persönlichkeit über deren kurzes Erdendasein hinaus dankt. Was jedenfalls in den Nachrufen so erklingt, in denen von einer nie erlahmenden Erinnerung und einem immerwährenden Andenken in wohlgesetzten Worten die Rede ist.

Im beruflichen Umfeld ist es das Gleiche. Auch Unternehmen, auch Aktiengesellschaften, auch Behörden haben ihre Geschichten. Die mit diesen Institutionen Verwobenen prägen sie durch ihre Arbeit, ihre Umsicht, ihren Einsatz. Nicht nur in Nachrufen, in denen den Hinterbliebenen des verstorbenen Mitglieds versichert wird, dass man seiner Leistungen immer gedenken werde, auch in Verabschiedungen und Ehrungen zu Lebzeiten des Mitglieds kommt dies zum Ausdruck. Sie bestärken es in seinem Glauben, in der Geschichte dieser Institution Bleibendes geschaffen zu haben. Oft sind diese Worte in aufrichtiger Inbrunst gesprochen, und sie tun derjenigen Person, an die sie gerichtet sind, in einer tiefen, das Dasein berührenden Weise gut. Sie darf daran glauben, unverlöschliche Spuren in der Welt – und sei es nur die kleine Welt einer von Abertausenden Institutionen – gezogen zu haben.

Edmund Hlawka, der bedeutendste Wiener Mathematiker in der zweiten Hälfte des 20. Jahrhunderts, hinterließ zum Beispiel eine Spur in der Welt der Mathematik, als er eine Vermutung des berühmten Göttinger Mathematikers Hermann Minkowski aus dem Jahre 1911 bewies, die sich jahrzehntelang dem Zugriff der klügsten Forscher ihrer Zeit entzog. Seitdem heißt die von Hlawka präsentierte Lösung in der Geschichte der Mathematik der „Satz von Minkowski und Hlawka". Nur Spezialisten aus einem Teilgebiet der Zahlentheorie kennen ihn. Aber für diese ist er da, und er wird unverrückbar in alle Ewigkeit gelten. Hlawka war neben seiner Forschungstätigkeit ein begnadeter und zugleich wohlwollender Lehrer, trug gerne vor und hörte mit Interesse die Vorträge seiner Studentinnen und Studenten. Als einmal bei einem seiner Seminare der vortragende Student „Satz von Märzer" an die Tafel malte, korrigierte ihn Hlawka ungewöhnlich heftig: „Mercer schreibt er sich, M-E-R-C-E-R" und murmelte ein wenig resignierend, mehr zu sich gesprochen: „Das muss man richtig schreiben, das ist das einzige, was vom Mercer blieb." Was aber ist es genau, das „bleibt"? Ein Satz über Integralgleichungen als blasses Schema? Oder mehr?

Und im Innersten mag Hlawka geargwöhnt haben: Was, wenn in ein paar Jahrhunderten, vielleicht sogar schon in Jahrzehnten ein Student „Lafka" statt „Hlawka" an die Tafel malt? Dann ist in der Geschichte der kleinen, aber feinen Welt der Zahlentheorie mir nicht einmal mehr der korrekt geschriebene Name geblieben. Der Satz von Minkowski und Hlawka – ein blasses Schema zweier einst großer Persönlichkeiten, und selbst das nicht vor Verzerrungen gefeit.

Die zweite Antwort auf die Frage, warum wir alle, auch wenn wir keine Matadore der Weltgeschichte sind, dennoch an die Geschichte glauben dürfen, lautet: Die Geschichte ist mächtig. Die Geschichte durchdringt das Leben aller Menschen: derer, die vor uns lebten, derer, die unsere Zeitgenossen sind, und derer, die nach uns kommen werden. Die Geschichte ist es wert, dass man an sie glaubt.

Nur wenige Tage bevor Danton das Schafott erhobenen Hauptes bestieg, zerrten unter den vielen Tausenden Verurteilten die Gesellen des Scharfrichters die unscheinbare Marianne zum Henker. Sie wusste nicht, warum sie eines Verbrechens angeklagt war, dessen Bedeutung sie gar nicht verstand, sie wusste nicht, wer sie denunziert hatte, sie wusste nicht, warum gerade ihr der Kopf abgeschnitten wird und nicht irgendeinem anderen aus dem grölenden Pöbel, der das blutige Handwerk an der Guillotine wie ein Volksfest bejubelte. Sie hätte es nicht als Trost empfunden, aber der einzige Sinn ihres armseligen Daseins und ihres bitteren Endes lautet: Sie, Marianne, die in ein paar Minuten für immer vergessen sein wird, ist ein Opfer in dem unerbittlichen Fortgang der Geschichte. Nur auf das Fortschreiten der Geschichte kommt es an, nicht auf die Befindlichkeit einer einzelnen Person.

Selbst von Danton, der seinen Namen im Pantheon der Geschichte verewigt glaubt, bleibt nur das, was die

Geschichte von ihm übrig lässt. Weder die Seele noch der Körper Dantons spielen eine Rolle, nur sein Name, der einen Fingerzeig in der Entfaltung der Geschichte symbolisiert. Als einzelner Mensch mit Hoffen und Bangen wird Danton von der Geschichte genauso zermahlen wie Marianne.

Zwei Bilder sind uns überliefert, wie sich Geschichte entfaltet. Das eine in der Antike vorherrschende Bild war jenes vom „Rad der Geschichte", das sich, fest verankert, ohne Unterlass im Kreise dreht. Einem ägyptischen Pharao folgt der nächste, einer Pharaonendynastie die nächste: Wie sich das Himmelszelt im Tageslauf dreht, wie sich die Wandelsterne auf der Himmelskugel drehen, so folgt auch auf Erden eine Ära der nächsten, ein Zeitalter dem nächsten, und schließlich werden sie alle wiederkehren. „Nihil novi sub sole": „Nichts Neues ereignet sich unter der Sonne", dieses Wort erfasst das antike Bild einer ewigen Wiederkehr. Bei Johann Wolfgang von Goethe, bei Friedrich Nietzsche, bei Oswald Spengler, bei René Guénon, bei Julius Evola findet sich dieses antike zyklische Verstehen von Geschichte wieder.

Nur das jüdische Volk entwarf ein anderes Bild von Geschichte. Dieses von mächtigen Nachbarn bedrängte, aus der ägyptischen Knechtschaft von Moses befreite, aber immer wieder von Fremdherrschaft bedrohte und so oft von heidnischen Königen und Feldherrn unterworfene Volk glaubt nicht an den Kreislauf der Geschichte mit dem sich auf einer ruhenden Achse drehenden Rad als Bild. Im jüdischen Denken wird es durch einen vorwärts strebenden „Lauf der Geschichte" ersetzt, der sich auf ein Ziel hin bewegt. Im Unterschied zu vorher wird, um beim Bild des Rades zu bleiben, die Achse des Rades immer weiter in eine von Gott bestimmte Richtung getrieben. Das Ziel ist für die frommen und zugleich an die Geschichte glaubenden Juden der Antike der Messias, den sie hier auf Erden erwarten: der endgültige Befreier des Volkes; der endzeitliche Heilsbringer; der Retter, dessen Kommen alles verändert.

Es mag sein, dass die Geschichte nicht so geradlinig verläuft, wie man es hoffen könnte, dass sich im Lauf Winkelzüge und Rückschritte ereignen, doch die Vorstellung, die Geschichte schreite unablässig voran, wirkte prägend. Sie dauerte sogar nach der endgültigen Zerstörung des Tempels in Jerusalem durch römische Soldaten unter Titus und nach dem letzten Aufbäumen jüdischer Freiheitskämpfer unter Simon Bar Kochba bei den Juden in der Diaspora fort. Nach Bar Kochbas Scheitern verblasste zwar der Glaube, der Messias werde als historische Figur irgendwann in Erscheinung treten. Die Geschichte selbst aber geht dennoch voran: „Dieses Jahr sind wir hier, nächstes Jahr werden wir im Lande Israel sein. Dieses Jahr sind wir Sklaven, nächstes Jahr werden wir frei sein", tönt es beim Pessachfest. Zwar weiß niemand, wann dieses „nächste Jahr" anbrechen wird, allein die Augen der an die Geschichte Glaubenden sind auf es gerichtet.

Auch bei den frühen Christen verebbte der Glaube, in naher Zukunft werde Jesus als königlicher Messias wiederkommen und hier auf Erden die Gottesherrschaft errichten. Diese Naherwartung, diese Hoffnung auf die in Kürze erfolgende endzeitliche Wiederkunft des Heilands erfüllte sich nicht. Allein der Glaube an den Fortschritt der Geschichte verselbständigte sich und wird nicht nur von Juden und Christen geteilt, auch von anderen, die mit dem religiösen Beiwerk des Fortschrittsglaubens nichts mehr zu tun haben wollen.

Ist auch der Einzelne sterblich, bleibt er als kleiner Teil der Spur, die das Rad der Geschichte zieht, wesentlich, unvergänglich und ewig. Dies wurde im späten 18. Jahrhundert als tröstliche Botschaft empfunden. Jede Person ist in die Geschichte eingebunden, Marianne genauso wie Danton. Und die Geschichte selbst ist ein Subjekt, dem man die göttlichen Eigenschaften der Allmacht, der Heiligkeit und der Gerechtigkeit zusprach. 1784 sagte daher Schiller ganz im Sinne dieses Weltbildes den berühmten Satz: „Die Weltgeschichte ist das Weltgericht." Gleichsam als ob der Geschichte alles menschliche Handeln unterworfen ist. Und Georg Wilhelm Friedrich Hegel führt diesen Gedanken weiter: „Die Weltgeschichte ist ein Fortschritt im Bewusstsein der Freiheit – ein Fortschritt, den wir in seiner Notwendigkeit zu erkennen haben."

Darum lohnt es sich, nicht nur an die Geschichte zu glauben, sondern auch für sie Opfer zu bringen – so meinte es jedenfalls Churchill in einer zukunftsweisenden Rede wenige Jahre nach den Gräueln des zweiten Dreißigjährigen Krieges, der im 20. Jahrhundert ganz Europa in seinen Grundfesten erschütterte und jahrhundertealte Monarchien und Reiche zerstörte: „Der Soldat, der sein Leben hingab, die Mutter, die ihren Sohn beweinte, und die Ehefrau, die ihren Mann verlor, sie fanden Erhellung oder Trost und ein Gefühl des Verbundenseins mit dem Universellen und Ewigen in der Tatsache, dass wir für Ziele kämpften, die nicht nur für uns selbst, sondern für die ganze Menschheit kostbar waren."

Die Geschichte, davon war Hegel überzeugt, schreitet vernunftgetrieben voran: Sie beginnt mit der orientalischen Epoche, in der nur der Alleinherrscher Freiheit genoss.

Auf sie folgt die griechische und römische Antike, bei der Teile der Bürgerschaft frei waren. Schließlich vollendet sie sich in der modernen Welt, in der alle frei sein können. In seiner eigenen Gegenwart, so meinte Hegel, sei der historische Prozess zu seiner Vollendung gelangt. Alle historischen Persönlichkeiten sind Handlanger des Voranschreitens der Geschichte. Selbst wenn Widersacher gegen die Richtung des Fortschritts ankämpfen, auf lange Sicht haben sie damit keinen Erfolg. Denn sie verdanken ihr Auftreten, so Hegel, der „List der Vernunft", die letztlich doch alle ihre Interessen und Leidenschaften für den hehren Endzweck der Geschichte zu nutzen versteht.

Karl Marx und Friedrich Engels, die Verfasser des *Kommunistischen Manifests*, gehen über Hegel hinaus. Die Geschichte zielt, so meinen sie im Unterschied zu ihm, nicht auf das vom Kapitalismus geprägte freie Bürgertum, sondern auf die klassenlose Gesellschaft: „Die Geschichte aller bisherigen Gesellschaft ist die Geschichte von Klassenkämpfen. Freier und Sklave, Patrizier und Plebejer, Baron und Leibeigener, Zunftbürger und Gesell, kurz, Unterdrücker und Unterdrückte standen in stetem Gegensatz zueinander, führten einen ununterbrochenen, bald versteckten, bald offenen Kampf, einen Kampf, der jedes Mal mit einer revolutionären Umgestaltung der ganzen Gesellschaft endete oder mit dem gemeinsamen Untergang der kämpfenden Klassen", schreibt Marx. Und er nimmt sich vor, Hegel vom Kopf auf die Füße zu stellen: „Die Philosophen haben die Welt nur verschieden interpretiert, es kommt drauf an, sie zu verändern", und zwar mit dem folgenden, im *Kommunistischen Manifest* deklarierten Ziel: „An die Stelle der alten bürgerlichen Gesellschaft mit ihren Klassen und Klassengegensätzen tritt eine Assoziation, worin die freie Entwicklung eines jeden die Bedingung für die freie Entwicklung aller ist."

Nichts, dessen sind sich Marx und Engels sicher, wird die Geschichte auf diesem Weg ihrer Vollendung aufhalten können. Alle glühenden Anhänger ihres Glaubens, wie zerstritten sie untereinander auch sein mögen, seien es brillante Theoretiker und Verfechter eines evolutionären Sozialismus wie Karl Kautsky oder Eduard Bernstein, seien es politische Agitatoren und Anführer von blutigen Revolutionen wie Wladimir Iljitsch Lenin oder Leo Trotzki, wussten sich als treibende Kraft im vorwärts rollenden Rad der Geschichte und erblickten darin den tiefsten Sinn ihres Daseins. Individuelle Leidenschaften und Vorlieben zählen im Vergleich dazu nichts – und wer sich dem Lauf des Rades der Geschichte entgegenstemmt, wird von ihm zermalmt.

In der brillanten Verfilmung des Meisterromans *Der Spion, der aus der Kälte kam* von John le Carré fragte der durch bitterste Erfahrungen zynisch abgeklärte Spion Alec Leamas seine junge selbstlose Freundin – im Film kongenial verkörpert durch Richard Burton und Claire Bloom – in der ersten stimmungsvollen Nacht, die sie miteinander verbrachten, ob sie religiös sei.

„Du hast mich falsch verstanden", sagte sie, „ganz falsch."
„Woran glaubst du dann?"
„An Geschichte."
Er sah sie einen Moment erstaunt an, dann lachte er.
„O Liz ... o nein ... Du bist doch nicht etwa eine verdammte Kommunistin?"

Sie nickte, wobei sie wie ein kleines Mädchen errötete, denn sie war über sein Gelächter ärgerlich und doch gleichzeitig erleichtert, dass es ihn nicht weiter störte.

In der Verfilmung erzählt ihr Leamas von einem Erlebnis auf der Autobahn, auf der er mit waghalsigem Tempo unterwegs war:

„Plötzlich begann nur fünfzehn Meter vor mir ein kleiner Wagen aus der Kolonne in die Überholspur herüberzuziehen. Ich bremste, blendete voll auf und hupte. Mit Gottes Hilfe kam ich noch um Bruchteile einer Sekunde an ihm vorbei. Während ich den Wagen überholte, sah ich vier Kinder, die winkelnd und lachend auf dem Rücksitz saßen, und das dumme Gesicht ihres erschrockenen Vaters. Fluchend fuhr ich weiter, und plötzlich geschah es: Plötzlich zitterten meine Hände wie im Fieber, mein Gesicht glühte, mein Herz klopfte wild. Ich bog auf einen Rastplatz ein, kletterte aus dem Wagen und starrte schwer atmend auf den vorbeidonnernden Strom riesiger Überlandtransporter. Im Geist sah ich das kleine Auto zwischen den Kolossen gefangen, die es zusammenpressten und zerquetschten, bis nichts übrigblieb als das wilde Wimmern der Autohupen und die blauen Blitze der Polizeilichter, und die Körper der Kinder, ebenso zerfetzt wie die Leichen der ermordeten Flüchtlinge auf der Straße durch die Dünen.“

Kommunismus, Kapitalismus – Leamas weiß aus seinem Erfahrungsschatz, dass die Ideologien der Geschichte anonyme

Ungeheuer sind, den Giganten der Straße vergleichbar, zwischen denen die Schicksale einzelner Menschen wie zerbrechliche Fahrzeuge gegängelt werden. An die Geschichte zu glauben, bedeutet sich aufzugeben zugunsten einer erbarmungslosen Idee, die nie das Individuum und sein Schicksal, sondern nur die Gesamtheit der vielen und deren vermeintliche Bestimmung in den Blick nimmt.

Wie brutal das blinde Gesetz der Geschichte mit dem Einzelnen verfährt, erfährt die naiv an die Geschichte glaubende Freundin von Alec Leamas, als sie zwischen die Mühlsteine der Geheimdienste, die dunklen Priesterschaften der Geschichte, gerät: Zusammen mit Leamas versucht sie aus dem Ostberlin der 6oer Jahre zu entkommen, doch es ist alles so eingefädelt worden, dass sie beim Klettern über die Mauer die Schüsse der Volkspolizisten tödlich treffen, während für Leamas der Weg in den Westen offen gehalten wird. Das hat der Zyniker Hans-Dieter Mundt, ein von London eingeschleuster Doppelagent, der im kommunistischen Deutschland zu seinem geheimen Stolz beide Seiten gut bedient, ohne Wissen von Leamas so mit den ostdeutschen Behörden arrangiert.

Als Leamas aber, fast schon auf der anderen Seite der Mauer stehend, Liz mit ihren gebrochenen Augen auf ihn starrend fallen sieht, kehrt er um, gerät ins Scheinwerferlicht der Volkspolizei, die schließlich auch auf ihn feuert. „Während er stürzte", so beendet le Carré seinen Roman, „sah Leamas zwischen großen Lastwagen ein kleines zerquetschtes Auto, aus dem ihm Kinder fröhlich durch die Scheibe zuwinkten."

Ein Biss mit Genuss. Schokolade spricht alle Sinne an: Der Genießer
hört sie zwischen seinen Zähnen zerbrechen, er sieht ihre verführe-
rische Farbe, er fühlt mit den Fingern ihre Konsistenz, er riecht ihr
Aroma, er schmeckt ihre Süße.

DER GLAUBE AN DEN GENUSS

D er Mensch lebt nicht vom Brot allein. Nach einer Weile braucht er einen Drink." Woody Allen bringt es auf den Punkt. Er kennt die Grundbedürfnisse des Daseins. Sie gilt es zu befriedigen. Hunger und Durst wollen gestillt sein. Das Verlangen nach Speis und Trank dient, so scheint es vordergründig, der Erhaltung des Individuums. Und der Erhaltung der Art dient der Geschlechtstrieb. Erwartung im Vorfeld und Erfüllung im Vollzug – beides scheint von der Natur geplant zu sein: der heftige Drang, diesen lebens- und arterhaltenden Begierden nachzukommen, und das angenehme Wohlgefühl in der Verwirklichung.

Doch man könnte diese Phänomene von Verlangen und Erfüllung genauso gut umgekehrt sehen: Nicht irgendwelche Baupläne der Natur, sondern diese beiden, Begehr und Behagen, sind die wahren Säulen unserer Existenz. Dass wir sie überall in der Natur verwirklicht sehen, auch bei Tieren, vielleicht sogar bei Pflanzen, ändert nichts daran. Die naturwissenschaftlichen Theorien von Trieben und Instinkten sind ja nur dürftige Versuche objektiver Sachverhaltsdarstellungen. Sie enttäuschen mit ihren blassen Erklärungen. Das subjektive Erleben wird dadurch weder in seiner Wucht noch in seiner Unmittelbarkeit auch nur annähernd berührt.

Es ist wie bei der Süße des Honigs: Schon die Alten wussten, dass der Honig nicht süß ist, sondern dass er den meisten nur süß schmeckt. Er ist nicht süß, weil seine Süße keine primäre Erfahrungstatsache ist, sondern sich auf die Struktur der im Honig vorhandenen Moleküle und die von ihnen ausgelösten chemischen Reaktionen auf der Zunge zurückführen lässt. Gelbsüchtigen schmeckt Honig bitter. Also ist, so Demokrit, die normale Süßigkeit so wenig eine gegenständliche Eigenschaft des Honigs wie seine abnorme Bitterkeit. Trotzdem lassen wir uns – auch wenn wir wissen, dass die Süße des Honigs erst dann entsteht, wenn wir ihn schmecken – die Gaumenfreuden nicht verderben. Letztlich kommt es nur auf diese an, nicht auf die Struktur der im Honig vorhandenen Moleküle.

Hätten wir nur die primitiven Grundbedürfnisse nach Licht, nach Schlaf, nach Nahrung, nach Fortpflanzung, aber sonst nichts, wir unterschieden uns nicht von Tieren. Der Mensch zeichnet sich dadurch aus, dass er sich über archaische Triebe erhebt. Dass er ihnen nicht hilflos ausgeliefert ist, sondern sie durch seinen Willen zu beherrschen versteht. Er verfeinert und veredelt die animalischen Lebensnotwendigkeiten in vielfältigster Weise und erfindet ständig neue Bedürfnisse, die in der Folge anscheinend überhaupt nichts mehr mit der Sicherung des eigenen Lebens oder der Erhaltung der Art zu tun haben.

Schon in den frühen Steinzeitkulturen entstanden zusätzliche Bedürfnisse: die nach Kleidung und nach Wohnraum, die nach Spielen und nach Kämpfen um die Macht. Im Verlauf der weiteren Menschheitsgeschichte wurden die Bedürfnisse ständig variantenreicher und immer raffinierter, ja man könnte sogar die Menge und die Ausgestaltung von Bedürfnissen der Zeitgenossen einer Epoche als Maß für die Höhe der in ihr gepflegten Kultur heranziehen.

Die gesamte moderne Wirtschaft lebt vom Umgestalten, Erhöhen, Anreichern, Kultivieren bereits vorhandener Bedürfnisse *und* vom Erfinden neuer, bisher ungeahnter Sehnsüchte. Dass Wirtschaft ständig wächst, liegt schlicht daran, dass der Mensch nie einen solchen Grad von Zufriedenheit erklimmt, ab dem er für immer saturiert und wunschlos glücklich ist. Dadurch, dies erkannte bereits hellsichtig Karl Marx, unterscheidet er sich vom Tier, dadurch treibt er die Wirtschaft voran: Das Tier weiß, wann es genug hat – der Mensch hingegen will ununterbrochen mehr, will immerfort anderes, von seiner Geburt bis zu seiner letzten Stunde.

Wer die bunte Palette der menschlichen Begehren vor seinem Auge vorüberziehen lassen will, braucht nur die grell aufeinanderfolgenden Werbesendungen in den elektronischen Medien oder die großflächigen Plakate an den Wänden und Litfaßsäulen wachsam beobachten. Die Bandbreite dieses Spektrums ist buchstäblich unüberblickbar. Sie reicht von den bodenständigen Angeboten der Nahrungsmittel, der Textilien und vieler anderer materieller Waren bis hin zu mentalen Gütern in Bereichen des Sports, der Kultur, der Kommunikation und scharenweise anderes mehr.

Selbst der pseudoreligiöse Glaube ist davon nicht ausgenommen: Findige Seelenverführer entdecken immer neue Schliche, um bei Menschen das Verlangen nach einer im Religiösen verankerten, sinnerfüllten Lebensführung wecken und gleich danach ein ansprechend klingendes Patentrezept anbieten zu können. Dies beginnt mit den erbärmlich einfältigen Angeboten einfach gestrickter Sekten, bei denen jammervoll devot und blass dreinblickende Menschen die kümmerliche *Wachturm*-Postille von Jehovas Zeugen stundenlang auf belebten Plätzen in die Höhe halten. Und es endet bei raffinierten psychologischen Manipulationen gewiefter Verführer, die mit ihren Heilsversprechen gute Geschäfte machen.

Unabhängig davon, ob vom Brot die Rede ist, dessen der Mensch bedarf, oder „von einem jeglichen Wort, das durch den Mund Gottes geht", oder von irgendwelchen anderen Begehren, die innerhalb dieser gewaltigen Spannweite ihren Platz finden: Worauf es im Kontext dieses Kapitels einzig und allein ankommt, sind nicht die jeweiligen Objekte der Begierde, sondern das Sehnen nach dem zu erreichenden Ziel und das Wohlgefühl, das sich bei der Befriedigung des Bedürfnisses einstellt.

Dabei unterscheiden wir, was den Genuss anlangt, drei Verhaltensweisen. Die erste unter ihnen wird mit dem Namen Hedonismus nur ungefähr umschrieben. Das griechische Wort „hēdonē" steht für Lust, für die behagliche Erfüllung sinnlicher, triebhafter Begierden. Wir wollen den Hedonismus hingegen eine Spur anders, vielleicht ein wenig weiter fassen und ihn als jenen Glauben an den Genuss definieren, der den Ungeduldigen zu eigen ist. Sie setzen Genuss mit augenblicklichem, unverzüglich einsetzendem, sich maximal auswirkendem Lustgewinn gleich. Sie gehorchen dem Grundsatz: „Ich will unbedingt, und zwar sofort!" Der fress- und trinkfreudige Sir John Falstaff, der liebestolle, keine Gelegenheit zur Verführung auslassende Don Giovanni sind die archetypischen Vorbilder der Hedonisten.

Fjodor Michailowitsch Dostojewski beschrieb im Roman *Der Spieler* eine besonders gefährliche Erscheinungsweise der Gier nach dem lustvollen Glück: Die eigenartigen Helden seiner Geschichte sind heillos dem Spiel am Roulettetisch verfallen. Alexej, der Ich-Erzähler, beschreibt, wie er selbst ein passionierter Spieler wurde: Anfangs war ihm die Atmosphäre des Casinos in dem von Dostojewski Roulettenburg getauften Kurort fremd, er ging eigentlich nur deshalb hinein, weil eine von ihm insgeheim verehrte junge Dame ihn dazu aufforderte, für ihr Geld auf dem Tisch mit dem eingelassenen Kessel, worin sich das Rouletterad dreht, sein Glück zu versuchen:

> Ich begann damit, dass ich fünf Friedrichsdor heraus nahm, das sind fünfzig Gulden, und sie auf Pair, auf eine gerade Nummer, setzte. Das Rad drehte sich, und es kam Dreizehn; ich hatte verloren. Mit einer peinlichen Empfindung, lediglich um irgendwie loszukommen und wegzugehen, setzte ich noch fünf Friedrichsdor auf Rot. Es kam Rot. Ich setzte alle zehn Friedrichsdor; es kam wieder Rot. Ich setzte wieder das Ganze auf einmal; es kam wieder Rot. Nachdem ich so vierzig Friedrichsdor erhalten hatte, setzte ich zwanzig auf die zwölf mittleren Zahlen, ohne zu wissen, was dabei herauskommen kann. Es wurde mir das Dreifache ausgezahlt. Auf diese Art hatte ich statt zehn Friedrichsdor auf einmal achtzig. Eine mir bisher fremde, sonderbare Empfindung bedrückte mich dermaßen, dass ich beschloss wegzugehen. Es schien mir, dass ich in ganz anderer Weise spielen würde, wenn ich für mich selbst spielte. Jedoch setzte ich alle achtzig Friedrichsdor noch einmal auf Pair. Diesmal kam Vier; es wurden mir noch achtzig Friedrichsdor hingeschüttet; ich ergriff den ganzen Haufen von hundertsechzig Friedrichsdor und ging.

Dabei hätte es vernünftigerweise bleiben sollen. Dieses erste Kennenlernen des Roulette bereitete Alexej nämlich eher Verwirrung als Genuss. Den lernte er, der von seinem im Zug der

Erzählung sich steigerndem Spieltrieb nicht ablassen wollte, erst kennen, als er eine unfassbare Glückssträhne erlebte:

Als ich bemerkte, dass Rot siebenmal hintereinander gekommen war, hielt ich in sonderbarem Eigensinn mich absichtlich gerade an diese Farbe. Ich bin überzeugt, dass das zunächst die Wirkung eines gewissen Ehrgeizes war; ich wollte die Zuschauer durch meine sinnlosen Wagestücke in Staunen versetzen. Dann aber (es war eine seltsame Empfindung, deren ich mich deutlich erinnere) ergriff mich auf einmal wirklich, ohne jede weitere Reizung von seiten des Ehrgeizes, ein gewaltiger Wagemut. Vielleicht wird die Seele, die so viele Empfindungen durchmacht, von diesen nicht gesättigt, sondern nur gereizt und verlangt nach neuen, immer stärkeren und stärkeren Empfindungen bis zur vollständigen Erschöpfung. Und (ich lüge wirklich nicht) wenn es nach dem Spielreglement gestattet wäre, fünfzigtausend Gulden mit einem Male zu setzen, so hätte ich sie sicherlich gesetzt. Als die Umstehenden mich fortdauernd auf Rot setzen sahen, riefen sie, das sei sinnlos; Rot sei schon vierzehnmal gekommen!

„Monsieur a gagné déjà cent mille florins", hörte ich jemand neben mir sagen.

Auf einmal kam ich zur Besinnung. Wie? Ich hatte an diesem Abend hunderttausend Gulden gewonnen? Wozu brauchte ich noch mehr? Ich griff nach den Banknoten, stopfte sie in die Tasche, ohne sie zu zählen, raffte all mein Gold, Rollen und einzelne Münzen, zusammen und lief aus dem Saal. Um mich herum lachten alle, als ich durch die Säle ging, beim

Anblick meiner abstehenden Taschen und meines von der Last des Goldes unsicheren Ganges. Ich glaube, es waren weit über acht Kilo. Mehrere Hände streckten sich mir entgegen; ich gab reichlich, soviel ich gerade zu fassen bekam. Zwei Juden hielten mich am Ausgang an.

„Sie sind kühn, sehr kühn!", sagten sie zu mir. „Aber fahren Sie unter allen Umständen morgen früh weg, so früh wie möglich; sonst werden Sie alles wieder verlieren, alles …"

Ich hörte nicht weiter auf sie. Die Allee war so dunkel, dass man nicht die Hand vor den Augen sehen konnte. Bis zum Hotel waren es ungefähr neunhundert Schritte. Ich hatte mich nie vor Dieben oder Räubern gefürchtet, selbst nicht als kleiner Knabe; auch jetzt dachte ich an so etwas nicht. Ich erinnere mich übrigens nicht, woran ich denn eigentlich unterwegs dachte; wirkliche Gedanken waren es nicht. Ich empfand nur eine gewaltige Freude – über das Gelingen meines Planes, über den Sieg, über die erlangte Macht – ich weiß nicht, wie ich mich ausdrücken soll.

Nach diesem Lustgewinn war es bereits zu spät. Den klugen Rat der beiden Juden hätte nur jemand befolgt, der den Genuss des schnell erworbenen Glücks nicht kennt. Doch Alexej kommt nicht mehr davon los. Dabei, und dies ist seine Tragik, genießt er das Spiel selbst ganz und gar nicht. Ja er verflucht den für ihn unbeherrschbaren Drang, immer und immer wieder in die Spielhölle zu laufen. Aber all dies ist für ihn ja nur das Mittel zum Zweck. Und der Zweck besteht darin, das Schicksal augenblicklich herausfordern zu können. Das Reizen des Glücks, hier und sofort, bietet ihm den höchsten Genuss. Ein reicher englischer Zuckerfabrikant durchschaut Alexej und verabschiedet sich am Ende des Romans von dem durch das Glücksspiel bereits in die unentrinnbare Armutsfalle getappten Alexej mit den Worten: „Ich bin überzeugt, dass Sie noch ein anständiger Mensch sind, und gebe es Ihnen so, wie ein Freund einem wahren Freunde etwas geben darf. Könnte ich überzeugt sein, dass Sie unverzüglich das Spiel aufgeben, Homburg verlassen und in Ihr Vaterland zurückreisen würden, so wäre ich bereit, Ihnen sofort tausend Pfund zu geben, damit Sie eine neue Lebenslaufbahn beginnen könnten. Aber eben deswegen gebe ich Ihnen nicht tausend Pfund, sondern nur zehn Louisdor, weil tausend Pfund und zehn Louisdor jetzt für Sie doch ein und dasselbe sind: Sie verspielen es doch nur. Nehmen Sie, und leben Sie wohl!"

Das Tragische an Dostojewskis Roman ist, dass sein Autor wie kein anderer wusste, was es bedeutet, passionierter Spieler zu sein. Dostojewski war gezwungen, das Buch in kürzester Zeit zu verfassen, weil er, der Stammgast der Casinos von Bad Homburg und von Baden-Baden, wegen seiner immensen Spielschulden weder ein noch aus wusste. Er kannte das unbeschreibliche Hochgefühl, wenn er mit einem hohen Einsatz den Lauf der Kugel erraten hatte, ihm war der Rausch vertraut, wenn sich vor ihm die Jetons häuften, er gierte nach dem Taumel, mit dem er, von neidischen Blicken der Casinobesucher verfolgt, mit seinem Gewinn zum Ausgang strebte. Alle Verluste, die sich unbarmherzig ereignen, ja so oft, so schmerzhaft, so niederschmetternd, dass sie auf lange Sicht – die Mathematik des Glücksspiels kennt hierin keine Gnade – höher als die Gewinne zu Buche schlagen, sind für den Spieler nur Ansporn, es noch einmal, wie er sich selbst belügt: ein allerletztes Mal zu versuchen, um nur, vorgeblich noch ein letztes wundervolles Mal, die Ekstase zu erleben, wenn der Croupier eine Lawine von Jetons mit seinem Rechen zum Platz des Spielers schiebt.

Ganz ähnlich wie beim exzessiven Glücksspiel benehmen sich jene, die anderen Leidenschaften frönen. Es mag sich um Unersättlichkeit bei Genussmitteln wie Süßigkeiten, Alkohol, Nikotin, um Abhängigkeit von Medikamenten oder Drogen handeln – der die Triebe so wunderbar beschreibende und dem Kokain zeitweise verfallene Sigmund Freud wusste dies am eigenen Leib zu spüren. Es mag sich um Tätigkeiten handeln, denen man nachjagt, weil nur in ihnen Erfüllung im Dasein erfahren wird. Manche dieser Verrichtungen empfinden viele keineswegs als lustvoll, die ihnen Ergebenen jedoch können ohne sie nicht mehr leben: Der Workaholic arbeitet sich buchstäblich zu Tode, der Oniomane, der dem Kaufzwang Ausgelieferte, fürchtet jeden Tag, an dem die Geschäfte geschlossen sind. Ein unüberwindbarer Ehrgeiz, ein maßloser Eifer zwingen den manischen Sportler, sein tägliches Training aller Anstrengung zum Trotz fortzusetzen, weil er sich darüber freuen möchte, die zuvor noch unüberwindlich scheinende Grenze überschreiten zu können. Ja, es gibt Zeitgenossen, die vom befremdlichen Bestreben gesteuert sind, sich nur in klinisch sauberer Umgebung aufzuhalten; sie können, so absonderlich dies klingt, nicht das kleinste Krümelchen oder Fleckchen ertragen, ohne aktiv werden zu müssen.

Von außen betrachtet werden solche Menschen als seltsam, als krank, als süchtig diagnostiziert. Sie mögen dies zum Teil selbst so sehen, mögen in gewissen Momenten zugeben, dass sie ihre endlose Jagd nach dem Genuss zu einer Besessenheit verstümmeln, die das Vergnügen in Zwang verwandelt. Doch solange sie noch an den Genuss glauben, der sich hinter der unaufhörlichen Hatz verbirgt, geben sie es nicht auf, ihm nachzustellen. Wer ist dazu befugt, ihnen das übel zu nehmen?

Doch alle Lust will Ewigkeit, will tiefe, tiefe Ewigkeit!" Mit diesem melancholischen Satz endet Friedrich Nietzsches „Lied, dess Name ist ‚Noch ein Mal'". Es sind die zehnte und die elfte Zeile eines von Zarathustra vorgetragenen Gedichts, der die „aus tiefem Traum erwachte Mitternacht" sprechen lässt. Jede der Zeilen klingt wie ein Glockenschlag:

(1)   Oh Mensch! Gib Acht!
(2)   Was spricht die tiefe Mitternacht?
(3)   „Ich schlief, ich schlief,
(4)   aus tiefem Traum bin ich erwacht:
(5)   Die Welt ist tief,
(6)   und tiefer als der Tag gedacht.
(7)   Tief ist ihr Weh.
(8)   Lust – tiefer noch als Herzeleid:
(9)   Weh spricht: Vergeh!
(10) Doch alle Lust will Ewigkeit,
(11) will tiefe, tiefe Ewigkeit!"
(12)

Wenn die Glocke das zwölfte und letzte Mal schlägt, schweigt Zarathustras Mitternacht. Alles ist vorbei. Die Ewigkeit, die tiefe, tiefe Ewigkeit, nach der die Lust strebt, löst sich in Nichts auf.

Alle Lust ist der Vergänglichkeit ausgeliefert, sie kann nicht ewig währen. Darum ist die zweite Verhaltensweise zum Genuss dem Hedonismus entgegengerichtet. Sie wirbt für die Apathie, für die Freiheit von Leidenschaften, für die Autarkie, für die Selbstgenügsamkeit, für die Ataraxie, für die Unerschütterlichkeit den Freuden wie den Leiden des Lebens gegenüber. Es sind dies jene Haltungen, die von den Vertretern der Stoa, einer antiken philosophischen Lehre, eingenommen wurden. Mit dieser Haltung versuchen die Stoiker der Trauer zu entrinnen, die sich aus der Erkenntnis ergibt, dass dem süchtigen Streben nach Lust kein bleibender Erfolg beschieden ist.

Doch warum der Lust entsagen? Eine mögliche Antwort darauf lautet: Weil sich dadurch die Möglichkeit zur Erlangung eines viel wertvolleren, ja eines ewigen Genusses eröffnet. Eingebettet ist dieser Gedanke zum Beispiel in der Erzählung, in der berichtet wird, wie das von Moses aus dem ägyptischen Joch befreite jüdische Volk auf dem Weg durch die Wüste bitteren Hunger zu leiden hatte. Es erhob sich darauf ein Wehklagen: „Wollte Gott, wir wären in Ägypten gestorben durch des HERRN Hand, da wir bei den Fleischtöpfen saßen und hatten die Fülle Brot zu essen; denn ihr habt uns ausgeführt in diese Wüste, dass ihr diese ganze Gemeinde Hungers sterben lasset. Da sprach der HERR zu Mose: Siehe, ich will euch Brot vom Himmel regnen lassen, und das Volk soll hinausgehen und sammeln täglich, was es des Tages bedarf, dass ich's versuche, ob's in meinen Gesetzen wandle oder nicht."

Manna, so heißt die vom Himmel kommende Speise, die alltägliches Brot ersetzt. Vordergründig wurde das

Manna dem Volk Israel gesendet, damit es die Reise durch die Wüste zu dem ihm versprochenen Land fortführen kann. Doch hintergründig ist das Manna als Symbol zu verstehen: Das irdische Brot wird gegessen, aber es sättigt nur kurze Zeit. Darum ist es besser, Ägypten trotz seiner Fleischtöpfe zu verlassen. Denn das himmlische Manna wird auf ewig sättigen. Die Lehre der Bibel lautet daher: Es bringt wertvollen Genuss, auf das irdische Brot zu verzichten, jedenfalls für einige Zeit, um in seiner Seele Platz für das himmlische Manna zu schaffen. Die Gläubigen sprechen von einer Zeit des Fastens. Fasten bedeutet Verzicht auf den momentanen und vorübergehenden Genuss zugunsten des kommenden und ewigen.

In diesem Sinne ist – so sonderbar dies auf den ersten Blick scheint – auch der Asket, ja gerade dieser, ein an den Genuss Glaubender. Wenn Nonnen und Mönche, also Menschen, die dem Urbild des Asketen entsprechen, die „evangelischen Räte", die Verpflichtungen zu Keuschheit, Armut und Gehorsam befolgen, tun sie dies mit Blick auf den himmlischen Genuss, der ihnen danach verheißen ist:

Nonnen und Mönche gehorchen dem Rat der Keuschheit – ein heutzutage in die Vergessenheit geratenes Wort, das ursprünglich eine Lebensführung bezeichnete, die von allem frei ist, dessen man sich schämen könnte; bald jedoch wurde die Keuschheit allein auf das Geschlechtliche reduziert und als strikte sexuelle Enthaltsamkeit verstanden. Keusch wollen sie deshalb sein, weil sie im Himmel eine Ekstase erwarten, die jeden Orgasmus auf Erden bei weitem übertrifft und im Unterschied zu diesem nie endet.

Nonnen und Mönche gehorchen dem Rat der Armut, sie sammeln nicht „Schätze auf Erden, da sie die Motten und der Rost fressen und da die Diebe nachgraben und stehlen". Denn die Schätze im Himmel, die sie erhalten, werden weder von Motten und Rost gefressen, noch werden Diebe sich ihrer bemächtigen können.

Nonnen und Mönche befolgen den Rat des Gehorsams, denn nur dann werden sie im Himmel von ihrem Erlöser vernehmen, dass er sie „nicht mehr Knechte, sondern Freunde" nennt.

Buddhistische Mönche gehen sogar darüber hinaus: Sie kennen solch bunte Bilder künftigen ewigen Genusses nicht, aber auch sie sind bestrebt, eine ewig andauernde Daseinsform zu genießen, die mehr ist als ein angenehmes Gefühl. Sie besteht aus einem Loslassen vom Kreislauf des Entstehens, des Wandelns, des Vergehens, aus einem Loslassen vom Pendeln zwischen Freud und Leid. Sie wird mit dem geheimnisumwobenen Wort Nirwana umschrieben. Das „höchste Glück" nennt der Buddha mehrfach das Nirwana.

Noch bewunderungswürdiger ist schließlich jener absolute Asket, der sich keinen künftigen himmlischen Genuss ausmalt oder auf das Wohl des Nirwana schielt, sondern die Enthaltsamkeit selbst anstrebt. Doch auch er glaubt an den Genuss, der sich in seiner Freude, vielleicht sogar in seinem Stolz manifestiert, wirklich so gut entsagen zu können, wie er es sich vornahm.

Eine kleine Begebenheit mag diesen Gedanken verdeutlichen: Ein mir nahestehender Freund erzählte, dass er in seiner Kindheit als Bub vom Lande vom dortigen Pfarrer wegen seiner Begabung in die Stadt ins Gymnasium geschickt wurde und dort im kirchlichen Internat lebte. In den 6oer Jahren war die österreichische Gesellschaft noch sehr stark vom christlichen Fest- und Fastenkalender geprägt, und da der zwölfjährige Bub ein besonders frommes Kind seiner Kirche sein wollte, nahm er sich vor, in den 40 Tagen zwischen Aschermittwoch und Ostern kein Stück Schokolade zu essen, gar zu berühren. Knapp vor Beginn der Karwoche begegnete er auf dem Gang seines Internats einer Ordensschwester, die den kleinen Gymnasiasten sehr ins Herz geschlossen hatte. „Karl, schau", sagte sie zu ihm, „ich habe für uns noch zwei Schokoriegel. Du magst doch so gern Süßigkeiten. Einen Schokoriegel werde ich selbst essen, den anderen möchte ich gerne Dir geben."

„Vielen Dank, ehrwürdige Schwester", bekam sie zur Antwort, „aber ich habe mir vorgenommen, in der Fastenzeit keine Schokolade zu essen. Behalten sie den Riegel bitte."

„Oh, das ist schade!" Die Schwester war sichtlich enttäuscht, ein wenig gekränkt. Bevor sie weiterging, meinte sie zu ihm: „Vielleicht wäre es noch gottgefälliger gewesen, du hättest mir eine echte Freude bereitet und die Schokolade genommen. Dann hättest du dir zwar vorwerfen müssen, deinem Vorsatz untreu geworden zu sein. Aber ob du jetzt damit glücklich sein darfst, dass du dem Fastengebot gehorcht, aber mir zugleich damit einen Korb gegeben hast – ich weiß es nicht."

Jedenfalls hatte ihm damit die Schwester den Genuss seines kindlichen Stolzes verdorben.

Mit geradezu dreister Unverfrorenheit setzte sich der hl. Thomas von Aquin, einer der bedeutendsten Kirchenlehrer des Mittelalters, über die Fastengebote seiner Kirche hinweg, wenn ihm danach gelüstete. „Ich taufe dich Fisch", sprach er weihevoll zu dem, einen riesigen Teller bedeckenden und von Fett und Saft triefenden köstlichen

Kotelett, und dies an einem Freitag, an dem nach alter kirchlicher Tradition Fleisch zu essen verboten war. Und dann langte er zu.

Er wusste in der Tat, zu genießen. Man sah es ihm an. Seine immense Leibesfülle machte es notwendig, dass bei seinem Platz am großen Tisch im Kloster die Tischplatte ausgeschnitten werden musste, um für den Bauch des Heiligen Platz lassen zu können. Dass Thomas sich des Genusses willen über die peniblen Vorschriften engherziger Spießer souverän hinwegsetzte, macht ihn uns sympathisch. Denn mit diesem Wesenszug steht Thomas für die dritte und edelste Verhaltensweise zum Genuss. Es ist dies jene kluge und ungetrübte, die sowohl die Verblendung der Süchtigen als auch die Unduldsamkeit der Asketen zu meiden weiß.

Jene, die dem Genuss weder nachhetzen noch ihn ins Erhabene steigern wollen, sondern in vollen Zügen so genießen, wie sie es als angemessen empfinden, berufen sich gerne auf den antiken Philosophen Epikur. „Sapias, vina liques et spatio brevi spem longam reseces. Dum loquimur, fugerit invida aetas. Carpe diem", lehrt der Epikureer Horaz: „Sei vernünftig, filtere den Wein und verzichte auf jede weiter reichende Hoffnung. Während wir hier reden, ist die knapp bemessene Zeit schon entflohen. Genieße den Tag."

Carpe diem, genieße den Tag, dies ist der Leitsatz dessen, der wie Epikur davon überzeugt ist, dass mit dem Tod auch die menschliche Seele zur Auflösung kommt, jede Hoffnung auf einen Genuss nach dem Tod daher vergebens ist. Aber verliere dich nicht in der ungehemmten Befriedigung deiner Triebe, warnt Epikur zugleich. Beherrsche deinen Genuss. Lass dich nicht vom Streben nach Genuss zum Sklaven machen. Ein Epikureer genießt stilvoll und elegant.

Stil und Eleganz sind heute fast verloren gegangene Begriffe.

Im Palazzo Mocenigo am Canal Grande von Venedig ahnt man, was sie einst bedeuteten. Dort ist beeindruckend dokumentiert, wie sich diese Stadt im Barock prachtvoll präsentierte, zu einer Zeit, in der ihre Bedeutung als wirtschaftliches Zentrum der Welt schon längst vorbei war. Vor allem die aufwändigen Kostüme und die erlesenen Masken rufen Bewunderung hervor, und an den riesigen Tafelgemälden ist dargestellt, wie eine ganze Stadt, die gesamte Bevölkerung dieses sich Republik nennenden aristokratischen Gemeinwesens, grandios, stilvoll und mondän das Dasein zu gestalten verstand und dem Genuss frönte.

Es mag sein, dass kindliches Verlangen nach Verwandlung der eigenen Person das Tragen der schwarzen Umhüllungen, der prunkvollen Hüte, der verfremdenden Masken veranlasste. Eher aber war es die Erinnerung an das Grauen des schwarzen Todes, der Pest, das man mit den pompösen Aufzügen zu übertrumpfen gedachte. Nichts Grauenerregenderes ist vorstellbar, als schwarze Flecken am eigenen Körper als Vorboten des Todes zu erkennen und zu wissen, in Kürze werden Leiste und Beuge schmerzhaft apfelgroß anschwellen, unerträglicher Gestank wird sich verbreiten, vermummte Gestalten werden einen abtransportieren und in Kellern mit unzählig anderen Leidenden, einige davon längst im Verfaulen begriffen, dicht gedrängt stapeln.

So siechte man im wilden Fieber, schemenhaft „Doctores Schnabel" vorbeiziehen und mit ihren langen Stangen die Winselnden abtasten sehend, einem elenden Ende entgegen. Die Schnabeldoktoren selbst hofften, sich mittels langer Umhänge und mit Masken mit langen Schnäbeln und glasversiegelten Augenöffnungen vor dem Pestmoder schützen zu können, denn der Schnabel war mit Parfum gefüllt.

Höchst bestechend und eines Epikur würdig ist die Replik Venedigs: Der von der Seuche bewirkten Erniedrigung setzt es eigenwillig die elegantesten Maskeraden entgegen und verformt die Berufskleidung der Pestärzte in opulente Kostüme. Der jetzt endlich vergangenen, aber immer noch drohenden Qual antwortet die Serenissima mit Eleganz, mit Grandezza.

Doch die Devise, man solle der Niedrigkeit und Widerwärtigkeit des Daseins, ja auch nur der trostlosen Ödnis demonstrativ Eleganz entgegensetzen, wird heute kaum noch verstanden. Zum einen, weil man Eleganz kurzsichtig mit Luxus und Protz verwechselt, obwohl das eine mit dem anderen ganz und gar nichts zu tun hat. Vielmehr ist Eleganz eher den sich im Hintergrund Haltenden, den Unaufdringlichen eigen.

Zum anderen, weil Eleganz einen Aufwand erfordert, den zu erbringen sich anscheinend für viele nicht lohnt. Aus purer Bequemlichkeit bleiben sie geschmacklos und platt. In ihrem vernachlässigten Erscheinungsbild in der Öffentlichkeit berufen sie sich gern auf Einstein, der sich jahrzehntelang nie die Zähne geputzt hat und dessen Friseur arbeitslos wurde. In Parenthese vermerkt: Wiewohl Einstein als Physiker ein zweiter Newton und ein eloquenter Denker war, gibt es einen anderen, einen privaten Einstein, dessen Charakterzüge und Verhalten seinen Nächsten gegenüber mit seinem ordinären Äußeren und ungenierten Gehabe düster korrelieren. Viele unter den Einstein-Jüngern bevölkern die Universitäten: Ganz bewusst lassen sie es sowohl dem Fach als auch ihren Kommilitoninnen und Kommilitonen gegenüber an Eleganz und darin miteingeschlossen auch an Anmut und Stil mangeln, weil – so meinen sie – dies überhaupt nichts mit ihren – auch darin fühlen sie sich mit Einstein auf Augenhöhe – vermeintlich überragenden Befähigungen zu tun habe.

Und von der Universität pflanzt sich die saloppe Haltung, das ungenierte Auftreten in schäbiger Funktionskleidung, das hemmungslose Sich-gehen-Lassen und der offensive Verzicht auf die einst so dezent erdachten Manieren, das Vernachlässigen aller feinsinnigen Umgangsformen auf die Allgemeinheit fort: Wer auf Eleganz hält, gilt als ein auf Äußerlichkeiten fixierter Sonderling.

Mit dem Verlust von Feinheit und Geschmack haben wir jene Zeit erreicht, die uns Nietzsche als „die Zeit des verächtlichsten Menschen, der sich selber nicht mehr verachten kann", prophezeite. Dieser von Nietzsche verschmähte armselige Spießer, dem wir gegenwärtig auf Schritt und Tritt begegnen, behauptet zwar, an den Genuss zu glauben, aber er bringt weder den Mut zur Sucht noch den Mut zur Askese auf. Vor allem hat er hat jeglichen Sinn für Stil und Eleganz verloren. Er verzehrt, aber er weiß nicht zu verkosten. Er schlürft, aber er weiß nicht zu nippen. Er kopuliert, aber er weiß nicht zu flirten. Er entwürdigt alles Genussvolle mit schalem Konsum, rühmt sich zwar, aus vollen Zügen zu genießen, obwohl er in Wahrheit das ihm Angebotene in geistlosester, vulgärster Oberflächlichkeit verbraucht. Und er schämt sich dessen nicht, weil es Horden Gleichgesinnter in aller Offenheit genauso tun. Nietzsche zeigt uns diesen erbärmlichen „letzten Menschen" mit seinem

„Lüstchen für den Tag" und seinem „Lüstchen für die Nacht":

„Was ist Liebe? Was ist Schöpfung? Was ist Sehnsucht? Was ist Stern", so fragt der letzte Mensch und blinzelt.

Die Erde ist dann klein geworden, und auf ihr hüpft der letzte Mensch, der alles klein macht. Sein Geschlecht ist unaustilgbar, wie der Erdfloh; der letzte Mensch lebt am längsten.

„Wir haben das Glück erfunden", sagen die letzten Menschen und blinzeln.

Sie haben die Gegenden verlassen, wo es hart war zu leben: denn man braucht Wärme. Man liebt noch den Nachbar und reibt sich an ihm: denn man braucht Wärme.

Krankwerden und Misstrauen-Haben gilt ihnen sündhaft: man geht achtsam einher. Ein Tor, der noch über Steine oder Menschen stolpert!

Ein wenig Gift ab und zu: das macht angenehme Träume. Und viel Gift zuletzt, zu einem angenehmen Sterben.

Man arbeitet noch, denn Arbeit ist eine Unterhaltung. Aber man sorgt dass die Unterhaltung nicht angreife.

Man wird nicht mehr arm und reich: Beides ist zu beschwerlich. Wer will noch regieren? Wer noch gehorchen? Beides ist zu beschwerlich.

Kein Hirt und eine Herde! Jeder will das Gleiche, jeder ist gleich: wer anders fühlt, geht freiwillig ins Irrenhaus.

„Ehemals war alle Welt irre", sagen die Feinsten und blinzeln.

Man ist klug und weiß alles, was geschehen ist: so hat man kein Ende zu spotten. Man zankt sich noch, aber man versöhnt sich bald – sonst verdirbt es den Magen.

Man hat sein Lüstchen für den Tag und sein Lüstchen für die Nacht: aber man ehrt die Gesundheit.

„Wir haben das Glück erfunden", sagen die letzten Menschen und blinzeln.

Wer in der Zeit von Nietzsches letzten Menschen – und das ist heute! – an den Genuss glaubt, an den delikaten Genuss, der mit Stil, Anmut, Vornehmheit, gar Eleganz verbunden ist – der hat es schwer.

Doch selbst wenn der stilvolle Genuss gelingen sollte, währt er nicht ewig. „Carpe diem", „Genieße den Tag", ruft uns Horaz zu. Denn er weiß, dass auf den Tag unerbittlich die Dämmerung des Abends folgt. Die Gebrechlichkeit des Körpers und des Geistes vergällen zunehmend den Genuss. Die Nacht des Vergehens von Körper und Geist – auch der Seele? Epikur glaubt daran, aber wir wissen es nicht! – vor Augen, denkt der an den Genuss Glaubende mit Melancholie wieder an Nietzsche:

Nun stehst du bleich,
zur Winter-Wanderschaft verflucht,
dem Rauche gleich,
der stets nach kältern Himmeln sucht.

Gunter Sachs, dem schon von Geburt an der Reichtum in die Wiege gelegt war, ein belesener Mathematiker und zugleich erfolgreicher Unternehmer, vielseitig begabt, ein freigiebiger Kunstmäzen und selbst namhafter Photograph, durfte ein Grandseigneur und Bonvivant von Gottes Gnaden genannt werden. Doch plötzlich war er, der mehr als ein Dutzend Häuser an den schönsten Flecken der Erde bewohnte, den man auch mit weit über 70 Jahren immer noch in Begleitung der attraktivsten Frauen sah, der mehr Vermögen besaß, als ein einzelner Mensch überblicken kann, des Lebens müde. Am 6. Mai 2011 setzte er sich an seine Schreibmaschine und schrieb: „Ich habe durch die Lektüre einschlägiger Publikationen erkannt, an der ausweglosen Krankheit A. zu erkranken", wobei er mit der Abkürzung A. wohl den Morbus Alzheimer meinte, der unausweichlich zu Demenz und Hilflosigkeit führt. Und Gunter Sachs fährt fort: „Der Verlust der geistigen Kontrolle über mein Leben wäre ein würdeloser Zustand, dem ich mich entschlossen habe, entschieden entgegenzutreten." Angesichts der drohenden Umnachtung, dem schleichenden und trotzdem ultimativen Ende eines glanzvollen „Carpe diem", ließ er mit der Pistole den Tag des Genusses in einem Fanal vorzeitig enden.

Welche Gedanken mögen als letzte durch den Kopf gegangen sein, bevor die Kugel abgeschossen wurde? „War das alles?", soll Kurt Tucholsky als Letztes vor seinem, wie man annimmt selbstverschuldeten Tod geflüstert haben.

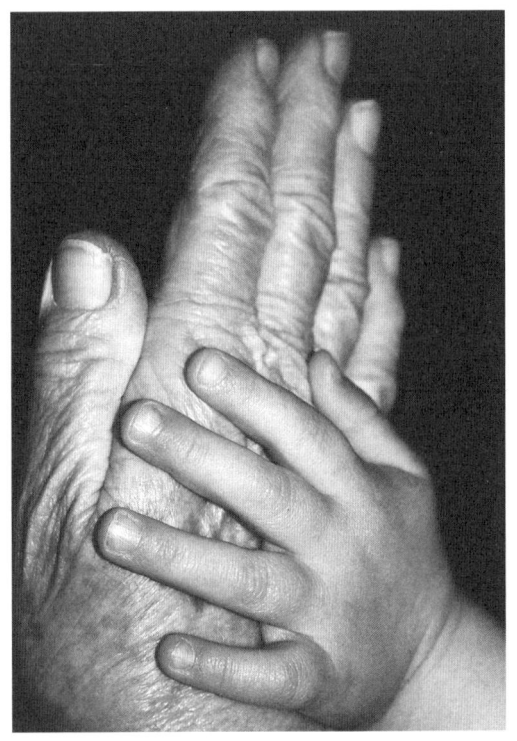

Wie wunderbar ist es, allein oder gemeinsam einen neuen Menschen ins Dasein zu bringen und mit ihm zusammen die Zukunft gestalten zu wollen, sie ihm am Ende der eigenen Tage zu überlassen.

DER GLAUBE AN DIE ZUKUNFT

Die Existenz des Menschen hat etwas Expansives. Erblickt der Mensch neue Ufer, will er dort landen, hört er von fremden Welten, will er sie erobern. Die Geschichte der Griechen beginnt damit, dass Aiolier, Achaier, Dorer und Ionier die Küsten des östlichen Mittelmeeres besiedelten. Die Geschichte Roms beginnt mit der Ausweitung der Macht des ursprünglich nur in einer kleinen Umgebung der Stadt Rom angesiedelten Bauernvölkchens auf das italienische Festland und danach über dieses hinaus. Die Geschichte des Mittelalters beginnt mit der Völkerwanderung und dem Eindringen germanischer Stämme in das Weströmische Reich, die Geschichte der Neuzeit beginnt mit der Entdeckung Amerikas. Die erste industrielle Revolution verlief parallel zur Erfindung der Lokomotive, der Eroberung des nordamerikanischen Kontinents mit den Schienensträngen der Züge, der Durchmessung des asiatischen Kontinents mit der Transsibirischen Eisenbahn. Die zweite industrielle Revolution, jene der auf der Atomphysik fußenden Laser- und Halbleitertechnik zusammen mit der Erfindung der elektronischen Rechner und dem Aufblühen der Informationsindustrie, wurde am 25. Mai 1961 vom amerikanischen Präsidenten John F. Kennedy mit der berühmten Rede vor dem Kongress eingeleitet, den Mond noch innerhalb dieser Dekade erobern zu wollen: Die dafür nötigen technischen Maßnahmen bescherten uns die Ära des Computers.

Wenn heute Astronomen eifrig nach Sternen suchen, die sich als Sonnen entpuppen, welche von Planeten umrundet werden, wobei einige von ihnen Leben, vielleicht sogar intelligente Wesen beherbergen, folgen sie damit nur dem Ausdehnungsdrang des Menschen. Nie werden wir die sicher viele Lichtjahre von uns entfernten außerirdischen Kreaturen kennenlernen – so diese überhaupt existieren. Selbst auf einen regen Gedankenaustausch, der ja nur über Funk, also schnellstens mit Lichtgeschwindigkeit erfolgen könnte, dürfen wir nicht hoffen. Bis eine Antwort „von drüben" kommt, sind seit Sendung der Nachricht bereits Jahrzehnte vergangen; jene, welche die Botschaft schickten, leben wahrscheinlich gar nicht mehr. Aber dennoch wollen wir Signale in jene Richtungen senden, wo sie – wie ungewiss dies auch sein mag – von außerirdischen Geschöpfen empfangen werden. Weil wir über uns hinausstreben. Weil die Expansion unserem Wesen eigen ist. Weil wir stets die Zukunft im Auge haben.

Aus der Sicht der Physik Newtons oder Maxwells ist es schwer zu verstehen, dass man zwischen Vergangenheit und Zukunft unterscheidet. Denn die Grundgesetze der Mechanik oder des Elektromagnetismus ändern sich nicht, würde man den Lauf der Zeit umkehren. Alle menschliche Erfahrung hingegen spricht dagegen: Ereignisse der Vergangenheit haben unverrückbar stattgefunden, wir können uns ihrer nur erinnern, sie jedoch nie ungeschehen machen. Ereignisse der Zukunft hingegen sind vom Schleier des Ungewissen verdeckt, wir können sie bestenfalls erwarten, manchmal sogar so ins Weltgeschehen eingreifen, dass sie ganz anders erfolgen, als man zuvor vermutet hatte. Ganz anders ist es in der Physik, zumal in der Himmelsmechanik: Die Rechnungen, mit denen zum Beispiel eine Astronomin den Zeitpunkt einer Sonnen- oder Mondfinsternis ermittelt, sind unabhängig davon, ob die Finsternis in der Vergangenheit stattgefunden hat oder aber sich in der Zukunft ereignen wird, die gleichen.

Nur eine einzige physikalische Größe, die sogenannte Entropie, verleiht der Zeit eine Richtung. Diese Größe tritt bei der Thermodynamik zutage, jener Theorie, in der Temperatur, Wärme und Arbeit neben der Entropie die wesentlichen Begriffe sind. Mit Hilfe dieser Begriffe erläuterte im 19. Jahrhundert der geniale, schon mit 36 Jahren verstorbene Physiker und Ingenieur Nicolas Léonard Sadi Carnot, wie jede Wärmekraftmaschine funktioniert, sei es eine Dampfmaschine, ein Benzinmotor oder irgendein anderes Gerät, das Wärme in mechanische Arbeit verwandelt. Es ist hier nicht der Ort, Entropie zu definieren oder gar über die Hauptsätze der Wärmelehre zu sprechen. Es genügt festzustellen, dass auch die Entropie uns nicht verstehen lässt, warum wir in unserem Empfinden und Erleben so scharf zwischen Vergangenheit und Zukunft unterscheiden.

Offensichtlich ist die Zeit viel mehr, als die Physik über sie zu berichten weiß. Mit der flapsigen Definition Einsteins, Zeit ist, was mir die Uhr mitteilt, wird ja nur von einem Messprozess gesprochen, dessen in Sekunden, Minuten oder Stunden bewertete Ergebnisse mit dem Wort „Zeit" verbunden werden. Aber weder erfährt man daraus, was die Zeit ist, noch ist damit alles erschlossen, was dem Geheimnis, das mit dem Vokabel Zeit umschrieben wird, innewohnt.

Keine Naturwissenschaft vermag zu erklären, warum wir uns an die Vergangenheit erinnern können und warum wir die Zukunft erwarten dürfen. Diese beiden Aspekte von Zeit gehen über den banalen Messprozess mit der Uhr hinaus. Wobei man in zweierlei, völlig unterschiedlicher Weise an die Zukunft glauben kann.

D ie eine Weise an die Zukunft zu glauben, ist jene des Schicksalsgläubigen, der passiv, ja fatalistisch die Zukunft erwartet. Alles, so meint er, sei seit ewig vorherbestimmt. Nur scheinbar hätten wir einen freien Willen, der uns Entscheidungen treffen lässt. Doch in Wirklichkeit geschähe hier auf Erden alles in derselben Weise vorgegeben wie der Lauf der Gestirne. Dem unausweichlichen Schicksal seien wir ausgeliefert. Zwar fühlen Menschen ihren Willen und bringen ihn zum Ausdruck. Aber dieser Wille ist aus Sicht des Schicksalsgläubigen, wie auch der Mensch selbst, eingebettet in dem verglichen mit der Existenz des Einzelnen weitaus fundamentaleren Kosmos.

Der Wille ist für den Schicksalsgläubigen nicht frei. In der archaischen Mythologie ist all unser Tun und Lassen, wie auch alles übrige Geschehen in der Natur, den Moiren preisgegeben, die das Schicksal des Weltenlaufs, jenes der Sterblichen wie der Unsterblichen eingeschlossen, knüpfen, weben und spinnen. Und als mit den Vorsokratikern der Logos den Mythos ersetzte, bewahrten die griechischen Philosophen diese Sicht der Dinge: Der Mensch und des Menschen Geschick sei vor dem Hintergrund des nunmehr nicht numinosen, sondern des verstehbaren und der Logik unterworfenen Kosmos zu betrachten. Das Problem des Menschen bestehe einzig und allein darin, seine ihm angemessene Stellung in der Welt zu finden.

Die Freiheit, die ich empfinde, wenn ich zum Beispiel annehme, ganz nach Belieben meinen rechten Mittelfinger heben zu können oder diese Bewegung zu unterlassen, ist aus Sicht des Schicksalsgläubigen nur einem Gefühl geschuldet: Es ist weder ein innerer Druck noch ein innerer Widerstand spürbar. Daher fühle ich mich frei. Aber dieses Gefühl beruht, so der Schicksalsgläubige, auf einer Täuschung und einem Irrtum. Zwar ist es richtig, dass ich meinen rechten Mittelfinger heben will. Trotzdem, so der Schicksalsgläubige, bin ich nicht frei, weil ich über dieses Wollen selbst nicht frei verfügen kann.

Albert Einstein, ein vehementer Befürworter der Annahme, wir seien einer seit ewig vorherbestimmten Zukunft so preisgegeben, dass wir dem Schicksal nicht entkommen können, widmete diesem Gedanken einen eigenen Absatz in seinem, im Herbst des Jahres 1932 gesprochenen Glaubensbekenntnis:

Ich glaube nicht an die Freiheit des Willens. Schopenhauers Wort: „Der Mensch kann wohl tun, was er will, aber er kann nicht wollen, was er will", begleitet mich in allen Lebenslagen und versöhnt mich mit den Handlungen der Menschen, auch wenn sie mir recht schmerzlich sind. Diese Erkenntnis von der Unfreiheit des Willens schützt mich davor, mich selbst und die Mitmenschen als handelnde und urteilende Individuen allzu ernst zu nehmen und den guten Humor zu verlieren.

Auch der scharfsinnige Philosoph Rudolf Burger empfindet das Argument Schopenhauers und Einsteins als zwingend und ergänzt es mit den Worten:

Auch sollte man nicht vergessen, dass das Konzept eines „freien Willens" ursprünglich eingeführt wurde,

nicht, um den Menschen zu „befreien", sondern umgekehrt: um ihn moralisch zu belasten. Vielleicht
beurteilten wir ohne ihn die Menschen ein wenig
nachsichtiger und verlören ein wenig die Lust, sie zu
bestrafen; sicher aber würden wir sie besser verstehen.
Ansonsten (oder vielleicht gerade deshalb) ist der
„freie Wille" nur ein „gutes Gefühl" (Wolf Singer), das
unsere notwendigen Taten notwendig ohnehin immer
begleitet und unserer Selbstgefälligkeit schmeichelt;
vor dem Verstand löst diese Illusion sich auf.

Es ist zwar richtig, dass eine Leugnung des freien Willens
jeglicher Moral den Boden entzieht: Wenn es keinen freien
Willen gibt, kann der Messerstecher ungerührt sich vor
Gericht mit der Ausrede rechtfertigen, er könne ja nichts
für seine Tat. Es sei von der Natur vorherbestimmt gewesen,
dass er die Hand mit dem Messer so brutal in den Leib seiner
einstigen Geliebten presste. Genauso wie Büchner seinen
Woyzeck zum Arzt sagen lässt: „Aber, Herr Doktor, wenn
einem die Natur kommt." Die Richterin jedoch bestraft den
Mörder, von seiner Rechtfertigung unbeeindruckt. Auch ihr
Rechtsspruch war vom Kismet vorherbestimmt, unabhängig davon, mit welcher inneren Zustimmung sie ihn erlässt.
Alles was wir tun und lassen, verflacht zu einem Spiel mit
Marionetten. Wir denken, reden und tun nur so, als ob wir
zwischen Gut und Böse entscheiden können – in Wahrheit
sei, so meint der Schicksalsgläubige, bereits alles über uns
entschieden.

Und weil aus dieser Sicht der Dinge das Klagen über
das unentrinnbare Schicksal nichts nützt, meint Einstein, es
sei das Beste, sich der Zukunft mit Gelassenheit zu ergeben

und zu vermeiden, „die Mitmenschen als handelnde und urteilende Individuen allzu ernst zu nehmen und den guten Humor zu verlieren".

Allerdings gibt es auch eine andere Weise, an die Zukunft zu glauben: Sie machen sich Personen zu eigen, die felsenfest davon überzeugt sind, als freie Menschen denken, sprechen und handeln zu können. Freie Menschen widersprechen heftig jenen, die sich einem unveränderlichen Schicksal preisgegeben glauben. Und sie wissen ihren Widerspruch gut zu begründen: Denn die Argumente, mit denen Schopenhauer, Einstein und deren Epigonen den freien Willen als Täuschung kleinreden, sind auf Sand gebaut. Schicksalsgläubige wie Einstein gehen davon aus, alle kosmischen Prozesse, mit dem Urknall und den Sternexplosionen beginnend bis ins Kleinste, in den Mikrokosmos der Atome und Elementarteilchen hinein, seien dem Gesetz der Kausalität, dem logischen Satz unterworfen, dass jedes Geschehen in der Zukunft eine Ursache in der Vergangenheit besitze und daher für einen freien Willen kein Platz bliebe – aber das ist eine durch nichts gerechtfertigte Annahme. Vielmehr ist anscheinend das Gegenteil richtig! Tatsächlich leben wir in einem Tohuwabohu, in dem sich nicht nur manchmal, sondern sogar sehr häufig Vorfälle ereignen, die buchstäblich keine Ursachen besitzen. Nur in kleinen, ausgewählten Bereichen meinen wir, ein wenig Ordnung so weit zu erkennen, dass uns aus Daten der Vergangenheit Prognosen für die Zukunft gelingen. Das Wetter ist zum Beispiel für ein paar Tage prognostizierbar, in Zeiträumen von Monaten jedoch grundsätzlich, mit mathematischer Sicherheit prinzipiell unberechenbar. Nie wird jemand die Ursache des katastrophalen Erdbebens von Lissabon vom 1. November 1755 namhaft machen können. Selbst das Planetensystem ist, wenn man in Milliarden von Jahren denkt, nicht in seinem Lauf determiniert.

Man kann die Vorreiter der These, alles in der Natur sei dem logischen Gesetz von Ursache und Wirkung unterworfen, mit Besuchern einer Bibliothek vergleichen, von der sie meinen, alle ihre Bücher hätten etwas mitzuteilen. Doch die Bibliothek der Natur besteht nur in einem kleinen Segment aus informationsträchtigen Werken, sie ist die Bibliothek von Babel des Jorge Luis Borges. Unsere Besucher stehen nur vor einem kleinen Regal, wo sie ein paar gehaltvolle Werke entdecken, und im Überschwang ihrer Freude darüber meinen sie, die ganze Bibliothek sei ein Kosmos. In Wahrheit ist die Bibliothek von Babel das Abbild des Chaos.

Mit dem Eingeständnis, dass wir nicht von einem rational verstehbaren Kosmos, sondern von einem prinzipiell unberechenbaren Chaos umgeben sind, fehlt der Behauptung, der Begriff des freien Willens sei denknotwendig eine Illusion, der schlüssige Beweis. Es könnte auch anders sein: Der Mensch ist mit seiner Logik, seinem Denken primär nicht auf das Universum, sondern auf sich selbst verwiesen. Erst im zweiten Zuge versucht er, die Natur zu verstehen, gleichsam rational sich in ihr einzurichten, mit den Begriffen Ursache und Wirkung zu operieren.

So gesehen glaubt ein freier Mensch ganz anders an die Zukunft als der Schicksalsgläubige: Die Geschichte des Daseins ist nicht aus der Perspektive des uns umgebenden Alls, sondern aus der Perspektive der einzelnen, jede ihrer Handlungen in freier Wahl setzenden Person zu verstehen. Einen Teil der Vergangenheit hat die freie Person zu verantworten, darauf gründet ihr Gewissen. Und einen Teil der Zukunft möchte die freie Person gestalten, darauf gründet ihr Wille.

Aus dieser Position heraus ist der Glaube an die Zukunft zugleich der Glaube daran, dass wir die Zukunft gestalten können. Wir setzen uns Ziele, die wir erreichen wollen, wir fassen Vorsätze, denen wir treu bleiben, wir planen, wir investieren, wir verwirklichen, wir erledigen, kurz: wir arbeiten. „Die Arbeit hoch" ist der Refrain des *Lieds der Arbeit*, der Hymne der österreichischen Sozialdemokratie. „Die Arbeit, sie bewegt die Welt", beim Hören dieser Strophe des Lieds der Arbeit vernimmt man am deutlichsten den Glauben an eine durch Arbeit zu gestaltende Zukunft.

E s gibt nur einen Adel: den Adel der Arbeit", prangt in stämmiger Fraktur gesetzt unter einem im Stile des sozialistischen Realismus entworfenen Flachrelief an einem Wiener Haus nahe dem berühmten Naschmarkt, das in der Zeit zwischen dem Ersten und dem Zweiten Weltkrieg errichtet wurde. Was meinten die Verkünder dieser Parole unter dem „Adel der Arbeit"? Es war das Wort „Adel", an dem sie sich orientierten. Der alte Adel war – so sehen es die Verkünder dieser Parole – auf Personen beschränkt, die dem eigentlichen Sinn dieses Begriffes schon lange nicht mehr gerecht wurden. „Adel" tönt ähnlich wie „edel", und in der Tat glaubten einst Naive, dass in einem Goldenen Zeitalter die Adeligen, die das Privileg besaßen, von anderen unabhängig, sorgenfrei, sicher und selbstbestimmt ihr Leben gestalten zu können, zugleich die Edlen der Gesellschaft waren. Spätestens in der Renaissance wurde die „seit jeher", die gleichsam gottgegebene Vorherrschaft des Adels in Frage gestellt. Spätestens 1848 erkannte man: Dass man in eine vornehme Familie geboren wurde, ist purer Zufall. Dass man sich als edler Mensch erweist, ist in Wahrheit Frucht der Arbeit an sich selbst. Und das eine hat mit dem anderen ursächlich überhaupt nichts gemein.

Doch damals, als das Relief an das Haus angebracht wurde, gab es noch eine Idee davon, dass der Mensch „edel" sein könne. Allerdings jeder Mensch, egal welcher Herkunft er ist. Und die Schöpfer der Parole gestehen nur demjenigen zu, ein „edler" Mensch zu sein, der für eine gute Zukunft tätig ist. Allein darauf kommt es an, wenn man an die Zukunft glaubt. Nur im Privaten einer edlen Gesinnung zu frönen, nur an sich selbst zu „arbeiten", ist zu wenig. Man muss sich in der Gesellschaft bewähren. Eben dadurch, dass man für sie Arbeit verrichtet. So gesehen ist Arbeit nicht bloß ein Beitrag zur Erhöhung des gesellschaftlichen Vermögens, nicht bloß ein Posten in der Summe des Bruttoinlandsprodukts, sondern Arbeit ist vielmehr der Ausweis dafür, dass sich eine mustergültige und vorbildhafte Persönlichkeit der Gestaltung der Zukunft verpflichtet fühlt.

Dabei ist es kurios, dass in jener Zeit, als das Relief am Haus beim Naschmarkt gemeißelt wurde, die eigenartigen Begriffe des „Arbeitnehmers" und des „Arbeitgebers" entstanden. Eigenartig deshalb, weil man sie im Sinne des eben Gesagten konträr zu dem verstehen sollte, wie sie gemeinhin verstanden werden. Der Arbeitgeber ist vom Wort her derjenige, der uns allen zu unserem Wohl seine Arbeit gibt, und vom Wort her der Arbeitnehmer derjenige, der Nutznießer der zur Verfügung gestellten Arbeit ist, weil er sie sich zu seinem Vorteil nimmt. Aber im üblichen Sprachgebrauch sieht man das gar nicht so. Die Parole am Haus beim

Naschmarkt ist nicht einmal bei ihrer Herstellung im Sinne ihrer Erfinder verstanden worden.

Heute liest sie ohnehin fast niemand mehr. Und wenn, dann irritiert sie. Nicht nur, dass einem das Wort Adel gleichgültig geworden ist, auch das Edle hat ganz und gar an Bedeutung verloren. Früher verband man es noch mit dem Ehernen, Ewigen, Unerschütterlichen, man näherte sich ihm mit frommer Demut, man glaubte an das Edle genauso wie an Gott. Heute aber wagt außerhalb eines Juwelierladens leider niemand mehr, von etwas Edlem zu sprechen. Und im Zusammenhang mit Arbeit ganz und gar nicht. Dass Arbeit der Persönlichkeit dessen, der sie leistet, Glanz verleiht, ist ein geradezu barocker Gedanke geworden. Arbeit wird abgeliefert und vergütet, basta. Sie ist bloß Ware auf einem anonymen Markt geworden. Dass sie den Glauben an die Zukunft bedingt, weil man mit ihr sicher und selbstbestimmt sein Leben gestalten kann, wird heutzutage vergessen.

Schließlich sei als Fußnote angemerkt: Die Parole vom „Adel der Arbeit" wurde von einem schwülstig verkündet, der selbst arbeitsscheu wie kaum ein anderer war: Adolf Hitler. Sein Name prangte bis 1945 ebenfalls am Relief, er wurde danach abgeschliffen, die Parole selbst blieb erhalten. In Wahrheit hat Hitler dieses Wort gestohlen: von Alfred Krupp. Wenn das Wort bedeuten soll, man möge in der Arbeit – für Hitler: an der „Volksgemeinschaft" – aufgehen, wäre dies eine übertriebene Verherrlichung der Arbeit, verbunden mit einer Vernichtung der Individualität, eine Deutung, der Hitler im trüben Blick auf seine „Volksgenossen" bestimmt nicht abgeneigt war.

Aber man kann es auch anders lesen: Ein Angelpunkt dafür, im Glauben an die Zukunft Halt zu finden, das kann

Arbeit zu jeder Lebenszeit des Menschen sein, darin liegt ihr Wert für den Einzelnen. Es ist ein Psalm der Bibel, in dem man das berühmte Wort findet: „Unser Leben währet siebzig Jahre, und wenn's hoch kommt, so sind's achtzig Jahre, und wenn's köstlich gewesen ist, so ist es Mühe und Arbeit gewesen." Und am Ende dieses Psalms lesen alle, die an die Zukunft und ihre Gestaltung glauben, den freudigen Aufruf: „So wollen wir rühmen und fröhlich sein unser Leben lang."

Arbeiten zu müssen, war in der Zeit der ersten Hochkulturen und in der Antike ein Schicksal, das zumeist das ganze Leben des Menschen bestimmte. Ein Bauer des alten Ägypten, der Kornkammer des Altertums, kannte nichts anderes als Arbeit. Er besaß dabei nicht das kleinste Stückchen Land. Alles auf der Erde war Eigentum der Götter – und des gottgleichen Pharaos. Dem Bauern wurde von den Vermessern nach der Nilflut das Land bloß zugeteilt, es war einem nur geliehen.

Wobei von Vorteil war, dass die ägyptische Erde, vom Nil bewässert, fast von selbst die reichen Ernten lieferte. Der antike Geschichtsschreiber Herodot, einer der ersten Touristen Ägyptens, berichtet, dass die Bauern „sich nicht zu mühen brauchen, mit dem Pflug Furchen aufzubrechen, nicht zu hacken brauchen, noch sonst eine der Arbeiten zu verrichten, mit denen andere Menschen sich bei ihrem Saatfeld abplagen. Wenn vielmehr bei ihnen der Fluss von alleine kommt und die Fluren tränkt und nach dem Tränken wieder zurückweicht, dann besät ein jeder sein Feld und treibt bloß Schweine darauf. Ist die Saat von diesen Schweinen eingetreten, braucht er nur die Ernte abzuwarten und drischt mit diesen Schweinen sein Korn aus und bringt es so ein."

Herodot wusste, wovon er schrieb. Denn ob das Korn mühevoll oder leicht gewonnen wurde, zählt beim Verkauf am Markt nicht. Am Markt zählt bloß das Produkt. Darum war Ägypten damals ein so unerhört reiches Land: Ohne viel Anstrengung konnten Tonnen von Getreide auf den Markt geworfen werden.

Zwar bot auch schon damals der Markt Arbeit als Ware an. Doch im Unterschied zur Gegenwart bekam man Arbeit in der Antike fast zum Nulltarif. Wer Arbeit kaufte, kaufte sich Sklaven. Sie waren es, die zu arbeiten hatten. Ein bitteres Los. Schwere Arbeit ist es, was die Griechen „pónos" und die Römer „labor" nannten, was zugleich Mühsal und Plage bedeutet. Das deutsche Wort Arbeit hat die gleiche Wurzel wie Armut. Das alte germanische Verb „arbejo" bedeutet: „Ich bin ein verwaistes und darum zu harter Arbeit verdammtes Kind".

Zwar kennt das Griechische neben dem abfälligen „pónos" noch das „érgon" oder die „technè" als Wörter für Arbeit. Bei ihnen allerdings ist nicht von der Mühe die Rede, sondern vom Werk, das hergestellt wird, von der Kunstfertigkeit des Schöpfers. Sokrates war Steinmetz, Jesus hatte Zimmermann als Brotberuf, Paulus ist uns als Zeltmacher bekannt. Arm waren sie, wenn sie selbst Hand anlegen mussten. Besser war es, wenn Handwerker wie sie ihre Sklaven hatten, welche die Knochenarbeit bewerkstelligen mussten. Sie selbst verkauften das unter ihrer Leitung hergestellte Produkt.

Kein Grieche und kein Römer strebte mühevolle Arbeit an. Das wäre für den antiken Bürger ein völlig verrücktes Ansinnen. Hat man sich einer Auftragsarbeit zu unterwerfen, spricht der Römer von einem „negotium" – der Verneinung dessen, was dem Leben in der Antike Sinn gibt: „otium". Ein heutzutage fast unübersetzbares Wort, weil fast niemand mehr weiß, was Muße bedeutet. Das italienische „dolce far niente" kommt ihm nahe, aber trifft es auch nicht ganz. Die Griechen verwendeten für „otium" das Wort „scholé", unser Wort Schule leitet sich daraus ab. Es bezeichnet die Freiheit von der Arbeit, um so zu sich selbst gelangen zu können. In der Antike verhindert Arbeit Selbstverwirklichung.

Wie anders sind die Ideale der Gegenwart: Wir verdanken es dem Glauben an die Zukunft, den die Menschen der Antike noch nicht kannten, dass Arbeit so sehr geschätzt wird. Denn Arbeit ist die vorrangige Bedingung für die Gestaltung der Zukunft. Deshalb halten wir das „Recht auf Arbeit" als Menschenrecht hoch.

Selbst die unter dem Schlagwort „Industrie 4.0" angekündigte neue industrielle Revolution wird daran nichts ändern. Wohl wird das sogenannte „Internet der Dinge" Arbeitsbereiche, die heute noch Menschen abdecken, mit Algorithmen durchdringen: Es mag nicht mehr lange dauern, bis man Fabrikarbeit im ursprünglichen Sinn bald nicht mehr kennen wird. Der von Automaten gesteuerte Verkehr könnte Flugzeugpiloten, Lokomotivführer, Lastwagenfahrer, Taxilenker und andere in der Sparte Mobilität Beschäftigte arbeitslos machen. Haushaltsgeräte werden nicht mehr bedient werden müssen, eintönige Dienstleistungen, die heute noch Menschen erbringen, lassen sich allenfalls automatisieren. Tatsächlich könnte der Begriff Arbeit einem neuerlichen Wandel unterzogen werden. Aber abgeschafft wird er dadurch sicher nicht. Die menschliche Phantasie ist schier grenzenlos, wenn es gilt, neue Arbeitsfelder zu erschließen oder beinahe in Vergessenheit geratene mit neuem Leben zu erfüllen – wenn zum Beispiel vom Aussterben bedrohte Handwerksberufe zu neuer Blüte gelangen, weil plötzlich das Bedürfnis nach den edlen, handwerklich erzeugten Produkten erwacht.

Denn Arbeit, wie sie hier betrachtet wird, ist nicht das, was statt eines Menschen prinzipiell auch eine Maschine zu leisten imstande ist. Arbeit, so wie wir sie im Kontext des Glaubens an die Zukunft verstehen, ist das, was jemand leistet, der für das Morgen sorgen will. Eine Maschine kann das nicht. Die Maschine kennt kein Morgen, weiß nichts von Zukunft. Nur ein Mensch erwartet die Zukunft und trägt für das Morgen Sorge. Dass diese Sorge in den nächsten Jahrzehnten noch viel weniger als in der Vergangenheit mit Mühe und Plage verbinden sein wird, soll uns nur recht sein. Doch diese Sorge, nicht nur für einen selbst, sondern für die Gemeinschaft, in der man lebt, bleibt fest in der Conditio humana verankert, in der Bedingung des Menschseins. Das Verlangen, aus eigenem Antrieb bei der Gestaltung von Zukunft mitzuwirken, wie klein der eigene Beitrag auch sei, wird nicht einmal die „Industrie 4.0" den Menschen rauben können.

W er baute das siebentorige Theben? In den Büchern stehen die Namen von Königen. Haben die Könige die Felsbrocken herbeigeschleppt?", lässt Bert Brecht seinen „lesenden Arbeiter" fragen. Der Fragen ist kein Ende: „Und das mehrmals zerstörte Babylon, wer baute es so viele Male auf? In welchen Häusern des goldstrahlenden Lima wohnten die Bauleute?" So geht es in einem fort, über „Der junge Alexander eroberte Indien. Er allein? Caesar schlug die Gallier. Hatte er nicht wenigstens einen Koch bei sich?" bis hin zu den Großtaten moderner Herrscher. „So viele Berichte, so viele Fragen", damit beschließt Brecht sein Gedicht.

In der Tat schlug Caesar die Gallier und nicht sein Koch. Doch ohne seinen Koch, so Brecht, wäre es ihm nicht gelungen. Die Geschichtsbücher, beklagt Brecht, kümmern sich nicht um Caesars Koch, den er, Caesar, für seine Arbeit als Statthalter Galliens benötigte. Caesars Leistung überdauert die Jahrhunderte, die seines Kochs ist schon am nächsten Tag vergessen.

An diesen beiden, Caesar und seinem Koch, ersieht man drei Unterscheidungsmerkmale von Arbeiten. Erstens wie nachhaltig die geleistete Arbeit ist: Die Arbeit von Caesars Koch hielt nur so lange, bis das Essen abserviert war. Jene Arbeiter, die für den Bau des siebentorigen Theben die Felsbrocken herbeigeschleppt hatten, leisteten nachhaltigere Arbeit, sogar eine von den Königen für die Ewigkeit gedachte. Zweitens wie originell die geleistete Arbeit ist: Es ist nicht überliefert, ob Caesars Koch eigene Kreationen schuf, mit denen er seinen Herren beeindruckte, oder ob er, was eher anzunehmen ist, einfach nur mit den von ihm gelernten und gängigen Rezepten dafür sorgte, dass Caesars Hunger und Durst gestillt waren. Drittens wie, auf die arbeitende Person bezogen, einzigartig die geleistete Arbeit ist: Caesars Koch konnte, selbst wenn dieser sich mit Meisterstücken seiner Kunst auszeichnete, durch einen anderen ersetzt werden, sollte er bei einer Schlacht fallen. Wäre hingegen Caesar bei der Schlacht um Alesia gegen Vercingetorix gefallen, die Weltgeschichte hätte einen anderen Verlauf genommen.

Die drei Unterscheidungsmerkmale sagen nicht notwendig etwas über den Wert der Arbeit aus. Man darf sich

Caesars Koch, selbst wenn er Tag für Tag phantasielos die Gerichte zubereitete, als einem mit seiner Arbeit zufriedenen, von seinem Herrn belobigten und glücklichen Menschen denken. Die Zukunft, die Caesar gestaltete, ist eine andere als die Zukunft von Caesars Koch. Nur von dritter Seite wird jene gewichtiger gewertet als diese. Der Glaube von Caesars Koch an die Zukunft bleibt von dieser Wertung unberührt. Denn diese Zukunft ist die Zukunft von Caesars Koch und niemandes anderen.

Wobei Caesars Koch seine Zukunft wohl bis an das Lebensende mit der Arbeit in der Küche erfüllt sah. Einen Ruhestand, dessen sich arbeitende Sklaven nach Erreichen einer Altersgrenze erfreuen durften, kannte die Antike nicht. Auch dies gilt als eine Errungenschaft moderner Sozialgesetze, wiewohl mit einem bitteren Wermutstropfen versehen. Ein eigenartiges Bild und eine groteske Begebenheit verdeutlichen, was damit gemeint ist:

Wie gelingt es dem Staat, auch künftig die Zahlungen der Pensionen für den sogenannten wohlverdienten Ruhestand zu garantieren? Der Kommentar eines Experten zu diesem Thema wurde in einer Tageszeitung von der Redaktion mit einer idyllischen Fotografie illustriert, die vier Betagte auf einer Bank hockend zeigt, die von einer Anhöhe bei Maria Plain aus auf die in das milde Sommerlicht getauchte Silhouette der Stadt Salzburg blicken. Als Bildlegende stand geschrieben: „Eine Kernfrage für die heutige Politik ist: Wie lässt sich sicherstellen, dass dereinst auch Junge eine so schöne Perspektive auf ihre alten Tage haben können wie aktuelle Pensionisten?"

Ich muss gestehen, dass ich die von der Zeitung als „schöne Perspektive" vorgestellte scheinbare Behaglichkeit als Hölle empfinde: auf einer Bank zu kauern, untätig in die Ferne zu blicken, vielleicht andere neben mir zu haben, denen ich nichts und die mir nichts mehr zu sagen haben, weil bereits alles ausgesprochen ist, der alltäglichen Ödnis einer trostlosen Langeweile ausgesetzt.

Mit Schrecken erinnere ich mich an einen Seniorentag im Wiener Rathaus – ich wurde als Redner geladen, weil ich vom Veranstalter aus mir unerfindlichen Gründen dazu auserkoren wurde, über Methoden des Lernens und Erinnerns zu sprechen. Vor meinem Auftritt sah man eine Gruppe von fünf alten Damen auf der Bühne, die den anderen anwesenden Senioren Lebenserfüllung mithilfe tänzerischer Gymnastik schmackhaft machen wollten. Zu banalster Musik schwenkten sie mit erhobenen Armen bunte Tücher und mimten Glück. Die geheuchelte Begeisterung der jungen Moderatorin darüber, wie sich auf diese Weise der Alltag für Alte und von der Arbeit Entlassene sinnhaft gestalten ließe, gab mir den Rest.

Solange ich noch nicht so hinfällig sein werde, dass ich über meinen Körper seufzen muss, er sei „Erdenrest, zu tragen peinlich", will ich vom Postkartenidyll der Zeitung mit dem müden Blick auf Salzburg oder irgendeine andere Stadt oder Landschaft nichts wissen. Und eher verkrieche ich mich in das hinterste, düsterste Loch, ehe ich mich auf eine Bühne zwingen lasse, damit ich mit kindischem Getue vor einem von Trostlosigkeit und Stumpfsinn gezeichneten Publikum den Kasperl gebe. Diejenigen, die sich im Gegensatz zu mir dazu mit Freuden bereit erklären, müssen an etwas anderes glauben als an die Zukunft. Denn den Glauben an die Zukunft hat man ihnen genommen.

Wiewohl es auch jenseits der Arbeit möglich ist, als freier Mensch an die Zukunft zu glauben. Weil man nach getaner Arbeit davon überzeugt ist, dass nachfolgende Generationen daraus Gewinn ziehen. Man sammelt nicht Schätze hier auf Erden mit der Aussicht, dass „sie die Motten und der Rost fressen und da die Diebe nachgraben und stehlen", sondern in der Erwartung, dass sie von den Erben übernommen und – im edelsten Fall durch deren Arbeit – noch vermehrt werden. Freie Menschen glauben an die Zukunft, die sie mit ihrer Hände und ihrer Köpfe Arbeit gestalten, sowie an die Zukunft, wenn sie in die Augen ihrer Nachfahren, ihrer Kinder und Enkel blicken, denen sie den Stab auf dem Weg zu neuen Ufern überlassen.

Gleichnishaft liest man dies in der Bibel bei jenen von Buber und Rosenzweig prachtvoll ins Deutsche übertragenen Versen, die davon berichten wie Moses, nachdem er sein Volk aus Ägypten herausgeführt und ihm die Tafeln der Gesetze überlassen hatte, im Alter von 120 Jahren starb:

Hinan stieg Mosche von den Steppen Moabs zum Berge Nbo, dem Haupt des Pisga, der angesichts von Jericho ist. Er ließ ihn alles Land sehen, das Gilad bis Dan, all Naftali, das Land Efrajims und Mnasches, alles Land Jehudas bis zum rückwärtigen Meer, den Südstrich, den Gau: die Senke Jerichos, der Palmenstadt, bis Zoar. Er sprach zu ihm: Dies ist das Land, das ich Abraham, Jizchak und Jaakob zugeschworen habe, sprechend: Deinem Samen gebe ich es! Mit deinen Augen habe ich dich es sehen lassen, aber dorthinüber

gelangen wirst du nicht. Dort starb Mosche, SEIN
Knecht, im Lande Moab, auf SEIN Geheiß.

Vor seinem Tod blickte Moses in die Zukunft seines Volkes,
die sich für ihn selbst nicht erfüllte, da er das von Gott gelobte
Land nicht betreten durfte. Die Autoren der Heiligen Schrift
haben diese Verse wohlerwogen. Denn sollte sich das, was
die Zukunft verspricht, verwirklichen, verlöre der Glaube an
die Zukunft seine Berechtigung.

Unsterbliche wissen mit einem Glauben an die Zukunft
nichts anzufangen, denn in ihrem endlosen Dasein ist ihnen
Zukunft wie Vergangenheit einerlei. Doch wir Sterbliche
planen über unseren Lebenshorizont hinaus, selbst wenn wir
nicht wissen, ob unsere Entwürfe verwirklicht werden. Jene
Meister, die den Grundstein für den Bau einer gotischen
Kathedrale legen, tun dies im Bewusstsein, dass frühestens
die Lehrlinge ihrer Lehrlinge, und diese vielleicht erst als alte
Meister, den Bau vollendet sehen werden.

Aber ungleich wertvoller als auf einen Bau aus toten
Steinen ist es, den Glauben an die Zukunft auf lebendige
Menschen hin auszurichten: Die Meister setzen ihre Hoff-
nungen auf die Lehrlinge. Die Lehrer setzen ihre Hoff-
nungen auf die Schüler. Die Mütter und Väter setzen ihre
Hoffnungen auf die Kinder. „Nein, Melanie, lieber kein
Kind mehr. Es ist zu gefährlich", warnt Clark Gable als Rhett
Butler im melodramatischen Film *Vom Winde verweht* die
von Olivia de Havilland verkörperte stille und fürsorgliche
Melanie Hamilton, die trotz Abratens der Ärzte nach ihrer
ersten, lebensbedrohlichen Geburt wieder schwanger wird.
„In unseren Kindern leben wir doch weiter, Captain Butler",
antwortet sie ihm, „was bedeutet da schon die Gefahr?"

Dieser unbedingte Glaube an die Zukunft beeindruckt den Haudegen Butler: „Ich habe noch keinen Menschen getroffen, der so tapfer war."

In diesem Sinne feiern wir Weihnachten in Wahrheit als den Festtag des Glaubens an die Zukunft. Es ist nämlich dieser Glaube, den wir in den leuchtenden Augen der Kinder gespiegelt finden. Dies ist der einzig triftige Grund, warum wir zu Weihnachten die Kinder mit Geschenken überhäufen: Wir bringen damit zum Ausdruck, dass wir in ihnen unsere Zukunft erblicken, die nicht der Verfinsterung preisgegeben sein soll. Das Licht, das vom göttlichen Kind in der Krippe ausgehend den dunklen Stall erleuchtet, steht dafür als Gleichnis.

Zwar trügt das idyllische Bild, das manche von der glücklichen Kinderschar um den geschmückten Baum in der Großfamilie vor Jahrhunderten malen. Die vielen Kinder gab es nicht deshalb, weil damals mehr Kinderliebe geherrscht hätte als heute. Es waren ganz andere, sehr banale Gründe: Erstens war die Kindersterblichkeit enorm. Zweitens kannte man nur unzureichende Methoden der Verhütung, und selbst diese waren in den katholischen Ländern verpönt. Drittens, und am allerwichtigsten: Kinder wurden gebraucht. Sie hatten, sobald sie konnten, am elterlichen Hof oder im elterlichen Betrieb zu helfen. Alle mussten anpacken, um den Glauben an die Zukunft auf ein sicheres Fundament stellen zu können. Die unbezahlte Arbeit der Kinder war wichtig, um die Familien wirtschaftlich über die Runden zu bringen. Und sie bildeten in einer Zeit, die noch keine oder fast keine geregelte Altersversicherung kannte, für die meisten Menschen die einzige Sicherheit, im Alter und bei Krankheit versorgt zu sein.

Man sollte es als Fortschritt betrachten, dass diese banalen Gründe in unseren Breiten heute nicht mehr zählen. Ob es aber ein Fortschritt ist, dass in unseren Breiten Kinder eher eine Verschlechterung als eine Verbesserung der finanziellen Lage – vor allem für die Mütter – bedeuten, steht auf einem anderen Blatt. Bequemer richten es sich diejenigen ein, die in der Lebensabschnittspartnerschaft als Doppelverdiener ohne Kinder für ihre Karriere sorgen, als sogenannte Dinks (Dual Income No Kids) ihrem Egoismus frönen und danach auf das Recht ihrer hohen Pensionen pochen. Der einzige Trost, der den anderen bleibt, die es sich nicht so kommod einrichten, lautet: Am Ende bleibt den Dinks der Glaube an die Zukunft versagt.

Dieser Glaube ist nämlich der Grund, dass sich im Innersten ihres Herzens viele Menschen das Leben mit einem Kind, sogar mit mehreren Kindern wünschen. Es muss etwas geben, das wichtiger ist als das Bedürfnis nach dem maximalen Genuss hier und jetzt: Es ist der Wunsch, allein oder gemeinsam einen neuen Menschen ins Dasein zu bringen und mit ihm zusammen die Zukunft gestalten zu wollen, sie ihm am Ende der eigenen Tage zu überlassen. Auch wenn damit die eigene Freiheit, die eigene Lust, das eigene Vergnügen, die eigene Lebensplanung beschnitten werden. Bindung an ein Du, als Zeichen des unbedingten und rückhaltlosen Glaubens an die Zukunft, verleiht der Seele über die Zukunft hinaus vielleicht sogar Anteil an der Ewigkeit.

Die spätgotische Ravensburger Schutzmantelmadonna symbolisiert die Gottesmutter als Kirche, deren Gläubige sich unter dem sie beschirmenden Umhang versammeln.

DER GLAUBE AN DIE KIRCHE

Außerhalb der Kirche gibt es kein Heil", im lateinischen Original: „Extra ecclesiam salus non est." Der hl. Cyprian von Karthago, Bischof und Märtyrer des dritten Jahrhunderts, prägte diesen Satz. Möglicherweise meinte er, dass nur die Kirche das Heil vermitteln kann, und zwar jene Kirche, deren Bischöfe ihre Weihe von solchen Bischöfen empfingen, die selbst ihre Weihen bis auf die Apostel, die Jünger Jesu zurückführen können, die in diesem Sinne eine „apostolische Kirche" ist. Aber die Allgemeine Kirchenversammlung, die zwischen 1438 und 1445 in Florenz tagte, las das Wort des Heiligen etwas anders, nämlich in der folgenden Weise:

Die heilige römische Kirche „glaubt fest, bekennt und verkündet, dass niemand außerhalb der katholischen Kirche – weder Heide noch Jude noch Ungläubiger oder ein von der Einheit Getrennter – des ewigen Lebens teilhaftig wird, vielmehr dem ewigen Feuer verfällt, das dem Teufel und seinen Engeln bereitet ist". Die arme Seele darf nur dann auf Rettung hoffen, wenn der außerhalb der Kirche Stehende sich bekehrt und noch rechtzeitig vor dem Tod der Kirche anschließt. Und weiter heißt es: „Mag einer noch so viele Almosen geben, ja selbst sein Blut für den Namen Christi vergießen, so kann er doch nicht gerettet werden, wenn er nicht im Schoß und in der Einheit der katholischen Kirche bleibt."

Dieses so streng und unnachgiebig formulierte „Extra ecclesiam nulla salus"-Dogma bleibt gültig, solange die römische Kirche besteht, quasi in unverrückbaren Fels gemeißelt. Keine Kirchenversammlung und kein Papst kann Einspruch gegen den Bann erheben, der alle Menschen außerhalb der Kirche trifft. Sie sind der Hölle, der Gottferne, der Verzweiflung, dem ewigen Feuer verfallen. Wer nicht an die Kirche glaubt – wohlgemerkt: die apostolische Kirche; die von ihr abgespaltenen Kirchen wie zum Beispiel die evangelischen Kirchen Luthers oder Calvins gehören nicht dazu –, ist auf ewig verdammt.

Nur scheinbar öffnete sich seit dem Pontifikat des hl. Papstes Johannes XXIII. Ende der 50er Jahre des letzten Jahrhunderts die römische Kirche gegenüber anderen Religionen und gegenüber religiös Ungebundenen. In einer *Nostra aetate* betitelten „Erklärung über die Haltung der Kirche zu den nichtchristlichen Religionen" anerkannten Papst Paul VI., der Nachfolger von Johannes XXIII., und das zu seiner Zeit tagende Zweite Vatikanische Konzil „Wahres und Heiliges in den anderen Religionen" und sie bestätigten „die bleibende Erwählung des Judentums, in dem das Christentum wurzelt". Aber von einer Abkehr der römischen Kirche von ihrem „Extra ecclesiam nulla salus"-Dogma kann keine Rede sein. Es wird eingeräumt, dass die Verdammung eines Sünders hier und jetzt ausgesprochen, aber er schlussendlich der Barmherzigkeit Gottes überantwortet wird, und dass es der Barmherzigkeit des unerforschlichen Gottes obliegt, ob dieser Sünder gerettet wird. Und es wird die Option in den Raum gestellt, ein Jude oder ein anderer, nicht der römisch-katholischen Kirche Angehöriger könne so viel „Wahres und Heiliges" aus seinem religiösen Glauben gewinnen, dass er sich – vielleicht nur unbewusst, ja nach außen hin sogar ungewollt, aber vor Gottes Augen eben doch – noch „vor dem Tod der Kirche anschließt". Einer der im Konzil tätigen Kirchenlehrer, der unerhört belesene und von breitestem Wissen erfüllte Jesuitenpater Karl Rahner, nannte auf diese Option Setzende und vor dem ewigen Höllenfeuer Gerettete „anonyme Christen".

Man erzählt sich die Mär, dass Karl Rahner aus einem sehr persönlichen Grund auf seine Erfindung des anonymen Christen verfiel: Er hatte sechs Geschwister. Einer seiner Brüder, Hugo Rahner, wurde wie er Jesuit und gilt bei manchen Theologen als der Schweigsamere, aber vielleicht noch Gebildetere im Vergleich zu seinem berühmten Bruder Karl. Aber ein weiterer seiner Brüder – man munkelt: ein noch Klügerer als Karl und Hugo – soll sich entschieden gegen die Kirche ausgesprochen haben, sogar Atheist gewesen sein. Und auch diesen seiner Brüder wollte Karl Rahner nicht dem Feuer der Hölle ausgeliefert wissen. Daher schuf er für ihn und gleichzeitig für „alle Menschen guten Willens" – diese Bezeichnung kommt im Rundschreiben *Pacem in terris* von Papst Johannes XXIII. vor und wurde gerne von dem zusammen mit Karl Rahner beim Zweiten Vatikanischen Konzil tätigen Wiener Erzbischof, Franz Kardinal König, verwendet – die Idee des anonymen Christen. Diese eigentümlichen Konstruktionen und logischen Winkelzüge vollziehen wohlgesonnene und weltaufgeschlossene Kirchenlehrer in der Hoffnung, dem „Extra ecclesiam nulla salus"-Dogma seine Schärfe nehmen zu können. Denn ihm offen widersprechen können und dürfen sie nicht.

Aus der Sicht von Pater Rahner und Kardinal König wird zum Beispiel eine Buddhistin nach einem gottgefälligen Leben deshalb in den Himmel aufgenommen und nicht in die Hölle verdammt, weil sie – zwar nicht offiziell, aber doch im Geheimen – eine im Schoße der römischen Kirche aufgenommene Christin war. Sie wusste das zeitlebens gar nicht, wollte dies möglicherweise überhaupt nicht sein. Doch um die Gültigkeit des Dogmas bewahren zu können und trotzdem der Buddhistin das Höllenfeuer zu ersparen, bleibt ihr, Karl Rahner zufolge, gar nichts anderes übrig, als anonym der Kirche anzugehören.

Dieser seltsamen Logik sollte man sich bewusst sein, wenn man den Papst freundlich und zuvorkommend beim Besuch der Synagoge von Rom den dortigen Oberrabbiner oder in Assisi die hohen Vertreter verschiedenster Religionsgemeinschaften begrüßen und umarmen sieht: Mit Sicherheit ist der Papst vom Wunsch beseelt, dass sie alle vor dem Feuer der Hölle verschont bleiben mögen. Angesichts des „Extra ecclesiam nulla salus"-Dogmas, das als unumstößlichen Glaubenssatz zu verteidigen Aufgabe des Papstes ist, bleibt dem Oberhaupt der katholischen Kirche in diesem Dilemma als einziger Ausweg, diese – wie sie sagen – nicht an Christus und seine Kirche Glaubenden insgeheim, gleichsam in seinem Herzen, doch als anonyme Christen zu vereinnahmen. Höflichkeit und Rücksichtnahme verbieten selbstverständlich, dass der Papst diesen Notanker anspricht, der ihn aus der Misere befreit. Denn er weiß, dass sich die Umarmten aus guten und nachvollziehbaren Gründen einer solchen Vereinnahmung widersetzen würden.

Karl Rahner ging sogar so weit, dass er sich ernsthaft die Frage stellte, ob außerirdische Intelligenzen wie die Bewohner des Asteroiden B612 – Antoine de Saint-Exupérys kleiner Prinz wohnt bekanntlich dort – anonyme Christen seien, so sie ihr Dasein gottgefällig gestalten. Schon den hl. Thomas von Aquin beschäftigte ein ähnliches Problem: Was geschieht mit jenen in noch unerforschten Kontinenten lebenden Menschen, zu denen bisher kein Missionar gelangt ist, die sterben müssen, ohne je etwas von der Kirche und ihrer Lehre erfahren zu können. Sie sind ja „extra ecclesiam", außerhalb der Kirche, und folglich – das später verkündete Dogma sprach offiziell aus, was Thomas bereits für wahr befand – dem Höllenfeuer ausgeliefert. Der Ausweg, den der hl. Thomas fand, klingt wirklich betörend schön: In der Stunde des Todes eines solchen Menschen kommt der Engel Gottes zu ihm herab und klärt ihn über die Kirche und die von ihr ausgehende Gnade auf, die nun auch ihm geschenkt wird. Denn Ähnliches tat, gemäß dem im Glaubensbekenntnis gesprochenen Wort „descendit ad inferos", „hinabgestiegen in das Reich des Todes", der am Kreuz gestorbene Heiland, um die vor ihm Verstorbenen und im Reich des Todes auf die Erlösung Harrenden in das himmlische Reich zu führen.

In der beeindruckenden Konsequenz, mit der sie den ihr Angehörenden den Weg zum Heil verspricht, ist die apostolische römische Kirche einzigartig. Doch nicht nur sie kennt den Anspruch an Ausschließlichkeit. Ähnlich geartete Vorrechte nehmen auch andere Weltreligionen für sich in Anspruch, des Weiteren nicht so ehrwürdige Glaubensgemeinschaften, auch religiöse Sondergemeinschaften, ja sogar profane Vereine, Gesellschaften, Klubs und Verbindungen verschiedenster Art. Wenn dieses Kapitel mit dem Titel „Der Glaube an die Kirche" überschrieben ist, so bildet die Kirche nur ein Beispiel von vielen organisierten Zusammenschlüssen, an die Menschen glauben können. Manches von dem, was hier geschrieben wird, kann man mutatis mutandis auch auf die Synagoge, die Moschee, ja sogar auf nicht religiöse Gemeinschaften bis hin zu den Lions und zu Rotary übertragen. Die Kirche spielt in diesem Kapitel nur deshalb eine so hervorgehobene Rolle, weil sie dem Autor dieser Zeilen einigermaßen bekannt ist. Aber vieles von dem, was hier geschrieben steht, findet sich bei anderen Vereinigungen in ähnlicher, manchmal zum Teil in verfremdeter, etwas anders gestalteter Form.

So kennt zum Beispiel auch das Judentum eine Art Exklusivität, die der von der Kirche behaupteten Inanspruchnahme des Wegs zum Heil entspricht, dies jedoch in einer eigenartig entgegengesetzten Weise:

Während die Kirche jedem das Heil versagt, der ihr nicht angehört, behauptet die jüdische Religion keineswegs, dass die Nichtjuden zur Gottferne verdammt seien. Im Gegenteil: Wenn Nichtjuden die laut Talmud von Gott an Noah nach der Sintflut überlieferten sieben Gebote treu befolgen, sind sie „Zaddikim", Gerechte, die „Anteil an der kommenden Welt" erhalten. Diese sieben Gebote lauten:

- Erstens: Erkenne, dass es nur einen Gott gibt, der unendlich ist und über allen Dingen steht.
- Zweitens: Ehre Gott.
- Drittens: Ehre Gottes Geschöpfe.
- Viertens: Ehre die Ehe.
- Fünftens: Morde nicht.
- Sechstens: Stiehl nicht.
- Siebentens: Übe Gerechtigkeit.

Im Gegensatz zur Kirche, die in ihrem Bestreben, möglichst viele Menschen in ihre Gemeinschaft aufzunehmen, missionieren muss, weil nur so die Menschen den Qualen der Hölle entkommen, ist das Judentum überhaupt nicht an Mission interessiert. Denn ein gerechter Nichtjude, der sich an die sieben von Noah überlieferten Gebote hält, kann es gar nicht besser treffen. Der Anteil der kommenden Welt ist ihm gesichert. Allein Juden, das sind all jene, die eine jüdische Mutter haben, müssen das „Joch der Mizwot" auf sich nehmen – „Mizwot", das sind die 248 Gebote und die 365 Verbote, die einst von Moses dem jüdischen Volk nach seiner Befreiung aus Ägypten offenbart wurden. Die berühmten Zehn Gebote sind der gewichtigste Teil dieser insgesamt 613 Vorschriften.

Zwar kann man als Nichtjude zum Judentum übertreten und sich freiwillig dem „Joch der Mizwot" unterwerfen. Aber viele Juden misstrauen den Übergetretenen, weil sie nicht verstehen, dass sich ein nicht von einer jüdischen Mutter Geborener eine Last aufhalsen lassen will, die ihm das Schicksal erspart hat. Viele treten deshalb über, weil sie in eine jüdische Familie einheiraten wollen, manche, weil sie dem Judentum gegenüber außerordentlich aufgeschlossen sind, sich in ihm geborgen glauben – die Motive sind vielfältig. Zwar gilt es als unschicklich, einem Übergetretenen diese seine Entscheidung vorzuhalten oder über ihn Dritten gegenüber deswegen die Nase zu rümpfen. Doch die Reserviertheit den Übergetretenen gegenüber lässt sich nicht beheben. So verliert zum Beispiel der Sohn eines Kohen, eines direkten Nachfahren von Aaron, dem Bruder von Moses, die Würde, ebenfalls Kohen zu sein, wenn seine Mutter eine zum Judentum Übergetretene ist.

Fühlen sich die Gläubigen der Kirche als Mitglieder einer auserlesenen Gemeinschaft, weil sie die einzigen sind, die von der Hölle verschont bleiben, fühlen sich die Gläubigen der Synagoge als Mitglieder einer auserlesenen Gemeinschaft, weil sie ungleich mehr von Gott gegebene Vorschriften zu erfüllen haben als die anderen Menschen. Wie man es auch betrachten mag: Auserlesenheit ist beiden Gemeinschaften außerordentlich wichtig.

Dass die der Kirche Angehörigen eine auserlesene Schar bilden, stellt eines der gewichtigsten Antriebe dafür dar, an die Kirche zu glauben. Darum gilt es, die Aufnahme in die Kirche als eine besonders wichtige Zeremonie entsprechend würdig zu gestalten. Der bereits genannte Bischof Cyprian von Karthago trat wie viele andere seiner Glaubensgenossen für die möglichst frühzeitige Aufnahme in die Kirche ein: Bereits bald nach der Geburt soll der Säugling getauft werden. Allerdings erfasst das getaufte Kind nicht die Bedeutung dieser heiligen Handlung. Seine Eltern und Paten stehen dafür ein. Erst in einem zweiten Schritt, in der Firmung – die evangelischen Kirchen ersetzen diese durch die Konfirmation – wird der Akt der Aufnahme in die Gemeinde auch im Bewusstsein des Aufgenommenen vollzogen.

Die Getauften bekennen, dass sie an die „sancta ecclesia catholica", an die „heilige, weltumspannende Kirche", und an die „sanctorum communio", an die „Gemeinschaft der Heiligen", glauben. Die Gemeinschaft der Heiligen, dass ist jene erlesene Menschengruppe, der sie, die Getauften, auch angehören wollen. Kirche ist vor allem Gemeinschaft. Sie ist aber mehr als ein alltäglicher Klub wie der Verein der Freunde der Salzburger Festspiele, dem anzugehören oder nicht keine besondere existenzielle Bedeutung nach sich zieht. Die Getauften und in die Kirche Aufgenommenen fühlen sich einem Bund fürs Leben zugehörig. Darum kann die erfolgte Taufe auch nicht mehr zurückgenommen werden: Aus der Sicht der Kirche bleibt ein Getaufter für immer an sie gekettet. Abtrünnigen, die sich von der Kirche lossagen wollen, versuchen die Vertreter der Kirche mit allen Mitteln zur Rücknahme dieses Vorhabens zu bewegen. Sollten sie damit keinen Erfolg haben, begegnet die Kirche diesen „verlorenen Schafen" viel betrübter als jenen, die gar nicht getauft sind. Dass es Zeiten gab, in denen diese Betrübnis in blanken Hass umschlug und den damals „Ketzer" genannten Abtrünnigen der Kirche ein bitteres Los beschieden war, ist einer der dunklen Flecke in der langen Geschichte der Kirche – wir kommen an anderer Stelle noch darauf zurück.

Kirche als Gemeinschaft bietet Geborgenheit. Ein guter Grund, an sie zu glauben. Nicht nur die Taufe und die Firmung strahlen als erhebende Feiern der Aufnahme diese Geborgenheit aus. Auch andere, das Leben eines Menschen bewegende Ereignisse darf der Getaufte mit seiner Kirche in Beziehung setzen: Die Eheschließung will ein Brautpaar, das an die Kirche glaubt, vor dem Altar und mit dem Geistlichen feiern. Im Fall der schweren Erkrankung spendet der Priester die Salbung mit geweihtem Öl. Ein kirchliches Begräbnis soll Verwandte und Freunde des Verstorbenen trösten, weil sie den Worten des einsegnenden Pfarrers vertrauen. Der kirchliche Festkalender teilt das Jahr in Perioden des ernsten Fastens und des freudigen Feierns ein. Der Rhythmus der Woche mit seinen sechs Werktagen und dem Sonntag, der dem Kirchgang gewidmet sein soll, strukturiert das Leben der Getauften. Vor Jahrhunderten war das noch intensiver der Fall, als die bäuerliche Bevölkerung unter kirchlicher Herrschaft arbeitete.

„Unterm Krummstab ist gut leben", sagten damals jene Bauern, die Leibeigene von Klöstern und deren Äbten waren und auf deren Gütern die Felder bestellten und das Vieh versorgten. Der „Krummstab" steht für den Bischofsstab, ein am oberen Ende in eine Spirale verlaufendes Szepter, das der Abt oder der Bischof wie einen Hirtenstab beim Einzug zum Pontifikalamt in seiner Linken hält. Im Unterschied zur weltlichen Herrschaft, bei der die Leibeigenen den Launen des Landesherren ausgeliefert waren und nicht wissen konnten, was auf sie zukommen wird, wenn der Gutsherr sein Land dem Nachfolger vererbt, war die Arbeit unter kirchlicher Herrschaft von Sicherheit und Nachhaltigkeit geprägt. Und im Übrigen hatten die unter den kirchlichen Herren Dienenden viel mehr Feiertage, an denen sie von der Fron befreit waren, als unter den weltlichen Landesherren. Die arbeitende Bevölkerung fühlte sich unter der Kirche vergleichsweise gut aufgehoben.

Noch intensiver kommt die von der Gemeinschaft der Gläubigen gestiftete Geborgenheit im Zuge der kirchlichen Feiern bei den Mitwirkenden zur Geltung. Nicht nur, dass man einander schon lange kennt und sich im selben Glauben verbunden fühlt, sondern dass man auch weiß, wie sich die gläubige Gemeinde im Zeremoniell zu verhalten hat: Alle betreten den Kirchenraum in der gleichen Weise. Alle zeigen die gleiche Ehrfurcht vor dem beim Altar rot leuchtenden Ewigen Licht, das die Anwesenheit konsekrierter Hostien verkündet. Alle wissen, wann sie sich von ihren Plätzen – in der Heimatkirche bezieht man gerne einen Stammplatz und ist unangenehm berührt, wenn ihn ein Fremder eingenommen hat – erheben oder dort in die Knie sinken. Alle beten gemeinsam laut. Alle stimmen in den feierlichen Gesang ein. Es tut einfach gut zu wissen, dass man in den Augenblicken seines Lebens, in denen das Vergängliche belanglos wird, nicht allein ist, sondern sich unter Gleichgesinnten behütet fühlen darf. „Immer strebe zum Ganzen", fordert uns Goethe auf, „und kannst du selbst kein Ganzes werden, als dienendes Glied schließ an ein Ganzes dich an!" Seit Jahrhunderten ist die Kirche das große Ganze, dessen dienendes Glied zu sein, dem Leben Erfüllung verheißt.

Zudem fühlt sich die kirchliche Gemeinde als etwas Besonderes. „Ihr seid das Salz der Erde", wird ihr verkündet, und weiter: „Ihr seid das Licht der Welt. Es kann die Stadt, die auf einem Berge liegt, nicht verborgen sein. Man zündet auch nicht ein Licht an und setzt es unter einen Scheffel, sondern auf einen Leuchter; so leuchtet es denn allen, die im Hause sind. Also lasst euer Licht leuchten vor den Leuten."

Seit der im Jahre 313 erlassenen Mailänder Vereinbarung, worin die Kirche von Kaiser Konstantin die Erlaubnis erhielt, öffentlich zu wirken, beschäftigt die Kirche bis zum heutigen Tag Architekten, die, beginnend mit kleinen Kapellen bis hin zu gewaltigen Basiliken, weithin sichtbare Bauten errichten, in denen Messen und andere kirchliche Zeremonien stattfinden. Die Kirchtürme sind in den Zentren der Städte aufgestellt. Die in der Romanik und in der Gotik geschaffenen Kunstwerke sind fast ausschließlich in Domen und Kathedralen zu bewundern. Die Künstler der Renaissance und des Barock planten und errichteten parallel zu den Schlössern und Palästen der Herrscher prachtvollste Kirchenbauten. Als Wien in der zweiten Hälfte des 19. Jahrhunderts im Zuge der Stadterweiterung und des Baus der Ringstraße nach dem Barock einen zweiten Höhepunkt architektonischen Schaffens erlebte, setzten der eminenteste Architekt der damaligen Zeit, Otto Wagner, mit der Kirche zum hl. Leopold in Steinhof und sein jüngerer Kollege Max Hegele mit der

Friedhofskirche zum hl. Karl Borromäus am Zentralfriedhof markante Zeichen: Beide sind Kuppelbauten, Nachahmungen des Himmelsgewölbes; beide erinnern an das Pantheon in Rom, an die Hagia Sophia in Konstantinopel, an Brunelleschis Kuppel in Florenz, an Michelangelos Kuppel im Vatikan; beide gehören zu den bedeutendsten Bauwerken des Wiener Jugendstils.

Es ist bezeichnend, dass selbst nach der Duldung der evangelischen Kirchen im erzkatholischen Habsburgerreich, die im Toleranzpatent des Jahres 1781 von Kaiser Joseph II. erlassen wurde, die Bethäuser der Protestanten nicht die Bezeichnung „Kirche" tragen durften, äußerlich wie Bürgerhäuser aussehen mussten und ihnen insbesondere kein Turm, geschweige denn eine hohe Kuppel zu errichten gestattet war. Erst nach der bürgerlichen Revolution von 1848 wurden diese Beschränkungen aufgehoben.

Die Kirche beeindruckte ihre Gläubigen nicht allein mit den augenfälligen Meisterwerken der von ihr beauftragten Architekten, Bildhauer und Maler, sondern auch mit musikalischen Kunstwerken, die während der Messfeier erklangen. Nikolaus Harnoncourt betonte immer wieder, dass, beginnend mit der Gregorianik bis hin ins 19. Jahrhundert, alle Kirchenbesucher – und dies waren damals praktisch alle Menschen, die in einem auf „Thron und Altar" gründenden Land lebten – mindestens einmal pro Woche edelste klassische Musik hören und genießen durften, wobei viele von ihnen selbst auf der Orgelempore musizierten. Auch wenn es von der Kirche vielleicht gar nicht gewollt war: Die Aufnahmefähigkeit der Menschen für Musik bei den Messen von Haydn, Mozart und Schubert dürfte damals um Größenordnungen höher gewesen sein als heute. Wer das „Et incarnatus est" vernimmt, das beim Credo der *Messe in Es-Dur* von Franz Schubert der Tenor anstimmt, muss – so die Ohren zumindest ein wenig für Musik empfänglich sind – davon schlichtweg verzaubert sein. Wer kann in diesen überirdischen Augenblicken auch nur den geringsten Zweifel an den von den großen Komponisten vertonten Worten der Kirche hegen?

Wobei als Fußnote vermerkt sei: Just Franz Schubert nahm sich bei der Vertonung der Messtexte für die damalige Zeit fast frevelhaft zu nennende Freiheiten heraus. So weigerte er sich, in seinen Messen die Worte „confiteor in unam sanctam catholicam et apostolicam ecclesiam": „Ich glaube an die eine, heilige, weltumspannende und apostolische Kirche", zu vertonen. Heutigen Konzertbesuchern – in Kirchen werden die schönen Messen der klassischen Ära kaum mehr gespielt – fällt dies im Allgemeinen nicht auf. Die Teilnehmer an den Messfeiern früherer Zeiten hingegen kannten den Text genau. Sie bemerkten bestürzt die Lücke.

Wie wundervoll die kirchlichen Texte auch gesungen sein mögen, sie wären belanglos, würde man sie nicht für wahr und verbindlich erachten. Dafür bürgt das Lehramt der Kirche. Martin Luther behauptete zwar, allein die Bibel sei zu lesen, um dem Leben eine Richtschnur geben zu können, und jede christliche Versammlung oder Gemeinde habe Recht und Macht, „alle Lehre zu beurteilen und Lehrer zu berufen, ein- und abzusetzen". Dieser Auffassung des großen Reformators widersprechen die katholischen Kirchenlehrer aufs Heftigste. Sie sind davon überzeugt, nur die Gemeinschaft der Bischöfe mit dem Papst als einem der Ihren sowie der Papst allein besitzen die Autorität, die rechte

Lehre zu verkünden. Jeder Lehrsatz wird in Worte gegossen. Doch „mit Worten lässt sich trefflich streiten, mit Worten ein System bereiten, an Worte lässt sich trefflich glauben, von einem Wort lässt sich kein Jota rauben". Goethes Mephistopheles weiß um die Doppel- und Mehrdeutigkeiten der an bloßen Worten hängenden Glaubenssätze. Ein Jota, also ein einziger mickriger Buchstabe in dem entscheidenden Wort, führt zu endlosen Diskussionen unter den Gelehrten der Kirche.

Bereits unter Kaiser Konstantin herrschte leidenschaftlicher Streit unter den Bischöfen, ob Jesus Gott wesensgleich, griechisch: „homoousios", oder nur wesensähnlich, griechisch: „homoiousios", sei. In der Tat gerieten sich die kirchlichen Würdenträger wegen eines lächerlich winzigen Buchstabens in die Haare. Der römische Kaiser, der damals noch Heide war – Konstantin ließ sich erst auf seinem Totenbett taufen –, wie auch die Mehrzahl der christlichen Laien empfand diesen Disput als einen Streit um des Kaisers Bart. Um dem Gezänk ein Ende zu bereiten, berief Konstantin 318 Bischöfe zu einem Konzil in seine Sommerresidenz nach Nicaea ein. (Die Zahl 318 besitzt symbolische Kraft: der Stammvater Abraham zählte 318 Knechte. Tatsächlich ist 318 jene Zahl, die man aus den hebräischen Buchstaben des Namens Elieser, des Gefolgsmannes von Abraham, herauslesen kann.) Nach elend langen Verhandlungen formulierten die Kirchenmänner ein Glaubensbekenntnis, in dem festgehalten wird: Der Sohn, also Jesus, ist wahrer Gott aus dem wahren Gott, gezeugt, nicht geschaffen, eines Wesens mit dem Vater. Diese Entscheidung wurde nicht näher erklärt oder begründet. Denn der bereits entnervte Kaiser verbat sich jede weitere theologische Diskussion. Mit der Anerkennung der Glaubensformel war der

Streit für Konstantin beendet: Was 318 Bischöfen beschlossen haben, muss wohl dem Willen Gottes entsprechen.

Was in Nicaea begann, wurde noch vor dem Zusammenbruch des Weströmischen Reiches in Konstantinopel, in Ephesus, in Chalcedon fortgeführt. In seinem Buch über die Geistesgeschichte der christlichen Antike beschreibt Carl Schneider diese Treffen: „Es waren die letzten und zugleich größten Demonstrationen der Einheit des Römischen Reiches. Sie zeigten ein außerordentlich buntfarbiges Bild. Hier saßen neben den aalglatten Diplomatentypen der griechisch-byzantinischen Hofbischöfe gerade bäuerliche und soldatische Naturen wie der Apa Schenute, der aus seinen Wüstenkasernen kam, neben klugen keltischen Bischöfen aus Gallien und Britannien machtbewusste Germanenbischöfe vom Rhein oder aus den Gotenländern, neben syrischen Realisten alexandrinische Idealisten, neben würdevollen, dogmatisch uninteressierten, aber juristisch formulierenden Oberitalienern und Afrikanern christliche Neuplatoniker subtilster Prägung aus Kleinasien, robuste, machtgierige, soldatische Kämpfer neben blassen, aristokratischen Denkern, Sozialreformer und Weltgestalter wie Basileios neben herben Asketen und Weltflüchtigen." Die Themen, über die diskutiert wurde, waren mysteriös, esoterisch, unergründlich: Wie die göttliche Natur des Heiligen Geistes zu fassen sei. Wie die Jungfrau Maria zu einer Gottesgebärerin werden könne. Wie Jesus „wahrhaft Gott und wahrhaft Mensch" zu denken sei, und dies „unvermischt und unverändert, ungeteilt und ungetrennt". Das sind lauter Luxusprobleme. Mit dem prallen Leben auf der Erde, mit den täglichen Sorgen und Nöten, mit der Mühe und Plage sich seinen Unterhalt zu verdienen, seine Eltern zu pflegen, für den Ehepartner zu sorgen, seine Kinder zu erziehen, für die Verwandten und Freunde da zu sein, mit all dem haben sie ganz und gar nichts gemein. Doch je abgehobener die Fragen sind, umso ungestümer wird gestritten.

Nur auf den ersten Blick scheinen endlose Diskussionen unsinnig und für die Kirche schädlich zu sein. Bei tieferem Nachdenken findet man wenigstens drei Gründe, die für einen nicht enden wollenden Disput um die wahre Lehre der Kirche sprechen:

Erstens beeindrucken feierliche Konzile, bei denen die würdevollen Bischöfe in vollem Ornat in die mächtige Basilika einziehen, um nach langem Hin und Her ihre Beschlüsse als Dogmen endgültig und feierlich zu verkünden. Nicht nur wird die gläubige Gemeinde dadurch von den Problemen des Alltags abgelenkt, sie verzichtet in Ehrfurcht vor den hohen Herren zugleich auf ein tiefer bohrendes Fragen, bei dem das wie ein Kartenhaus zerbrechliche Lehrgebäude der Kirche arg erschüttert werden könnte.

So übersahen zum Beispiel die in Nicaea um die Worte „wesensähnlich" oder „wesensgleich" ringenden 318 Bischöfe eine höchst bemerkenswerte Stelle im Evangelium des hl. Markus: „Guter Meister", spricht dort ein reicher jüdischer Bürger den Wanderprediger Jesus an und kniet sich vor diesem nieder. „Aber Jesus sprach zu ihm: Was heißest du mich gut? Niemand ist gut denn der einige Gott." Aufbrausend und wuchtig wehrt sich Jesus, auch nur im Entferntesten mit dem guten Gott verglichen zu werden. Dass man ihn dreihundert Jahre später nicht nur als gottähnlich, sondern gar als gottgleich erachtet, ein solch himmelschreiender Frevel wäre Jesus als frommem Juden nicht in den kühnsten Träumen eingefallen. Doch diese Kluft zwischen dem historischen

Jesus aus dem armseligen Galiläa und dem als Gottes Sohn verkündeten Jesus zu überbrücken, bietet unzähligen nachfolgenden Generationen gelehrter Theologen genügend Stoff zu weiterem Disput. Dem einfachen Kirchenvolk ist das alles zu hoch. Es verharrt in staunendem Schweigen – und das ist der Kirche nur recht.

Zweitens entwickelte sich aus dem Bemühen um die Formulierung der wahren Lehre der Kirche eine hohe Kunst des Nachdenkens und Abwägens. Der hl. Thomas von Aquin war darin der unerreichte Meister: Die von ihm geübte und Scholastik genannte Methode besteht darin, einen philosophischen Begriff, zum Beispiel die Wahrheit, von allen möglichen Gesichtspunkten aus zu durchleuchten. So stellen sich die Fragen, was denn die Wahrheit sei, ob es nur eine Wahrheit oder ob es mehrere Wahrheiten gäbe, wie man zur Wahrheit gelange, und so weiter. Auf die Frage, was denn die Wahrheit sei, gibt Thomas zunächst die vorläufige Antwort: „Videtur autem quod verum sit omnino idem quod ens": „Es scheint, dass das Wahre und das Seiende völlig übereinstimmen". Sodann erläutert Thomas, dass einige Kirchenlehrer wie der hl. Augustinus dieser Antwort zustimmen, dass aber andere Kirchenlehrer oder der von ihm über alles geschätzte heidnische Denker Aristoteles dieser Antwort widersprechen. Da an den Worten sowohl der Fürsprecher als auch der Kontrahenten nicht zu zweifeln ist, handelt es sich doch zumeist um Heilige, die niemals irren können, oder aber um Aristoteles, an dessen Meinung zu zweifeln Thomas niemals wagen würde, entsteht ein Dilemma. In seiner mit *Responsio* betitelten Antwort löst Thomas die logische Zwickmühle, indem er zeigt, dass man das Wort „übereinstimmen" in dem Satz, dass „das Wahre und das Seiende völlig übereinstimmen" in verschiedener Weise lesen kann. Diejenigen Heiligen, die dem Satz widersprachen, haben unter „übereinstimmen" etwas anderes verstanden als diejenigen, die dem Satz zustimmten. Systematisch durch Zergliederung der Sinngehalte einzelner Wörter im tastenden Rätseln voranzuschreiten, bedeutet scholastisches Denken. Es entspricht dem, was seit undenklichen Zeiten die weisen jüdischen Gelehrten in ihrer unablässigen Auslegung der Heiligen Schrift mit dem Zeitwort „klären" so schön umschreiben.

René Descartes lernte als besonders begabter Schüler im Gymnasium der Jesuiten in La Flèche die ausgefeilte Methode scholastischen Erwägens und begegnete ihr mit zersetzender Kritik: Warum, so stellte er die Frage, muss man an die Unfehlbarkeit der Heiligen in ihren Äußerungen glauben? Er, Descartes, meint vielmehr, unbeeindruckt von früheren Lehrmeinungen, auf die eigene Urteilskraft setzen zu können. Er stellte eigene „Regeln zur Ausrichtung der Erkenntniskraft" auf. Natürlich wusste er, dass er mit diesem Anspruch, der die Philosophie auf ein völlig neues und von der kirchlichen Lehre unabhängiges Fundament setzte, der Ketzerei bezichtigt werden könnte. Nicht ohne Grund reiste er oft inkognito durch Europa, ständig in Angst vor der Inquisition.

Denn drittens ist mit der Autorität, die wahre Lehre zu verkünden, zugleich Macht verbunden. Die kirchlichen Würdenträger, an ihrer Spitze der Papst, besitzen die Deutungshoheit. Wenn sie zum Beispiel anordnen, dass jeder Getaufte wenigstens einmal im Jahr seine Sünden im Beichtstuhl vor einem Priester zu bekennen hat, erzwingen sie damit einen ständig wiederkehrenden Akt der Demut. Gleichzeitig stellt die Beichte, erfunden Jahrhunderte vor der Couch des Sigmund Freud, eine Stütze im Seelenleben des armen Sünders dar: Er spricht über seine lässlichen oder schweren Verfehlungen, darf sein Herz ausschütten und erhält mit der Absolution die Möglichkeit eines Neuanfangs eines der Kirche gefälligen Lebens. Dabei wird kein Segment des Lebens ausgespart, vor allem die privaten Sünden, die intimen Verfehlungen müssen in allen Einzelheiten benannt und vor dem Priester bereut werden – ein besonders wirksames Mittel, den reumütigen Sünder fügsam zu machen. Auch widerborstige Gedanken gegen einzelne Glaubenssätze der Kirche muss das Beichtkind bekennen. Hier kann der Beichtvater belehrend eingreifen und zugleich gewinnt die Kirche damit einen ungefähren Eindruck von der Glaubensstärke ihrer Gemeinde.

Doch dies ist erst der Beginn der Machtausübung jener kraftvollen Kirche, die fast eineinhalb Jahrtausende lang, vom vierten Jahrhundert an bis über das Barock hinaus, ein gewichtiger Faktor der Weltgeschichte war. Denn die Kaiser und Könige hatten ihre Beichtväter und einflussreichen geistlichen Beistand – so nicht, wie im Falle der Kardinäle Richelieu und Mazarin, die geistlichen Herren selbst hochoffiziell an den Schalthebeln der Macht saßen. Die Schulen und Universitäten waren weitgehend in kirchlicher Hand. Auf dem Höhepunkt der kirchlichen Machtentfaltung scheute sich der Papst nicht, zum vermeintlichen Wohl der Kirche gegen die weltlichen Herrscher zu Felde zu ziehen. Und mit unerbittlicher Härte ging die Inquisition gegen Ketzer vor, die nach ihrer Verurteilung „der weltlichen Macht zur Bestrafung mit der gebührenden Ahndung" überlassen wurden, was deren qualvollen Tod bedeutete. All das ist heute unvorstellbar geworden.

Karlheinz Deschner widmete den Großteil seines langen Lebens dem Verfassen umfangreicher kirchenkritischer Bücher. „Wie furchtbar der Glaubenseifer sein kann", schreibt Adolf Holl über ein mehrbändiges Werk von Deschner, „ist in der *Kriminalgeschichte des Christentums* nachzulesen. Nach der Lektüre wirken all die Päpste, Kardinäle, Bischöfe und Äbte, Theologen, Nonnen, Mönche und Priester von den ersten Anfängen der Kirche bis in die katholische Gegenwart wie eine Bande von Gangstern, deren verbrecherische Machenschaften sich hinter Weihrauchwolken verbergen." Fraglos ist Deschner ein einseitiger und blindwütiger Kritiker, wenn er von sich behauptete: „Ich schreibe aus Feindschaft. Denn die Geschichte derer, die ich beschreibe, hat mich zu ihrem Feind gemacht." Der Kirchenhistoriker Georg Denzler antwortet hierauf gerechtfertigt: „Eine solche Motivation kann niemals die Basis für eine ernst zu nehmende Geschichtsschreibung sein."

Dennoch ist bei all den unbestritten großartigen Leistungen der Kirche für die Gesellschaft und für die Kultur nicht zu leugnen, dass, in den Worten des katholischen Priesters und Theologen Holl, der Fanatismus derer, die an die Kirche glauben, „furchtbar" sein kann. Ein Beispiel, dem man sich nüchtern nähern kann, weil es bereits viele Jahrhunderte zurückliegt, betrifft das Wüten des von der Kirche aufgehetzten Mobs gegen eine der bedeutendsten Philosophinnen der ausgehenden Antike: der im Jahre 415 grausam zu Tode gekommenen Hypatia.

Sie war Tochter des in der berühmten Bibliothek von Alexandria wirkenden Astronomen und Mathematikers Theon und dürfte von ihrem Vater und seinen Kollegen mit Mathematik, Astronomie und Philosophie vertraut gemacht worden sein. Als angesehene Lehrerin wirkte sie nicht nur in den geschlossenen Zirkeln der Gelehrtenwelt von Alexandria, sie hielt in der Tradition der von Diogenes begründeten kynischen Philosophie gerne öffentliche Vorträge und hatte keine Scheu, auch vor einem Laienpublikum jedweder Herkunft zu sprechen. Von ihren Schriften ist nichts erhalten geblieben. Wenn man den Überlieferungen ihrer Schüler und den Chronisten trauen darf, dürfte sie mit Akribie die Bewegungen der Planeten entlang des Himmelszeltes genau vermessen und vielleicht sogar – mehr als ein Jahrtausend vor Johannes Kepler – Ellipsen als Bahnkurven in Betracht gezogen haben. Ihre Gedankenwelt war vom Denken Plotins durchwirkt, eines der bedeutendsten Verfechter der platonischen Philosophie im neuen Gewande. Jedenfalls war Hypatia keine Christin, die Lehre der Kirche war für sie ohne Interesse.

Allerdings hatte die Kirche im fünften Jahrhundert wie in vielen anderen Städten des Römischen Reiches, so auch im ägyptischen Alexandria nicht nur Fuß gefasst, sondern wurde zur alles bestimmenden Macht. Nach wilden, handgreiflichen und von Ermordungen überschatteten Auseinandersetzungen zwischen Anhängern der Kirche und den vom Präfekten Orestes in Alexandria geduldeten Juden beschuldigte der hl. Kyrill, der Patriarch von Alexandria, den um Ausgleich bemühten Orestes der ungerechtfertigten und in seinen Augen verbrecherischen Parteinahme für die Juden. Kyrill konnte sich dabei nicht nur auf die Rückendeckung von seiten der Kirche in Alexandria verlassen, sondern auch auf eine Mannschaft bestehend aus mehreren hundert gewaltbereiten und ihm im dumpfen Gehorsam ergebenen Wüstenmönchen, die wie eine Terrortruppe Alexandria in Angst und

Schrecken versetzten. Die aufgehetzten Mönche veranstalteten Protestkundgebungen gegen Orestes, der im Zuge einer dieser Aufläufe durch einen Steinwurf schwer verletzt wurde. Wahrscheinlich wurde danach die ungehemmte Angriffslust des kirchlichen Mobs vom Patriarchen Kyrill auf Hypatia gelenkt, weil er diese prominente Heidin verdächtigte, im Bund mit dem verhassten Präfekten zu sein. Die Mönche wurden der Philosophin habhaft, schleiften sie in eine Kirche und rissen dort ihren Körper mit Scherben aus Glas und Ton in Stücke.

Da Hypatia in Alexandria außerordentlich geschätzt wurde, verstörte die Nachricht von ihrem gewaltsamen Tod. Auch Chronisten der Kirche verurteilten die Tat. Aber selbst diese Reue erfolgte nicht ohne Häme: Der Kirchengeschichtsschreiber Philostorgios, ein Parteigänger der im Konzil von Nicaea verworfenen Lehrmeinung vom nur Gott wesensähnlichen, aber nicht Gott wesensgleichen Jesus, prangerte den Mord an Hypatia als eine ruchlose Tat von Anhängern des Konzils von Nicaea an. Der Lehre der Kirche zuliebe ging man buchstäblich über Leichen.

Zur Ehrenrettung der Kirche sei betont: Mit der Kirche, wie wir sie heute kennen, haben die von der Kirche von einst verschuldeten schrecklichen Ereignisse, die sich über die Jahrhunderte ziehen, nichts mehr zu tun. Als letztes Fanal, wie der Glaube an die Kirche zu Mord und Totschlag, ja zur Entvölkerung ganzer Landstriche geführt hat, mag vielleicht der Dreißigjährige Krieg zwischen 1618 und 1648 geradestehen. Der Westfälische Friede besiegelte das Ende der damaligen Kriegspest. „Beiderseits", so heißt es in ihm, „soll ewiges Vergessen und Amnestie all dessen sein, was seit

Beginn dieser Bewegungen an welchem Ort und auf welche Weise auch immer von der einen oder andern Seite, hinüber und herüber, an feindlichen Akten verübt worden ist." Und noch einmal bekräftigend: „Alles sei in ewiger Vergessenheit begraben."

Damit ging auch ein heilsames Vergessen und Versinken der weltlichen und in weiterer Folge ein bedauernswertes Vergessen und Versinken der geistlichen Macht der Kirche einher. Zwar nannte sich noch bis zur Französischen Revolution Frankreichs Herrscher der „Rex Christianissimus", der „roi très chrétien", der „allerchristlichste König". Aber spätestens seit er knapp vor Ende des Dreißigjährigen Krieges heidnische Söldner aus dem Osmanischen Reich gegen die christlichen Soldaten Europas kämpfen ließ, nur um die Dauer des Bürgerkrieges jenseits der Ostgrenze seines Reiches in die Länge zu ziehen, war es mit diesem Titel nicht weit her. Zwar gründete das Habsburgerreich bis zu seinem Ende im Jahre 1918 auf die miteinander untrennbar verschmolzenen Säulen von Thron und Altar. Aber spätestens seit der von den Gedanken der Aufklärung geleiteten Politik von Joseph II. bröckelte in der letzten vom Geist der katholischen Kirche durchdrungenen Großmacht zusehend der Einfluss von Bischöfen und Papst. Zumal der Preußenkönig Friedrich II. das große Vorbild für Joseph II. war, ein von den Ideen der Aufklärung durchdrungener Herrscher, dem das Prinzip heilig war, es solle jeder „nach seiner Façon selig werden".

Blinder Hass schlug der Kirche von seiten eines Staates zum ersten Mal in Frankreich nach der Revolution von 1789 entgegen. Die Kirche, die zur Zeit der Monarchie außerordentliche Privilegien genoss, geriet schon seit Langem bei der

Bevölkerung unter Verruf: Benahmen sich doch die hohen geistlichen Herren ganz und gar nicht so, wie sie es ihrem Amt schuldeten. Der nach 1789 eingerichtete Nationalkonvent verdammte daher unter breiter Zustimmung der revoltierenden Massen die Kirche, und den Bürgern Frankreichs wurde als Ersatz eine „Religion der Vernunft" vorgeschrieben. Der renommierte *Spiegel*-Autor Norbert F. Pötzl schildert von deren Gründungsfeier:

Am 10. November 1793 fand das erste „Fest der Vernunft" statt. Ursprünglich war es im Palais Royal geplant gewesen, wurde aber in die Kathedrale Notre-Dame verlegt, um es zu einem öffentlichen Affront gegen die katholische Kirche zu machen. Dort war eine Art Berg aufgeschüttet worden, auf dem ein der Philosophie geweihter, mit Büsten der antiken Weisen geschmückter Tempel stand und eine Schauspielerin, die die Freiheit verkörperte. Vor der Flamme der Vernunft, die an einem Altar loderte, bildeten junge Mädchen in weißen Kleidern und mit Girlanden aus Eichenlaub eine Prozession.

„Heute", proklamierte der Konvent, „hat sich alles Volk von Paris unter die gotischen Wölbungen begeben, die so lange durch die Stimme des Irrtums geschändet waren." Die „ehemalige Hauptkirche von Paris" werde nun „der Vernunft und der Freiheit geweiht. Der Fanatismus hat sie aufgegeben, vernünftige Wesen haben sich ihrer bemächtigt".

Und Pötzl berichtet weiter:

Am 8. Juni 1794 weihte ein bizarres „Fest des Höchsten Wesens" in Paris den neuen Kult feierlich ein. Robespierre als turnusmäßiger Präsident der Nationalversammlung führte die Prozession an, die von den Tuilerien zum Marsfeld zog.

Doch auch diese Ersatzreligion kam über die pompöse Gründungsfeier kaum hinaus. Robespierres Sturz im Juli 1794 brachte nicht nur das Ende des politischen Terrors, auch der Kulturkampf gegen die Kirche mäßigte sich.

Diese erste große Auflehnung gegen die Kirche verging wie ein Spuk. Aber danach blieb in Frankreich eine gelähmte Kirche zurück.

Fürchterlicher wüteten die dem Leninismus und Stalinismus ergebenen Kommunisten gegen den Glauben an die Kirche. Sie setzten ihm den Glauben an die Partei als Ersatz gegenüber, der in vielerlei Hinsicht dem alten Glauben ähnelt: Schon von Beginn an wurden die Kinder und junge Menschen im Komsomol und dessen Vorfeldorganisationen mit den Idealen des Kommunismus vertraut gemacht. Es gab Initiationsfeiern wie bei einer Firmung. Die Partei hatte ihre Rituale, die wie Messen gefeiert wurden. Die Partei hatte Kongresse, die den Konzilen entsprachen. Die Partei kannte in der verordneten Selbstkritik jener Genossen, die von der vorgegebenen Linie des Parteiprogramms abwichen, ein Gegenstück zur Beichte und der dort verordneten Reue. Die Partei engagierte Künstler zur Illustration ihrer Leistungen wie einst die Päpste Michelangelo und Raphael. Und die Partei verteidigte die reine Lehre des Kommunismus mit einer Härte, die den Vergleich mit der Strenge der einst mächtigen Kirche nicht zu scheuen braucht. Wurde einst Hypatia mit Scherben zerfleischt, rammt nun ein von Stalin gedungener Mörder dem der Partei zu gefährlich gewordenen Trotzki einen Eispickel in den Körper. Wütet Karlheinz Deschner mit Schaum vor dem Mund auf Abertausenden Seiten gegen die Kirche, rechnet Wolfgang Leonhard, der intime Kenner des Stalinismus, in seiner autobiographischen Erzählung *Die Revolution entlässt ihre Kinder* kalt, kompromisslos und konzise mit der fürchterlichen Praxis der von Lenins und Stalins Partei gesteuerten Kader ab.

Selbst die sozialistischen oder sozialdemokratischen Parteien, die nicht auf die blutige Revolution setzen, sondern sich dem Kampf für soziale Gerechtigkeit mit friedlichen und demokratischen Mitteln verschreiben, kennen eine „reine Lehre", um die in endlosen Diskussionen gerungen wird, kennen Rituale wie den Aufmarsch am 1. Mai, kennen Hymnen und wie Heilige verehrte Vorbilder, kennen Intrigen bei Kämpfen um die besten Positionen in der Hierarchie. Auch auf sie kann man inbrünstig bauen, zählen und hoffen. „Ohne die Partei bin ich nichts", bekannte einst ein prominenter sozialistischer Politiker. Sein Glaube an die Partei unterschied sich um kein Jota vom unerschütterlichen Glauben eines Ignatius von Loyola an die Kirche.

Nur mehr sehr wenige Menschen sind heute noch so fest im Glauben an die Kirche verankert, wie es der hl. Ignatius, der einstige Offizier im Dienst des Vizekönigs von Navarra, mit einer vom Militär übernommenen Strenge war. Am Ende der von Ignatius für seine „Jesuiten" genannte Gefolgsleute erfundenen „Exerzitien", den „geistlichen Übungen", steht der „Miles Christianus", der „Soldat

Christi", der durch blinden, gläubigen Gehorsam gegenüber der Kirche den Verlockungen der Reformation widersteht. Denn Martin Luther war des Ignatius erklärter Feind. Jener Martin Luther, der „von der Freiheit des Christenmenschen" schwärmte. Der die Getauften vom Joch erlösen wollte, das ihnen der Papst und die Bischöfe auf die Schultern türmten. Der vor allem die Bibel in die Sprache des Volkes übersetzte. Der damit den Anstoß dazu gab, dass möglichst viele Menschen schreiben und lesen lernen und sich eigene Gedanken über die Frohe Botschaft machen können, welche die Kirche eigentlich verkünden sollte.

Zweifellos beging die Kirche einen unverzeihlichen Fehler, als sie die aufgeklärten und sich ihres eigenen Verstandes bedienenden Menschen zu blindem Gehorsam verpflichten wollte. Keine noch so prachtvolle Ausgestaltung der barocken Gotteshäuser, keine noch so imponierende Inszenierung der Messfeiern, kein noch so kraftvolles Pochen auf die Gebote half gegen Zweifel und Widerspruch. Den Höhepunkt des sinnlosen Rückzugsgefechts der Kirche gegen die Ideen der Aufklärung bildete ein 1864 veröffentlichtes Rundschreiben des sel. Papstes Pius IX., worin er in sturer Verbohrtheit die Ideale der Aufklärung als verderbliche Modeerscheinungen, als gottlose Irrtümer verfluchte, eigentlich alles verwarf, was heute zum selbstverständlichen Allgemeingut zivilisierter Menschen gehört. Bis zum Ende der Pianischen Epoche im Jahre 1958 – so genannt, weil in dieser im Jahr 1846 beginnenden Epoche die Päpste Pius IX., Leo XIII., Pius X., Benedikt XV., Pius XI., Pius XII, also die meisten mit dem von ihnen gewählten Namen „Pius", „der Fromme", regierten – verkroch sich die Kirche im Antimodernismus, den Pius IX. zusammen mit dem Anspruch,

unfehlbar zu sein, allen Gläubigen der Kirche verordnete. So
verlor die Kirche unwiederbringlich das Vertrauen von vielen.

Es war zu spät, als Papst Johannes XXIII. zum „Aggiorna-
mento", zur Anpassung an heutige Verhältnisse aufrief.
Es war zu spät, als er an die Öffnung der katholischen
Kirche appellierte, um ihr die Verkündung der „frohen Botschaft" in einer aufgeklärten Welt besser zu ermöglichen
und an sie Zweifelnde wieder als an sie Glaubende zurück-
zugewinnen. Zu spät versammelten sich die Bischöfe zum
Zweiten Vatikanischen Konzil. Und zu fahrig trafen sie ihre
Entscheidungen.

So hofften zum Beispiel die Konzilsväter, im Sinne der
Aufklärung zu handeln, wenn sie in der Messliturgie statt der
lateinischen Texte die Übersetzungen in der Landessprache
vortragen und gemeinsam beten lassen, wenn die Priester die
Feier dem Volk zugewendet zelebrieren und wenn die rituel-
len Handlungen auf ein notwendiges Mindestmaß reduziert
werden. Das mag alles gut gemeint gewesen sein. Aber die
einst als heilig betrachteten Rituale, der gemeinsame Blick
von Gemeinde und Priester hin zum Altar, wo alle Gott
vermuten, die geheimnisvoll fremd und trotzdem wegen des
ständigen Wiederholens seltsam vertraut klingenden numinosen Worte, all dies wurde mit diesen Neuerungen entzau-
bert und dem banal Alltäglichen preisgegeben.

Im Barock predigte Abraham a Sancta Clara zwar
zuweilen völligen Unsinn und wirres Gewäsch, aber er sprach
immer kraftvoll und mit dem Pathos der Überzeugung von
der Kanzel. Gottlob verstanden die vielen, die ihm zuhörten,
den Unfug, den er manchmal von sich gab, nicht. Aber sie
waren von der Wortgewalt der Predigt beeindruckt. Heute

hingegen sind die Kanzeln verwaist. Die Pfarrer nuscheln in Mikrophone. Und selbst wenn sie im Unterschied zu Abraham a Sancta Clara theologisch Wertvolles von sich gäben – leider ist dies eher selten der Fall, sondern die Predigten triefen oft von Platituden –, hören ihnen nur mehr wenige zu. Man hätte sich den Einbau der teuren Tonanlagen ersparen können. Doch diese zeugen von der Moderne, die von der Technik geprägt ist. Dieser Moderne hoppelt die Kirche treuherzig, aber ohne wirkliche Überzeugung nach. Denn innerlich fühlt sie, bereits das Wesentliche versäumt zu haben. Sie kann nicht mehr wegweisend wirken. Verzweifelt hofft sie noch im Mitschwimmen ihr Überleben zu sichern. Ein Bild des Jammers.

Mit seiner Enzyklika *Laudato si'* – bezeichnenderweise zuerst Arabisch, Deutsch, Englisch, Französisch, Italienisch, Polnisch, Portugiesisch und Spanisch veröffentlicht und erst mehr als drei Monate später in lateinischer Sprache nachgereicht – präsentiert sich Papst Franziskus als verspäteter Mahner für Umwelt- und Klimaschutz. Wie viele andere, Verantwortung und Besorgnis mimende Protagonisten einer Untergangsstimmung tadelt er, dem Trend gehorchend, sowohl soziale Ungerechtigkeiten als auch die Erschöpfung der natürlichen Ressourcen. Doch damit ist der Papst weder der Erste noch der Einzige. Und er widmet sich Themen, die mit den wesentlichen Anliegen der Kirche nicht viel zu tun haben. Wenn sogar das Haupt der römisch-katholischen Kirche vor lauter Eifer, die Welt zu retten, zu vergessen scheint, dass einst Jesus von der Hoffnung auf ein Gottesreich erfüllt war, das ausdrücklich „nicht von dieser Welt" ist, gibt diese Institution ihr Alleinstellungsmerkmal auf.

Sich auf ihr Alleinstellungsmerkmal zu besinnen, bedeutete für die Kirche, all das ihren Gläubigen anzuvertrauen, was sie darzubieten hat. Das ist unermesslich viel. Es sind die Rituale, die in eine von der Kargheit des Profanen weit entfernte Welt außerhalb von Raum, Zeit und Materie entführen. Es sind die Symbole, die eine Unzahl von Deutungen erlauben, von denen keine den Gehalt des Symbols ganz, aber jede etwas Wesentliches aus dem Symbol erfasst. Es sind die Traditionen, aus denen die Kirche schöpft und die bis in die Ursprünge des Glaubens zurückreichen: Der Krummstab, den die Bischöfe tragen, war einst des Pharaos Szepter und Herrschaftszeichen von Gottheiten. Das Kreuz, das kirchliche Symbol schlechthin, kannten die ägyptischen Priester bereits als Henkelkreuz, als solches verwendet es auch die uralte koptische Kirche, und dieses ist bezeichnenderweise das Symbol des ewigen Lebens.

Rituale, Symbole und Traditionen zu bewahren und zu vermitteln, erlaubt der Kirche, all die Gegensätzlichkeiten zu ertragen, die ihr kurzsichtige und vordergründige Kritiker als Widersprüche vorhalten:

Vieles ist im Besitz der Kirche, aber in Hinblick darauf, wie mühsam es ist, diese Bürde mit den geistigen Gütern von Ritualen, Symbolen und Traditionen in Einklang zu bringen, darf man die Kirche dennoch nicht reich nennen.

Die Kirchenbauten sind an Fassaden und im Inneren trotz des Gebotes, sich von Gott kein Bild zu machen, voll von Heiligenstatuen, ja sogar von Gottesbildern. Dennoch verwehrt sich die Kirche dem Bildersturm. Dies verlangt der Respekt vor der Tradition. All diese Darstellungen sind nämlich Kunstwerke – oder sollten es zumindest sein. Die an die Kirche im rechten Sinn Glaubenden sehen sie nicht als

Götzen, bloß als Dokumente des Glaubens jener Künstler, die sie geschaffen haben. Und sie schließen ohnedies die Augen, wenn sie nicht an den Glauben anderer denken, sondern sich ihres eigenen Glaubens besinnen.

Die Kirche wird nie ein einziges ihrer Dogmen widerrufen, nicht einmal so problematische wie das „Extra ecclesiam nulla salus"-Dogma, und sie wird an der Verkündigung ihrer Lehre festhalten, selbst wenn darin so fragwürdige Begriffe wie jener der Erbsünde auftauchen. Das ist sie ihrer Tradition schuldig. Denn mit der Wahrheit im modernen Sinn, die sich auf nachprüfbare Korrektheit verkürzt, hat die Wahrheit der kirchlichen Lehre nichts gemein. Diese Wahrheit ist von anderer, von höherer Art. Die Sätze der kirchlichen Lehre gehören wie die Worte der Heiligen Schrift der Sphäre der Symbole an. Wie bei Symbolen ist auch der Wahrheit der kirchlichen Lehre die Zuschreibung „richtig" oder „falsch" fremd, für sie gelten vielmehr die Zuschreibungen „stimmig" oder „fremd". Und es mag all jenen, denen Lehrmeinungen oder gar Dogmen der Kirche fremd sind, die sie als undeutbare Relikte aus einer längst vergangenen Zeit empfinden, ein Trost bedeuten: Dogmen werden gesungen. Kirchliche Lehrsätze sind in unbeholfene Worte gefasste Preisungen des Ewigen. Sie entziehen sich allein deshalb der nüchternen logischen Analyse.

Rituale, Symbole, Traditionen vertraut die Kirche ihren Gläubigen an. Die Zeit der Bevormundung jedoch ist vorbei. Woran die einzelne Person, die – nicht nur, aber auch – an die Kirche glaubt, im Innersten wirklich glaubt, geht die Kirche nichts an. Es liegt in der ureigenen Verantwortung dieser einzelnen Person.

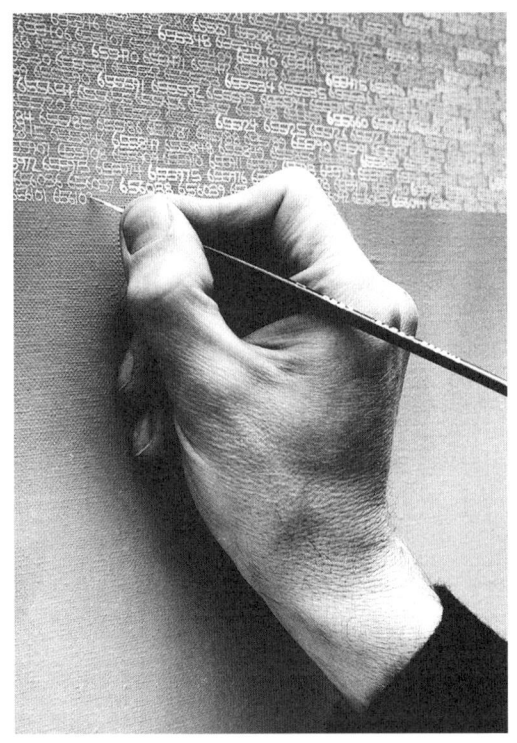

Roman Opalka arbeitet an einem seiner *Details* des Kunstwerkes *Opalka 1965 / 1 – ∞*, hier beim Malen der Zahlen 656 099, 656 100, 656 101, 656 102 …

DER GLAUBE AN DIE KUNST

N un weiß ich, dass es einen Gott im Himmel gibt!", das soll Albert Einstein gerufen haben, als er 1929 in der Berliner Philharmonie nach einem fulminant dargebotenen Violinkonzert den gerade 13-jährigen Yehudi Menuhin umarmte.

Es ist in der Tat ein eigenartiges Verhalten der Menschen – so würden es jedenfalls Außerirdische beschreiben, die von einem fernen Sternensystem kommend das irdische Treiben verfolgen –, wenn sich einige Hundert in einem riesigen Saal versammeln und dort sitzend auf eine Bühne blicken, auf der einige Dutzend anderer Menschen, geleitet von eigenartigen Handbewegungen in der Luft eines vor ihnen Stehenden, Klangkörper zum Schwingen bringen. All dies dauert eine Viertelstunde oder eine halbe Stunde, zuweilen sogar länger, und danach ertönt von der Hundertschaft stürmischer Applaus und die Gesichter aller im Saal wirken begeistert und hocherfreut. Was, so würden die Außerirdischen fragen, soll das bedeuten?

Mit der Evolution kann man es bestimmt nicht erklären. Es gibt für das Lebewesen Mensch keinerlei Überlebensvorteil, wenn es sich dieser kuriosen Aktivität hingibt. Und für die anderen Künste gilt das Gleiche: Museums- oder Galeriebesuche, das Bestreichen von Leinwänden mit farbigen Pasten oder Flüssigkeiten, das Konstruieren architektonischer Entwürfe, das Rezitieren von Texten, das Tanzen oder das Singen – nichts davon steigert die Fitness fürs Überleben.

Somit ist die Kunst der schlagende Beweis dafür, dass all jene unrecht haben, die meinen, mit der Evolution die tiefen

Geheimnisse des Daseins lüften zu können. Die bittere Botschaft für die an die Evolution Glaubenden lautet nämlich nicht, dass die Evolutionstheorie falsch wäre. Das ist sie im Rahmen ihres wissenschaftlich eng umgrenzten Feldes auch gar nicht. Die Botschaft ist für die an die Evolution Glaubenden viel betrüblicher: Die Evolutionstheorie ist, was die tiefen Geheimnisse unseres Daseins anlangt, völlig irrelevant!

Was aber macht Kunst zur Kunst? Warum sind die ersten steinzeitlichen Malereien in den Höhlen bei Lascaux Kunstwerke? Waren sie dies für die Steinzeitmenschen? Würde es jener von ihnen, der die Farbstifte geführt hat, verstehen, wenn seine Bewunderer ihn einen Künstler nennen? Niemand kennt darauf die Antworten. Und selbst wenn, wäre damit nichts erklärt: nicht die in den Bildern innewohnende Intensität, nicht deren Vitalität, nicht deren Stärke. Vor allem aber nicht: deren Unergründlichkeit und Absolutheit.

Oder greifen wir als zweites Beispiel ein weiteres Wandbild heraus, eines der ultimativen Kunstwerke schlechthin – Leonardos *Abendmahl* im Refektorium des Dominikanerklosters bei der Kirche Santa Maria delle Grazie in Mailand: Allein das Vermögen Leonardos, die Perspektive für eine theologische Aussage zu nutzen, beeindruckt. Vergessen wir die dramatische Szene, in der die zwölf Jünger, in vier Dreiergruppen angeordnet, bestürzt einander ansehen oder auf ihren Herrn blicken, der in sich gekehrt gerade die Worte flüsterte, einer von den Zwölfen werde ihn verraten. Vergessen wir die großartige Pinselführung, mit der Leonardo die Mienen jedes Einzelnen der Dreizehn zum Strahlen bringt. Betrachten wir nur die Kanten: die Kanten zwischen dem Fußboden und den Wänden, die Oberkanten der im großen Saal des Abendmahls an den Wänden angebrachten Teppiche, die Kanten der Wände mit der Decke, die Kanten der Fenster-öffnungen, dazu noch die zu diesen Kanten parallelen Linien, die sich aus den Kassetten der Decke ergeben – alle diese Parallelen treffen einander in der Wirklichkeit im Unendlichen. In Leonardos Bild aber treffen sie einander im Fluchtpunkt. Der Künstler vermag ihn aus dem Unendlichen ins Endliche, in den Rahmen eines Bildes zu zaubern. Und wo befindet sich der Fluchtpunkt bei Leonardos *Abendmahl*? Genau auf der Schläfe, nahe den Augen des Heilands ist das Unendliche anzutreffen. Wo sonst?

Doch dies ist nur eines der unzähligen Geheimnisse, die dem Kunstwerk zu entlocken sind. Und selbst wenn man alle Geheimnisse lüften könnte – das Wesentliche des Kunstwerks wäre noch immer nicht erklärt: seine Unergründlichkeit und Absolutheit.

Wobei es – just deshalb ist Leonardos *Abendmahl* ein gelungenes Beispiel – überhaupt nicht auf die Gestaltung im Hier und Jetzt ankommt. Leonardo experimentierte mit Wandfarben, die seiner langsamen Malweise angepasst sein sollten. Er musste selbst noch erleben, dass diese Farben für ein Secco nicht geeignet waren: Schwere Schäden durch Risse traten auf, über weite Flächen blätterte die Farbe ab. Aller verzweifelter Restaurierungsversuche zum Trotz muss man feststellen: Von Leonardos Gemälde blieb eine Ruine zurück. Und trotzdem schimmert aus ihr der Glanz des Ewigen. Die Kunst scheint alles Irdische überbieten zu können.

Warum ist Venus schön? Weil, so könnte der Skulpteur der *Venus von Milo* antworten, er sie uns an seiner Statue bewundern lässt. Ein wenig kann diese Bewunderung in nüchterne Zahlen gefasst werden: Die Länge der Strecke von der Sohle bis zum Nabel zur Streckenlänge vom Nabel bis zum Scheitel entspricht nämlich sehr genau dem berühmten Goldenen Schnitt. Der gleiche Goldene Schnitt taucht beim Verhältnis der Länge der Strecke von der Sohle bis zum Knie zur Streckenlänge vom Knie bis zum Nabel, beim Verhältnis der Länge der Strecke vom Nabel bis zum Halsansatz zur Streckenlänge vom Halsansatz bis zum Scheitel, sowie umgekehrt beim Verhältnis der Länge der Strecke vom Scheitel bis zur Brust zur Streckenlänge von der Brust bis zum Nabel auf. Immer der Goldene Schnitt.

Dieser Goldene Schnitt entsteht durch Trennung einer Strecke in einen größeren und einen kleineren Teil. Er ist dadurch gekennzeichnet, dass sich die Gesamtlänge der Strecke zu ihrem größeren Teil genauso verhält wie der größere Teil zu dem kleineren. Man erkennt sehr schnell, dass der Goldene Schnitt zwischen den Verhältnissen 1:1 und 2:1 zu liegen kommt: Beim Verhältnis 1:1 würde die Strecke halbiert werden, was sicher kleiner als der Goldene Schnitt ist. Und beim Verhältnis 2:1 wäre der größere Teil der Strecke doppelt so groß wie der kleinere, was sicher größer ist als der Goldene Schnitt. Das Verhältnis 3:2 kommt dem Goldenen Schnitt schon etwas näher, ist aber etwas zu klein. Noch besser beschreiben ihn die Verhältnisse 5:3, 8:5, 13:8 und 21:13. Diese sind abwechselnd entweder einen Hauch zu groß oder zu klein, schmiegen sich aber dem Goldenen Schnitt immer näher an. Die dabei auftretenden Zahlen 1, 1, 2, 3, 5, 8, 13, 21 bilden den Anfang einer Folge, wobei die jeweils nachfolgende Zahl die Summe der beiden ihr vorhergehenden Zahlen ist. Somit setzt sich diese Folge mit 13 + 21 = 34, 21 + 34 = 55 und so weiter fort. Das „Schöne" am Goldenen Schnitt ist, dass selbst die Verhältnisse 34:21 oder 55:34, aber auch alle weiteren nachfolgenden

Zahlenverhältnisse diesen zwar immer schärfer eingrenzen, aber niemals ganz genau erfassen. Der Goldene Schnitt entzieht sich dem Endlichen. Wie bei Leonardos *Abendmahl* ist auch in allen Kunstwerken, die in irgendeiner Weise auf dem Goldenen Schnitt fußen, das Unendliche der Beleg dafür, dass es versucht, das Irdische zu übertrumpfen.

Die von Sandro Botticelli gemalte *Geburt der Venus* bezaubert uns mit der gleichen Schönheit: Die Höhe des Gesichts verhält sich zur Breite des Gesichts im Goldenen Schnitt, die Strecke vom Kinn bis zu den Augenlidern verhält sich zur Strecke von den Augenlidern zum Scheitel im Goldenen Schnitt, die Strecke von den Augenlidern zum Mund verhält sich zur Strecke vom Mund bis zum Kinn im Goldenen Schnitt. Mag sein, dass diese Aussagen einer auf Millimeter exakten Messung nicht standhalten. Aber dadurch werden sie nicht falsch: Denn es ist das beobachtende Auge, das im Betrachten des Gesichts der Venus bewusst oder unbewusst den Goldenen Schnitt vielfältig wahrnimmt.

Dies ist die für den Glauben an die Kunst entscheidende Erkenntnis: Erst in der intensiven Betrachtung wird das Gemälde zum Kunstwerk, in dem der Maler seine von der Unendlichkeit, der Unergründlichkeit, der Absolutheit herrührende Botschaft mitteilt. Auf welche Sparte von Kunst man sich einlässt, spielt keine Rolle. Allein auf die geglückte Begegnung mit dem Kunstwerk, auf die Wahrnehmung wenigstens einer der in ihm ruhenden Botschaften kommt es an. Es ist gleichgültig, ob es sich dabei um Bildhauerei oder um Architektur, um Musik oder um Dichtung, um Oper oder um Ballett, um Theater oder um Filmkunst handelt.

Selbst wenn man abstrakt nur ein regelmäßiges Fünfeck zeichnet und darin die Diagonalen einträgt, ist man dem ästhetischen Reiz des Unendlichen ausgeliefert: Das Verhältnis der Länge der Diagonale zur Länge der Seite des Fünfecks ist nämlich der Goldene Schnitt. Die Diagonalen selbst bilden das berühmte Pentagramm, den fünfzackigen Stern. Sie schließen ihrerseits – natürlich wieder im Verhältnis des Goldenen Schnitts – ein regelmäßiges Fünfeck ein, worin man ein zum ersten Pentagramm invertiertes Pentagramm eintragen kann, das seinerseits wieder ein regelmäßiges Fünfeck einschließt, und auch das verliert sich ins Unendliche. Allein das erste Pentagramm braucht der Zeichner nur zu skizzieren: Der kunstsinnige Beobachter liest hieraus die Botschaft dieses so einfach gestalteten und doch ins Unendliche weisenden Kunstwerks.

Es mag an dieser Stelle angebracht sein, die Differenz zwischen jener Kunst, an die zu glauben kein leerer Wahn ist, und all jenem herauszustreichen, was die sich zuhauf in den Vordergrund spielenden, ignoranten und stillosen Meinungsbildner als Kunst bezeichnen, diesen Namen jedoch nicht verdient. Anstelle allgemeiner Umschreibungen, die fast immer zu kurz greifen, ist die Verdeutlichung anhand eines Beispiels wohl am besten:

Pferd in Royalblau heißt ein Gemälde für Königin Elisabeth II., das sie anlässlich ihres Deutschlandbesuches im Sommer 2015 vom deutschen Bundespräsidenten Joachim Gauck erhielt. Das Bild, von der Malerin Nicole Leidenfrost aus Wedel in der Manier eines ungelenken Kindes verfertigt, zeigt Königin Elizabeth II. als Mädchen auf einem Pony. Daneben steht ihr Vater, George VI. Das Pony ist blau. König George ist gelb. Elisabeth ist rosa. Das Bild ist eine Zumutung.

Es ist nicht einmal hässlich. Hässlich ist das Gemälde *Ausschweifung* von George Grosz, betont hässlich – obwohl man scheel angeschaut wird, wenn man das so behauptet. Vielmehr sollte man politisch korrekt sagen, dass die Heucheleien und Zügellosigkeiten, welche die entwurzelte Gesellschaft der Weimarer Republik und das wilde Berlin der 1920er Jahre kennzeichnen, den provokanten und aggressiven Pinselstrich des Sozialkritikers Grosz zu solch drastischen Darstellungen herausfordern. Mit Floskeln wie diesen umgeht man das ungeliebte Wort „hässlich". Und wird dem Kunstwerk des George Grosz nicht gerecht.

Denn das will wirklich hässlich sein. Hässlich in dem Sinn, dass es alles Wunschdenken von Schönheit, dem Traumverlorene noch anhängen mögen, als Trugbild und Wahn entlarven will.

Ein Kunstwerk muss nicht schön sein. Aber es verlangt vom Betrachter mehr als bloße Aufmerksamkeit. Nur wenn in ihm etwas vorhanden ist, das kein Sattsehen oder Satthören zulässt, ist es ein Kunstwerk. Nur wenn es die Seele ohne Unterlass gefangen nehmen kann, ist es ein Kunstwerk. Nur dann gibt es Zeugnis dafür, dass man an die Kunst glauben kann.

Heutzutage reagieren die meisten verlegen, wenn von der Unergründlichkeit, der Absolutheit eines Kunstwerks gesprochen wird. Kunstwerke, vor allem jene der Moderne und der Gegenwart, werden mit Epitheta wie „provokant", „schräg", „angriffig", „exzentrisch", „unkonventionell", „eindrucksvoll" und Ähnlichem bedacht, am besten noch mit moralisierendem Unterton als „besonders wichtig für unsere heutige Zeit" verbrämt. Aber das Publikum einer Vernissage oder einer Ausstellung wäre nachhaltig peinlich berührt, würde man bloß sagen, man empfinde beim Betrachten des Gemäldes die Seele angesprochen. Es berühre einem im Innersten – und dies bedeute einem mehr als alles andere.

Verliert man dieses Empfinden, gibt es keine Kunstwerke mehr. Selbst wenn gegenwärtig mehr gemalt, mehr komponiert, mehr gedichtet werden sollte als je zuvor – ohne den Anspruch des Unergründlichen, des Absoluten läuft diese immense Emsigkeit in die Leere. Selbst die aus einem Lautsprecher dröhnende Kakofonie kreischender Betrunkener oder von Drogen Vollgestopfter ist Kunst, weil niemand das Gegenteil beweisen kann. Der Maßstab fehlt, weil man an diesen nicht mehr glauben will.

So ist es kein Wunder, dass irgendwelche Beamte, die vom Glauben an die Kunst keine Ahnung haben, ein weder Wohlgefallen noch Schauder auslösendes, sondern ein in seiner unsäglichen Banalität grotesk nichtssagendes Bild als Geschenk für die britische Monarchin ausgewählt hatten. Und als sich diese nur bedingt erfreut zeigte und in erfrischender Ehrlichkeit das Lichtjahre von Franz Marc entfernte blaue Pferd als „strange" abqualifizierte, blieb dem vielleicht auch vom Glauben an die Kunst längst entwöhnten deutschen Bundespräsidenten nichts anderes übrig, als sich aus der Blamage mit einem galanten Hinweis auf edle Süßigkeiten Lübecker Produktion zu retten und zu sagen: „Wenn Sie es nicht mögen, nehmen Sie das Marzipan."

Verwickelt wird die Sachlage dadurch, dass zuweilen Auftragswerke, die nicht dem Kunstgenuss, sondern bloß der Unterhaltung, dem Vergnügen oder der heiteren Beschaulichkeit dienen sollen, von der Nachwelt als Kunstwerke erkannt und gepriesen werden. Die Mönche des

Klosters bei Santa Maria delle Grazie in Mailand wollten für ihr Refektorium eine Illustration des Letzten Abendmahls als Zierde und Anregung, nicht als Kunst. Bilder des Letzten Abendmahles gab es schon vorher zuhauf. Als die Mönche den Mailänder Herzog Ludovico Sforza baten, Leonardo mit dem Malen eines weiteren derartigen Bildes zu beauftragen, kamen sie nicht auf den Gedanken, dass sie damit den Künstler zur Gestaltung eines Gemäldes ermuntern, worin er nicht bloß die Szene des Abendmahls, sondern in dieser ein ganzes Universum darzustellen gedachte. Tatsächlich bereuten die Mönche bald ihren Entschluss, denn das Gemälde wollte und wollte nicht vollendet werden. Es gab Tage, an denen Leonardo stundenlang versunken vor dem unfertigen Bild stand, plötzlich mit dem Pinsel ein paar Striche setzte und danach wieder für Tage den Raum verließ. Die Mönche waren verzweifelt. Sie begriffen nicht, warum der Meister nicht endlich mit dem Auftragswerk fertig wird.

Selbst als er endlich, nach Jahren, das Gemälde fertiggestellt hatte, erkannten die Mönche es nicht als Kunstwerk, sondern bloß als beiläufiges Mittel zur Erbauung bei Einnahme des Mahls. Sonst hätten sie nicht in die Wand, auf dem Leonardos Werk prangt, eine Türöffnung durchgebrochen und damit zugleich die Füße des Heilands amputiert.

Umgekehrt hätte es sich Mozart nie träumen lassen, dass sein *Divertimento in F*, KV 138, bis in unsere Tage immer und immer wieder erklingt. Für ihn war es Unterhaltungsmusik. Er hatte es mit 15 Jahren komponiert, gespielt wurde es damals als Begleitung von Soireen, meistens im Freien, die adelige Gesellschaft unterhielt sich während die Musik erklang, die meisten hörten wohl gar nicht zu. Und auch Mozart selbst wird es, nachdem er es in sein penibel geführtes Werkverzeichnis eingetragen hatte, bald selbst vergessen haben. War es doch nur ein „Divertimento", eine dem gehobenen Zeitvertreib dienende Hintergrundmusik. Dessen zweiter Satz dennoch von unergründlicher Tiefe ist. Wolfgang Hildesheimer, wahrlich kein Schwärmer, nähert sich dem Phänomen, dass Mozart anscheinend gar nicht anders als virtuos komponieren konnte, in seiner berühmten Biographie über den Meister mit den Worten: Mozarts „wirkliche Sprache, die Musik, nährt sich aus uns unkenntlichen Quellen, sie lebt aus einer suggestiven Kraft, die sich über den Gegenstand ihrer Suggestion so weit erhebt, dass er sich uns entzieht. Ihr Schöpfer bleibt uns unzugänglich."

Bei anderen Komponisten sind die Perlen der Kunst nicht wie bei Mozart überall anzutreffen, sondern in einem durchaus schönen, aber doch landläufigen Gewebe von Unterhaltungsmusik verborgen. Donizettis *Liebestrank* ist, salopp gesprochen, eine gefällige komische Oper „von der Stange", wie sie es vorher und nachher zu Hunderten gab. Aber die darin vom Tenor gesungene Arie „Una furtiva lagrima" rührt nicht nur das Herz. Sie lässt daran glauben, dass große Kunst vom Überirdischen zeugt. Ähnliches verspürt man, wenn zum Beispiel die Introduktion des *Kaiserwalzers* erklingt, obwohl die Walzer der Strauß-Dynastie eigentlich nur zum Vergnügen, als Musik für die Gesellschaftstänze bei den großen Wiener Bällen komponiert wurden.

Idealistische Künstler, von · der Zuversicht erfüllt, ewig Gültiges zu schaffen, beanspruchen, von sich und ihrem außerordentlichen Talent überzeugt, wie eh und je das für die Menschen Wesentliche mitzuteilen. Von „ewig Gültigem" spricht zwar naturgemäß keiner mehr, nur mehr von

„Bedeutung". Und wer kennt sie nicht, die mit Inbrunst von Politikern vorgetragenen Bekenntnisse zur Kunst aus Anlass großer Festspieleröffnungen, in denen sie, natürlich mit gezieltem Blick auf vermögende Sponsoren, davon schwärmen, wie lebensnotwendig die Arbeit der Künstlerinnen und Künstler „gerade in unserer vom kalten Nutzenkalkül der Techniker und Ökonomen durchdrungenen Zeit" sei? Eine glatte Wahnvorstellung, behauptet der Philosoph Rudolf Burger mit trockenem Ernst:

Dass Künstler mehr als andere Menschen fähig seien, „existentielle" Probleme zu erfassen, das Herz der Dinge zu erkennen und die Zukunft heraufzuführen, ist ein ständiger Topos der heutigen Kunstbegleitrhetorik, ihre aussagenlogische Schnittmenge sozusagen (und eine gebräuchliche Legitimationsformel der Kulturpolitik). Zugleich weiß natürlich jeder, dass dies nur ein animistischer Mythos ist, nicht rationaler als die Regentänze der Navajo-Indianer, und nach diesem Wissen handelt er auch, selbst wenn er vorgibt, den Mythos zu glauben und ihn vielleicht selber fortspinnt. Ein Blick auf das Alltagsleben genügt, um zu sehen, dass ihn in Wirklichkeit kein Mensch ernst nimmt. Hat nämlich jemand tatsächlich sogenannte „existentielle" Probleme (d. h. wenn es ihm irgendwie schlecht geht), so geht er zum Arzt, zum Psychologen, auf die Bank um einen Kredit, zum Scheidungsanwalt, vielleicht auch noch zum Herrn Pfarrer. Er geht bestimmt nicht auf eine Vernissage, und wenn, dann allenfalls, um sich abzulenken, zu plaudern und etwas zu trinken. Und niemand käme im Ernst auf die Idee, Probleme der Ökonomie, der Außen-,

Sicherheits- oder Sozialpolitik, der Ökologie oder der Menschenrechte oder auch nur Fragen der Geschichte und deren „Aufarbeitung" Künstlern anzuvertrauen. Dafür gibt es Ökonomen, Politologen, Juristen und Historiker. Die sind oft genug mit ihren Problemen überfordert, aber ihr Urteil ist in einer arbeitsteiligen, hochspezialisierten Gesellschaft immer noch das Beste, was zu kriegen ist. Auch ist die Wissenschaft schon durch ihre Anlage dazu angehalten, ihre Aussagen zu revozieren, wenn Irrtümer offenkundig werden oder neue Gesichtspunkte auftauchen. Sie haut ihre immer nur vorläufigen Lösungen nicht gleich in Stein und gießt sie nicht in Beton.

Es stimmt: Wenn man den Glauben an die Kunst nicht kennt oder wenn man ihn verloren hat, verkommen Kunstwerke und künstlerische Darbietungen zu Belanglosigkeiten. Keine Kunst- und keine Kulturpolitik können darüber hinwegtäuschen, keine Bemühungen um Festspiele oder um Präsentationen von Werken, die eine Schar beflissener Kritiker und professioneller Experten als hochrangig qualifiziert. Konrad Paul Liessmann hat es anlässlich seiner Festansprache zur Eröffnung der Salzburger Festspiele 2016 lapidar so formuliert: „Wer Kunst nur noch als Ornament, als Beiwerk, als ästhetische Überhöhung des eigenen Selbst, als Bühne seiner Eitelkeit sieht, hat sie unter ihrem Wert geschlagen, wie viel Geld er dafür auch ausgegeben haben mag." Aus Kunstwerken Verweise auf das Absolute und Unergründliche zu entnehmen, kann man nämlich nicht so lernen wie die Vokabel einer fremden Sprache oder das Einmaleins, nicht einmal für viel Geld. Planbar ist hier nichts.

Umso mehr ist es bewundernswert, wie es großen Künstlern gelingt, allein durch ihr Werk den Glauben an die Kunst zu erwecken oder erneut zu beleben. Eine bezeichnende Anekdote über einen der größten Komponisten aller Zeiten verdeutlicht, was damit gemeint ist:

Es ist, selbst für Kenner des Werkes, immer wieder ein erhebendes Erlebnis, dem Beginn von Joseph Haydns Oratorium *Die Schöpfung* zu lauschen. Geheimnisvoll düster raunt der Erzengel Raphael, von dunklen pianissimo-Klängen des Orchesters begleitet, die mystischen Worte: „Im Anfang schuf Gott Himmel und Erde, und die Erde war ohne Form und leer, und Finsternis war auf der Fläche der Tiefe." Danach tönt es dunkel geheimnisvoll vom Chor: „Und der Geist Gottes schwebte auf der Fläche der Wasser, und Gott sprach: Es werde Licht!" Mit äußerster Zurückhaltung flüstern die Stimmen „Und es ward" – die Spannung wird ins schier Unerträgliche gesteigert. Bis plötzlich in einer rauschhaften fortissimo-Akkordfolge des Orchesters das erlösende „Licht" lauthals vom Chor erschallt. Der bedeutende theoretische Physiker und Musikfreund Viktor Weisskopf deutete begeistert diese von Haydn komponierte klangliche Eruption als das, was in der Kosmologie der „Urknall" genannt wird, die Explosion von Raum, Zeit und Materie aus einem einzigen Punkt heraus. Tatsächlich hat sich das Publikum bei der Uraufführung des Werks im alten Wiener Burgtheater spontan von den Sitzen erhoben und dem dirigierenden Meister frenetisch mitten in diese Takte des Oratoriums hinein lang anhaltenden Applaus gespendet. Und Haydn wies mit einer Handbewegung nach oben, andeutend, dass ihm dieser musikalische Einfall von Gott selbst geschenkt sei. Dabei ist der musikalische „Urknall-Akkord" nichts anderes als ein simpler C-Dur-Dreiklang.

Einfacher geht es gar nicht. Ein wunderbarer Effekt. Er lässt das Unergründliche und Absolute erleben, ist aber im Grunde doch nur ein höchst bodenständiger Impuls. Aber nicht auf den C-Dur-Dreiklang selbst kommt es an, sondern darauf, wie er gehört werden soll.

Selbst das Einfachste kann als Verweis auf das Absolute und Unergründliche dienen, wenn dieses Einfachste von der Hand einer Koryphäe, eines großen Künstlers geformt wird.

In seinem Atelier in Warschau malte 1965 Roman Opalka, links oben beginnend, gleichsam Zeile für Zeile, auf eine dunkel grundierte, zwei Meter hohe und fast eineinhalb Meter breite Leinwand mit titanweißer Farbe rund einen halben Zentimeter groß die Zahlen 1, dann 2, dann 3, dann 4, dann 5 und so weiter. Nach sieben Monaten war er bei 35 327 angekommen und hatte die dunkle Leinwand vollgeschrieben. Das erste Bild seines *Opalka 1965 / 1 – ∞* getauften Werks war vollendet. Danach setzte er bei einer neuen Bildtafel links oben mit 35 328, dann 35 329, dann 35 330 und so weiter das Zählen fort. Die Bilder, die Opalka *Details* nannte, sind immer gleich groß, die Pinsel immer gleich fein, die Ziffern immer nur fünf Millimeter hoch. Und auch dem Titanweiß blieb Opalka treu. Bei jeder neuen Leinwand mischte er allerdings nach Erreichen der ersten Million der Grundierungsfarbe ein Prozent mehr Zinkweiß hinzu, wodurch die *Details* immer heller wurden. Als Opalka bei seinem Zählen nach Jahrzehnten und Hunderten von *Details* die Fünfmillionengrenze überschritt, hatten seine Bilder bereits einen weißen Hintergrund. Und er hielt bis zu seinem Tode am 6. August 2011, kurz vor seinem 80. Geburtstag, unbeirrt an seinem wahnwitzigen Projekt fest. Eine Zahl folgte der nächsten. Er sprach sie während des Malens so aus, wie ihre Ziffern aufeinanderfolgen – die polnische Sprache, der er sich, obwohl seit 1977 in Frankreich lebend, dabei bediente, erlaubt dies. Ein Tonbandgerät zeichnete sein akustisches Zählen auf kilometerlangen Bändern auf.

Wenn Opalka zu einer Zahl gelangte, die aus lauter gleichen Ziffern besteht, versammelten sich seine Bewunderer im Atelier mit ihren Photoapparaten und begleiteten für ein paar Minuten sein monotones Zählen: „4 444 441, 4 444 442, 4 444 443" – ein Blitzlichtgewitter begann: „4 444 444". Das Blitzlichtgewitter endete, und Opalka malte weiter: „4 444 445, 4 444 446" …

Besonders hatten es Opalka jene Zahlen angetan, die aus genauso vielen gleichen Ziffern bestehen, wie es die jeweilige Ziffer benennt. So besteht 1 aus einer einzigen Ziffer 1. Tatsächlich bekam Opalka gleich zu Beginn seines Malens, beim Schreiben der Ziffer 1, Herzprobleme. Wohl deshalb, weil er sich bewusst war, dass er ab nun sein Leben der Eintönigkeit verpfändet hat. Danach folgen als für ihn besondere Zahlen die Zahlen 22, bestehend aus zwei Zweiern, 333, bestehend aus drei Dreiern, 4444, bestehend aus vier Vierern. Sie alle finden sich noch auf dem ersten *Detail*. Erst auf dem zweiten *Detail* tritt die aus fünf Fünfern bestehende Zahl 55 555 auf. Und viel später erst durfte Opalka das Malen der aus sechs Sechsern bestehenden Zahl 666 666 erleben. Er hoffte, vielleicht noch die aus sieben Siebenern bestehende Zahl 7 777 777 erreichen zu können. Dies war ihm leider nicht mehr vergönnt. Noch vor Erreichen von 5 700 000 legte er für immer den Pinsel aus der Hand.

Wobei er natürlich die Pinsel wechseln musste. Akribisch kerbte er auf dem Stiel jedes Pinsels die Zahl ein, mit der er mit diesem Pinsel zu malen begann, und jene Zahl, die mit diesem Pinsel zuletzt geschrieben wurde. Und am Abend, wenn er das Tagewerk vollendet hatte, stellte sich Opalka vor das eben zu bearbeitende *Detail*, immer im gleichen Gewand, immer mit gleicher strenger, asketischer, aber auch überlegen wirkender Pose – und schoss mit einem Selbstauslöser ein Porträt in schwarz-weiß von sich. Diese Bilder, nebeneinander gelegt, zeigen, wie er zusammen mit den Zahlen der Ewigkeit entgegenging.

Opalka malte die Zeit. Denn im unaufhörlichen Zählen manifestiert sie sich. Die auf die Leinwand gemalte Zahl repräsentiert Vergangenheit, sobald das Titanweiß vertrocknet. Und Opalkas Zukunft – jede neu grundierte Leinwand symbolisiert sie – war, so wollte es der Künstler, seiner grotesk trivialen Vergänglichkeit ausgeliefert, weil sie Trägerin der noch zu malenden Zahlen sein wird.

Natürlich wusste Opalka, dass sein Werk unvollendet bleiben muss, dass er eigentlich nur einen unbedeutenden Schritt in das Labyrinth des Unendlichen hinein zu setzen vermag. Aber einmal begonnen, durfte er nicht willkürlich anhalten. Selbst als die Grundierungsfarbe keinen Schimmer Grau mehr besaß und glänzend weiß war, sah man ihn immer noch malen: titanweiße siebenstellige Zahlen, die auf dem zinkweißen Grund nur im nassen Zustand zu erahnen waren.

Vielfach meint man, im Durchlaufen der unendlichen Zahlenfolge habe man die Unendlichkeit, die Ewigkeit im Griff. Doch Opalka erfasste mit seinem Unternehmen keinesfalls die Ewigkeit, sondern er verwies bloß auf sie. Er opferte sein Leben einer Eintönigkeit, die den glatten Gegenbegriff zu Ewigkeit bildet. Mit seinem 1965 in einem Warschauer Café getroffenen kafkaesken Entschluss – er wartete auf seine Frau, diese verspätete sich, und inzwischen kam ihm der Gedanke, dass man die Zeit, das Aufeinanderfolgen der Augenblicke, nur im Malen von Zahlen ihrem Wesen nach erfassen könne – lieferte er sich dem alle Vorstellungen überfordernden Projekt aus, über jede Zahl hinauszuwachsen, und stürzte sich damit in die Eintönigkeit monotonen Zitierens.

Ganz anders ist die Situation für uns, die Betrachter seiner *Details*. Steht man weit von der Leinwand entfernt, sieht man buchstäblich nichts: ein schillerndes Grau, eigenartig durchzogen mit unzähligen feinen, von hellem in dunkles Weiß changierenden waagrechten Strichmustern – Opalka tauchte den Pinsel nur dann ein, wenn er mit einer neuen Zahl begann –, die den Eindruck einer eigenartig faserigen Rauhaartapete hinterlassen. Doch tritt man ganz nah heran, erkennt man die einzelnen Ziffern, die sich in ununterbrochener Folge zu den Zahlen gruppieren, und fühlt sich in den Sog dieses wahnwitzigen Projekts hineingerissen. Es wird schier unerträglich, lange mit dem Auge in unmittelbarer Nähe zur Leinwand zu verweilen. Man muss sich von ihr lösen, zurücktreten, und plötzlich erfasst man Opalkas *Detail* tatsächlich als Detail des Unternehmens „Unendlichkeit“. In einem Augenblick des Betrachtens. In diesem einen, zeitlosen Augenblick spürt man einen Hauch von Ewigkeit.

Darum stellen die großen Museen moderner Kunst die *Details* Opalkas aus. Die bedeutendsten Museen der Welt wie das Museum of Modern Art oder die Guggenheim Foundation New York kauften seine Werke als Klassiker der Moderne für ihre Sammlungen. Die Documenta lud ihn ein. Opalkas Zahlengemälde werden für sechsstellige Summen gehandelt. Christies erzielte für drei seiner *Details* den stolzen

Auktionspreis von 1285366 Dollar. Denn ihnen wird tiefer ästhetischer Wert zugesprochen. Sie tragen den Stempel des Absoluten in sich.

Schon die Mathematiker der Antike, von Thales bis Hypatia, waren vom ästhetischen Reiz des Unendlichen fasziniert. Der scharfsinnige Blaise Pascal, der als Erster die Struktur des Beweises mit vollständiger Induktion formulierte, mit Hilfe dessen unendlich viele Rechnungen in wenigen, endlich vielen Zeilen zusammengefasst werden, nannte den Grund, warum wir, sobald wir vom Unendlichen eine Ahnung verspüren, nicht von ihm lassen können: „Im unbegrenzten, ewigen Raum verliere ich mich wie ein unbedeutendes, hinfälliges Schilfrohr, das, den Unbilden des Universums ausgesetzt, der kleinsten Regung des Kosmos preisgegeben, sogar von einem Regentropfen geknickt werden kann. Aber es ist ein Schilfrohr, das denkt. Dass mein hinfälliger Geist so weit denken kann, dass gleichsam mein endliches Gehirn das unendliche All in sich abzubilden vermag, darin gründet die Würde meiner Existenz, die mich über das Universum, welches dies nicht zu denken in der Lage ist, erhebt."

Und wie hängt all dies mit dem Unergründlichen, dem Absoluten, dem Ewigen und der Kunst zusammen?

Es ist das Privileg der Mathematik, dass in ihr ungezwungen und unverkrampft die bedeutenden Resultate und die faszinierenden Theorien „ewig gültig" genannt werden, und unter Fachleuten eine bemerkenswerte Einhelligkeit der Meinungen darüber herrscht, welche mathematischen Theoreme die wertvollsten und daher über alle Zeiten hinweg bewundernswertesten sind. Dabei beanspruchen mathematische Leistungen nie, Kunstwerke zu sein, und sie sind wahrlich weit davon entfernt. Hätte Schubert nicht den zweiten Satz seines *Streichquintetts in C-Dur* komponiert, kein anderer hätte es ihm gleich getan. Hätte hingegen Gauß nicht das *Theorema egregium* – dieses ist ein Beispiel eines wertvollen mathematischen Satzes – formuliert, wäre ein anderer auf die gleiche Erkenntnis gestoßen. Doch der Begriff des Unergründlichen, weil fern jeder Banalität, und des Absoluten, weil für immer Gültigen, verbindet Kunst mit Mathematik, und in der Mathematik ist die Absolutheit eng mit dem oben von Pascal formulierten Gedanken verbunden: in endlich vielen Zeilen dem Unendlichen nahe kommen zu können.

So gesehen, ist Opalkas Werk ein Propädeutikum, eine Vorschule, zum Verständnis des Absoluten in der Kunst. Es ist die unauslotbare Tiefe des Kunstwerks, welche dem Unendlichen entspricht, die Tatsache, dass man sich diesem Kunstwerk immer wieder stellen kann und sich mit ihm immer wieder auseinandersetzen muss, sei es im Hören von Musik, im Betrachten bei der bildenden Kunst, im Abschreiten in der Architektur, dass man nie damit „fertig" ist, es nie in seinem ganzen Gehalt überblicken wird, auf ewig noch Neues und noch Unverstandenes in ihm harrt.

Opalka lehrt uns dies anschaulich, geradezu erschreckend, in seinem nie enden wollenden Zählen. Im Grunde hätte er es sich leichter machen können: Nur eine Leinwand nehmen und nach den Zahlen 1, 2, 3, 4, 5 einfach drei Punkte malen. Diese drei Punkte besagen ja in der üblichen mathematischen Notation, dass es einfach so weitergeht. Aber Opalka erkannte sehr gut, dass dies ein wohl allzu abstraktes Kunstwerk wäre, das nur wenige in seiner Tiefe verstanden hätten. Darum opferte er seit seinem dreißigsten Lebensjahr sein ganzes Dasein dafür auf, die drei Punkte nach 1, 2, 3, 4, 5 zu konkretisieren und damit auch die von der abstrakten Mathematik Fernsten unendlich tief zu beeindrucken. Er glaubte an die Kunst und lehrt uns, was es bedeutet, an die Kunst zu glauben.

Sein letztes weiß in weiß gehaltenes *Detail* sagt dem naiven Betrachter nichts, dem von seiner Geschichte Wissenden erzählt es aber unendlich viel. Ähnliches kann man von dem berühmten *Schwarzen Quadrat* behaupten, das Kasimir Sewerinowitsch Malewitsch Anfang des 20. Jahrhunderts malte: Es handelt sich um eine schwarz ausgemalte Fläche, die von einem weiß gemalten Rand umgeben ist. Malewitsch nannte das Bild eigentlich *Viereck*, da es keinem exakten Quadrat entspricht und mit Unschärfen versehen ist. Als richtiges Quadrat entsteht es erst in der Wahrnehmung des Betrachters. In seinem Kopf werden die Kanten gerade, gleich lang und paarweise parallel, werden die Winkel exakte rechte Winkel, wird die Fläche vollkommen schwarz. Dieses *Schwarze Quadrat* gilt als die Ikone der Malerei der Moderne. Tatsächlich kann man es als „Ikone aller Ikonen" betrachten, weil es gleichsam dadurch entsteht, dass alle Hunderttausenden Ikonen der russischen Kirche übereinandergelegt werden, in das Format von 79 mal 79 Zentimeter zusammengepresst und auf eine einzige weiß grundierte Fläche gedrückt. Wer irgendein Gemälde in irgendeinem Museum betrachtet, sieht eigentlich nur ein Detail der unergründlichen Fülle bildender Kunst, die im *Schwarzen Quadrat* in ihrer ganzen Mannigfaltigkeit versammelt ist.

Das letzte *Detail* von Roman Opalka, das *Schwarze Quadrat* von Malewitsch und ähnliche ewig gültige Werke der bildenden Kunst sind für das Auge Analoga zu *Silence* von John Cage für das Ohr. *Silence* ist die absolute Stille, der das Konzertpublikum unbarmherzig ausgesetzt ist. Die in der Lage ist, den Nachhall aller Musik in sich zu enthalten.

Ein Nachhall, der schon lange vor Cage jenen zu denken gibt, die zu hören vermögen:

Knapp vor seinem Tod hatte Herbert von Karajan im Großen Saal des Wiener Musikvereins eine Ton- und Bildaufnahme des *Deutschen Requiems* von Johannes Brahms mit den Wiener Philharmonikern arrangiert, Kathleen Battle und José van Dam sangen zusammen mit dem Wiener Singverein. Der sich um die winzigsten Details kümmernde Karajan – die Sesselpositionen der Instrumentalisten waren sogar mit Kreidezeichen markiert – wollte den leeren Saal mit einigen hundert Personen gefüllt wissen, um eine natürlichere Akustik imitieren zu können. Diese Statisten durften sich nicht die geringste Bewegung, nicht das leiseste Räuspern erlauben und natürlich keinesfalls nach dem fulminanten Ende applaudieren. Und so hörten sie das Requiem in den riesigen Saal hinein verklingen, spürbar verebbten die Schwingungen ins Nichts, und für einige Sekunden herrschte vollkommene Stille.

Die Musik war vergangen und im Moment des Vergehens der Ewigkeit anheimgegeben.

Das Unergründliche gleitet vorbei, wie uns der Sand der Dünen durch die Finger rinnt, dürfen wir ein Zitat von Antoine de Saint-Exupéry variieren und uns zugleich darin trösten, dass es doch das Unergründliche ist – und, weil es absolut ist, ewig das Unergründliche bleiben wird. Wie stehen sie zueinander, die Begriffe des Unergründlichen und des Absoluten, des Vergänglichen und des Ewigen?

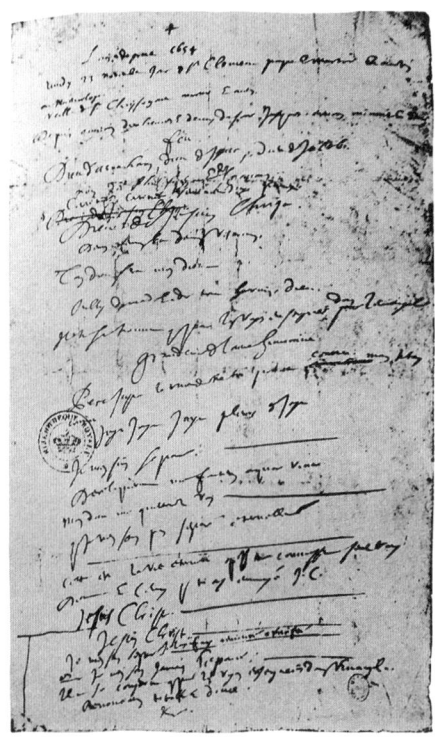

Das *Mémorial* des Blaise Pascal, in dem er seine Begegnung mit Gott schildert: Die ersten vier Zeilen, beginnend mit „L'an de grâce 1654", datieren das Schreiben, in dessen fünfter Zeile nur das Wort „Feu", „Feuer", steht.

DER GLAUBE AN GOTT

Stumpfe Nasen und schwarz: so sind Äthiopias Götter, blauäugig, aber und blond: so sehn ihre Götter die Thraker." Xenophanes von Kolophon, ein Zeitgenosse des Pythagoras, erkennt, dass die einzelnen Völker ihre Götter nach ihrem eigenen Aussehen schufen. Und er fährt, von Sir Karl Popper kongenial ins Deutsche übertragen, folgendermaßen fort:

> Aber die Rinder und Rosse und Löwen, hätten sie Hände,
> Hände wie Menschen, zum Zeichnen, zum Malen, ein Bildwerk zu formen,
> Dann würden die Rosse die Götter gleich Rossen, die Rinder gleich Rindern
> malen, und deren Gestalten, die Formen der göttlichen Körper,
> nach ihrem eigenen Bilde erschaffen: ein jedes nach seinem.

Nicht die Götter schaffen die Menschen nach ihrem Bilde, behauptet Xenophanes, sondern umgekehrt. Götter sind Märchengestalten, Phantasiegebilde, sind Erfindungen der Menschen.

Doch Xenophanes war kein Atheist. Er erdachte ein Gegenbild zur Götterwelt des Homer und des Hesiod: „Ein Gott ist der Größte unter den Göttern und Menschen, weder an Gestalt den Sterblichen vergleichbar, noch an Geist." Der eine und einzige Gott des Xenophanes ist allen Dingen eingepflanzt. Er ist unsinnlich. Er ist unveränderlich. Er ist unbewegt. Er ist ohne Anfang und ohne Ende: „Überall sieht er, überall denkt er, überall hört er."

Vielleicht war es dieser eigenartige, namenlose Gott des Xenophanes, dem die Bewohner Athens auf dem Areopag genannten Gerichtsplatz einen Altar errichteten. Der Areopag ist ein kleiner Hügel, nordwestlich unterhalb der Akropolis gelegen, ursprünglich nach dem Kriegsgott Ares benannt und Handlungsort einer in der Antike berühmten Legende: Einst wurde Athen von der Pest heimgesucht. Die Bürger opferten allen ihnen bekannten Göttern, doch die Seuche wollte nicht weichen. Erst als der Kreter Epimenides, ein besonders weiser Mann, Schafe auf den Areopag trieb, sie dort weiden ließ und befahl, an jener Stelle dieses Ortes, wo sie sich danach niederließen, einen Altar zu errichten und dem „unbekannten Gott" zu opfern, verschwand die Pest.

Jedes Kind in Athen kannte diese fromme uralte Geschichte. Der Altar für den „unbekannten Gott" war für den Völkerapostel Paulus der Angelpunkt einer berühmten Rede, die er hielt, als er im Zuge seiner Missionsreisen nach Athen kam, um auch dort zu predigen. „Die aber Paulus geleiteten, führten ihn bis gen Athen", lesen wir von Lukas in der Übersetzung von Martin Luther. Der Autor der Apostelgeschichte beschreibt, wie bestürzt Paulus in Athen die vielen Götzenbilder, die Statuen der griechischen Götter betrachtete, wie er mit den in Athen ansässigen Juden schimpfte, dass sie in einer solchen Umgebung heidnischen Götzendienstes leben konnten. Die Athener Bevölkerung vernahm die Schimpftiraden dieses „Lotterbuben" – so Luthers Wort – und man führte Paulus auf den Areopag, wo er seinen Zornesausbruch rechtfertigen sollte:

„Paulus aber stand mitten auf dem Gerichtsplatz und sprach: Ihr Männer von Athen, ich sehe, dass ihr in allen Stücken gar sehr die Götter fürchtet." Mit diesem Satz versucht Paulus, bei seinen Zuhörern Sympathie zu erheischen. Dann setzt er, rhetorisch geschickt, fort: „Ich bin herdurchgegangen und habe gesehen eure Gottesdienste und fand einen Altar, darauf war geschrieben: Dem unbekannten Gott. Nun verkündige ich euch denselben, dem ihr unwissend Gottesdienst tut. Gott, der die Welt gemacht hat und alles, was darinnen ist, Er, der ein Herr ist Himmels und der Erde, wohnt nicht in Tempeln mit Händen gemacht; sein wird auch nicht von Menschenhänden gepflegt, als der jemandes bedürfe, so Er selber jedermann Leben und Odem allenthalben gibt."

Der „unbekannte Gott", dem die Athener einen Altar errichteten, ist in den Augen des hl. Paulus der von Xenophanes erahnte einzige und alleinige Gott, von dem man sich kein Bild machen darf. Doch während Xenophanes sich diesem Gott der Vernunft nur in dunklen und unzureichenden Worten nähert, sich damit begnügt, mit Hilfe logischen Denkens Gottes Existenz zu folgern, es damit aber genug sein lässt, glaubt Paulus seit seinem Erlebnis in Damaskus an einen Gott, der in sein Leben trat. Denn damals, auf dem Weg nach Damaskus, „umleuchtete ihn plötzlich ein Licht vom Himmel; und er fiel auf die Erde und hörte eine Stimme", eine göttliche Stimme, die ihn bei seinem Namen rief. Seit damals opfert Paulus sein Leben für seinen Glauben und verkündet wo auch immer, selbst in Athen, dass sein Gott der Offenbarung ein weltbewegender Gott ist. Dass der Jüngste Tag kommen wird, „an welchem Er richten will den Kreis des Erdbodens mit Gerechtigkeit durch einen Mann, in welchem ER's beschlossen hat und jedermann vorhält den Glauben, nachdem ER ihn hat von den Toten auferweckt."

„Da sie hörten die Auferstehung der Toten", ätzt Lukas über die Athener, „da hatten's etliche ihren Spott." Nur wenige konnte Paulus überzeugen, Lukas nennt namentlich bloß einen Mann und eine Frau. Die überwiegende Mehrzahl der Bürger Athens wollte von einem Gott, der die Toten auferstehen lässt, nichts wissen. Ihnen behagte es ganz und gar nicht, wenn ein Gott so einschneidend in das Dasein eingreifen sollte. Als Phantasiegestalt, vielleicht auch als philosophische Idee mag man über Gott nachdenken, wenn einem die Geschäfte und Mühen des Tages Zeit dazu lassen. Aber mehr doch bitte nicht! Die gebildeten Athener benahmen sich genauso, wie heute wohl die meisten in Europa lebenden Menschen reagierten, wenn sie die Predigt eines missionarischen Hitzkopfs, eines hier und jetzt lebenden Paulus, an einer Straßenecke hörten. Von welchem „unbekannten Gott" er auch spräche, er fände nur wenig Widerhall. Und käme er gar auf die Idee, die Auferstehung der Toten zu verkünden, wäre dies in den Ohren der meisten Zuhörer fast peinlich albern.

Glaubt man den Schilderungen des hl. Lukas, hatten die meisten Athener ein sehr entspanntes Verhältnis zu ihren Göttern gepflegt. Die Mythen von Zeus und seinem Gefolge, wie sie von Homer und Hesiod überliefert wurden, waren in ihren Augen poetisch gestaltete Märchen, die nichts beinhalten, woran man ernsthaft und inniglich glauben kann. Die Tempel waren architektonische, die Götterstatuen bildhauerische, die Götterbilder malerische, die Göttergeschichten dichterische Kunstwerke, hinter denen sich nichts befindet als die Kraft menschlicher Phantasie. Ein wenig Aberglaube, der im Kult Gestalt gewinnt, dient als Kitt für die Gesellschaft. So wie man heute die Straßenverkehrsregeln beachtet und mit Strafen rechnen muss, wenn man gegen sie verstößt, gab es im alten Griechenland sowie im Römischen Reich Festlegungen, welche Götter vom Staat anerkannt waren, und Bestrafungen im Falle der Asebie, der öffentlich bekundeten Abwehr gegen den Götterkult. Zur Staatsreligion gehörte zusätzlich die Forderung, Vater und Mutter zu ehren und der verstorbenen Vorfahren in Ehrerbietung zu gedenken. Selbst Xenophanes hätte mit solchen Vereinbarungen gut leben können, denn es bedarf keiner inneren Zustimmung, wenn man im Tempel inhaltsleere Rituale nachvollzieht. Das Ganze ist allgemein akzeptierter Mummenschanz, nicht mehr.

Darum konnten sowohl die Griechen wie auch die Römer nicht verstehen, warum sich seit jeher die Juden und seit der Missionsarbeit des Paulus und der anderen Apostel auch die Christen stur dagegen wehrten, die Huldigungen in den Tempeln zu vollziehen, die doch ohnedies nur eine reine Formsache seien. Es handle sich, so meinten die gebildeten heidnischen Römer, bei den Juden und Christen um verstockte Eigenbrötler, die sich, so schreibt Caecilius Natilis, „in nächtlichen Zusammenkünften verbrüdern. Sie sind ein feiges und lichtscheues Gesindel, stumm in der Öffentlichkeit und nur in Winkeln gesprächig. Die Tempel verachten sie als Grabmäler, die Götter verfemen sie, über die Opfer lachen sie." Im Gegensatz zu den Juden fielen die Christen im Römischen Reich überdies durch ihre lästige Missionstätigkeit auf, was wegen der damit einhergehenden Ablehnung des gängigen Götterkults zu Anzeigen und drakonischen

Strafen von seiten des Staates führen musste. Die im Zuge der Christenverfolgungen zum Tode verurteilten Märtyrer galten aus Sicht der zum Römischen Reich und seinen Göttern loyalen Bürger als Gottlose, ja als Gottleugner, als Atheisten.

Schon zuvor ereilte im antiken Athen einem der gelehrtesten seiner Bürger, dem Philosophen Sokrates ein ähnliches Schicksal: Auch er wurde der Asebie, der Leugnung der Götter Griechenlands, bezichtigt und überdies beschuldigt, mit seinen gottlosen Lehren die Jugend zu verderben. Er sei überhaupt nicht gottlos, verteidigte sich Sokrates vor dem Gericht, aber er glaube nur an einen Gott. Dieser Gott ist sein Daimonion. Es ist die im Innersten seiner Seele ewig verankerte Gottheit, die zu ihm mit eindringlicher Stimme spricht. „Ich schätze euch, Männer Athens", sagte Sokrates bei seiner Rede vor Gericht, „und ich liebe euch. Gehorchen aber werde ich mehr dem Gotte als euch." Für die Richter war das Daimonion des Sokrates ein ihnen unbekannter Gott. Mehrheitlich sprachen sie den Philosophen schuldig und verhängten die Todesstrafe. Ganz ernst dürften sie den kauzigen und versponnenen Philosophen jedoch nicht genommen haben. Denn vor seiner geplanten Vergiftung mit dem Schierlingsbecher ließ man die Kerkertür demonstrativ offen und ermöglichte so unter Hintergehung aller Formalitäten dem Sokrates die Flucht ins Freie. Die Athener Bürgerschaft war offenkundig vom allzu harschen Urteil über den stadtbekannten und im Grunde harmlosen Sonderling unangenehm berührt. Sokrates aber hörte bis zu seinem Ende auf die innere Stimme seines Gottes, der ihm den lebensrettenden Ausweg verbat.

Gott als oberster Gesetzgeber, dieser Gedanke kam nicht allein dem griechischen Philosophen Sokrates, sondern auch Moses, dem Retter des jüdischen Volkes aus dessen Joch in Ägypten. Vorbereitet wurde die Gottesbegegnung des Moses durch Echnaton, einen exzentrischen Pharao, der dem von den Priestern Ägyptens praktizierten und für sie sehr einträglichen Götterkult ein radikales Ende bereitete.

Im Unterschied zu den Griechen nahmen die Ägypter ihre Götter, deren es eine Unzahl gibt, sehr ernst. Sie fühlten sich von ihnen umzingelt und bewacht. Der Pharao, der unumschränkte Herrscher, war selbst göttlicher Herkunft. Nur ihm und seinen Priestern war es gestattet, in die Tempel einzutreten, während das Volk immer nur vor den Tempeln in der Hoffnung verharren durfte, dass der Pharao zusammen mit seinen Priestern die Götter gütig stimmt.

Um dem ägyptischen Reich über viele Jahrhunderte Stabilität verleihen zu können, war es den Priestern klar, dass man die Macht des Pharaos in Schranken weisen muss, damit er nicht willkürlich regiert und das Land ins Chaos stürzt. Aus diesem Grunde lehrten sie, dass selbst über dem von den Göttern in die Welt gesandten Pharao ein endgültiges und letztes Gesetz herrscht, das sie „Maat" nannten. Ein vielschichtiges Wort, das zugleich Ordnung, Wahrheit und Gerechtigkeit bedeutet. Maat symbolisiert die Gottheit, vor der sich sogar der Pharao verantworten muss. Nach seinem Hinscheiden aus dieser Welt, so lautet die uralte Überlieferung, gelangt der Pharao vor das Totengericht. Das Herz des Pharaos wird gegen die Straußenfeder gewogen, welche Maat als Schmuck auf ihrem Kopfe trägt und die als Zeichen für Wahrheit und Ordnung dient. Erst das Urteil der Maat öffnet die Tür in das himmlische Reich für den Pharao, dessen gute Taten beim Abwägen vor dem Totengericht den Ausschlag gaben.

Pharao Amenophis IV. erkannte, dass sich die mächtigen Priester die von ihnen überlieferte Religion ungehörig zurechtbogen und ausnützten, um sich ein Übermaß an Einfluss und Reichtum sichern zu können, das ihnen seiner Meinung nach ganz und gar nicht zustand. Aber dieser Ansicht waren sicher auch viele Pharaonen vor und nach ihm. Als alleiniges Motiv für den gewaltigen Umsturz, den er in Gang setzte, wiegt es zu wenig. Sicher wurde er von einem aufwühlenden mystischen Erlebnis heimgesucht, von einer das Innerste bewegenden, ergreifenden und packenden Eingebung, die einen Einschnitt sondergleichen in der Menschheitsgeschichte darstellt.

Jedenfalls verkündete der für das Licht der Sonne schwärmende, der Sonnenscheibe mit Haut und Haar verfallene Pharao, dass es nur einen einzigen Gott gebe, den Sonnengott Aton. Der Pharao änderte seinen Namen von Amenophis auf Echnaton. Er gründete eine dem Aton geweihte Stadt Achetaton. Er entmachtete die einflussreiche Priesterkaste, weil nur er und seine Frau Nofretete das Vorrecht für sich in Anspruch nahmen, die Segnungen der von Aton gesendeten Sonnenstrahlen über Ägypten wirken zu lassen. Er dichtete einen Hymnus auf Aton, der mit den Worten beginnt:

Schön erstrahlst du am Himmelshorizont, du lebender Aton, du Anfang des Lebens. Wenn du am östlichen Horizont aufgegangen bist, dann hast du jedes Land mit deiner Vollkommenheit erfüllt. Du bist schön und groß, licht und hoch über jedem Lande, deine Strahlen umarmen die Lande bis hin zu alledem, was du geschaffen hast. Du schaffst den Nil in der Unterwelt und holst ihn herauf nach deinem Belieben, um das Ägyptervolk am Leben zu erhalten so, wie du sie geschaffen hast, du, ihrer aller Herr, der sich abmüht mit ihnen, du Herr des ganzen Landes, der du für sie aufgehst, du Aton des Tages, groß an Ansehn.

Zwar hatte sich das Volk während der Regentschaft Echnatons dem neuen Kult des Eingottglaubens unterworfen, die alten Götter jedoch nicht vergessen. Auch die Priesterschaft wirkte trotz Tempelschließungen, Verfolgungen, Beschlagnahme von Gütern und Zerstörung der Bildnisse der alten Götter im Geheimen weiter und wartete nur auf des Echnatons Tod. Seinem Ableben folgten Jahre der Wirrnisse, bis die Priester den Kinderpharao Tutenchaton inthronisierten, der sich bald danach in Tutenchamon umbenannte, weil er Echnatons einzigen Gott Aton durch den alten Gott Amon ersetzte, der wie seit eh und je mit der Hundertschaft anderer Götter den ägyptischen Himmel bewohnt. Die „schwarze Periode in der Geschichte Ägyptens", so heißt seither die Zeit der Regentschaft Echnatons. Die Priester bemühten sich, dass Echnaton und Nofretete dem Vergessen anheimfallen. Restlos gelang es ihnen nicht. Wenn Moses, wie die Legende behauptet, tatsächlich ein ägyptischer Prinz gewesen ist – der Name „Moses" jedenfalls ist nicht hebräisch, sondern ägyptisch –, dann darf man vermuten, dass ihm Echnatons Glaube an den einen und einzigen Gott nicht unbekannt war. Die Bibel berichtet, Moses sei als kleines jüdisches Kind von seiner Mutter ausgesetzt worden, weil die männlichen jüdischen Säuglinge von den Schergen des Pharaos bedroht waren. Die Tochter des Pharaos habe den kleinen Moses gefunden und eine Jüdin – wie es das Schicksal will: die leibliche Mutter des Kindes – als Amme angestellt. Nach der Stillzeit habe die Tochter des Pharaos das Kind als Sohn genommen und ihm seinen ägyptischen Namen gegeben. Selbstverständlich ist dieser Bericht wie viele ähnliche Sagen von adoptierten Königskindern ein frommes Märchen. In welchem Maße sich dahinter ein wahrer Kern verbirgt, spielt für uns keinerlei Rolle. Selbst wenn Moses eine gänzlich erfundene Person sein sollte, was ziemlich unwahrscheinlich ist, sehen wir ihn trotzdem als Verkünder eines Gottes, an den in ganz anderer Weise zu glauben ist als an die Götter Ägyptens – von denen Griechenlands ganz zu schweigen. Ja, er unterscheidet sich sogar von dem einen und einzigen Gott Aton des Echnaton, obwohl dieser den Weg von Moses zu seinem Gott ebnete. Die Bibel berichtet, dass Moses einen ägyptischen Beamten getötet habe, weil dieser einen Juden erschlug. Moses floh in die Wüste und erlebte nach jahrelangem Nomadendasein im Land Midian, östlich vom Roten Meer, auf dem Berg Horeb vor einem wundersam brennenden Dornbusch eine grandiose Gottesbegegnung. Moses wollte zu dem Busch, der loderte, aber nicht verbrannte, hintreten, als ihn eine Stimme mitten aus dem Dornbusch mit seinem Namen rief, ihm befahl, seine Schuhe auszuziehen, weil er auf heiligem Boden stünde, und nicht weiter heranzutreten. Moses verbarg sein Antlitz, denn er fürchtete sich, zu dem sich ihm als „der Gott deines Vaters, der Gott Abrahams, der Gott Isaaks, der Gott Jakobs" offenbarende Gott hin zu blicken. „Nun geh, ich schicke dich zu Pharao, führe mein Volk, die Söhne Israels aus Ägypten!", ruft die

Gottesstimme zu Moses. Dieser aber fragt eingeschüchtert: „Da komme ich denn zu den Söhnen Israels, ich spreche zu ihnen: Der Gott eurer Väter schickt mich zu euch, sie werden zu mir sprechen: Was ists um seinen Namen? Was spreche ich dann zu ihnen?" Hierauf erhält er von der Gottesstimme die Antwort: „Ich werde dasein, als der ich dasein werde." Und noch einmal betont: „So sollst du zu den Söhnen Israels sprechen: ICH BIN DA schickt mich zu euch."

Beide, Echnaton und Moses, vermeinten Gott zu begegnen. Beide erfuhren in der Begegnung mit ihm, dass er der einzige und alleinige Gott ist. Es gibt keine Götter neben ihm. Doch Echnatons Gott ist sichtbar: Jeden Tag strahlt er als Sonnenscheibe über Ägypten. Über sein Dasein gibt es keinen Zweifel. Des Moses Gott hingegen ist unsichtbar, selbst vor den Strahlen des brennenden Dornbusches verhüllt Moses sein Gesicht – aber weder Dornbusch noch das Feuer sind des Moses Gott, sie künden bloß von seiner, allen irdischen Sinnen unzugänglichen Anwesenheit. Moses kann ihn nicht wie Echnaton mit den Augen sehen. Dennoch zweifelt auch Moses nicht an ihm, weil Gott seinen Namen verkündet: ICH BIN DA. Dieser Name ICH BIN DA erklärt zugleich, warum Moses an Gott glaubt: Weil sein Dasein in der Begegnung mit ihm manifest ist.

Die Sonnenscheibe, Echnatons Gott, ist Moses zufolge bloß ein Geschöpf, gebildet aus dem Schöpfungswort „Leuchten seien am Gewölb des Himmels, zwischen dem Tag und der Nacht zu scheiden", am vierten Tag. Des Moses Gott, der die Schöpfungsworte sprach, ist unvergleichbar anders als Aton. Er ist außerhalb der Natur, er ist jenseits alles Irdischen, weshalb man sich von ihm auch kein Bild machen kann. Würde er sich nicht offenbaren, wie zum Beispiel dem Moses im brennenden Dornbusch, bliebe er für alle Zeiten der Welt verborgen.

Den „Söhnen Israels", dem jüdischen Volk, das Moses nun nach dem Auftrag seines Gottes aus Ägypten befreite, blieb eine Begegnung mit dem brennenden Dornbusch versagt. Die Israeliten erkannten jedoch, wie sie Moses mit starker Hand von den Fleischtöpfen Ägyptens weg durch die karge Wüste führte. Während Echnaton als Pharao von vornherein die Macht besaß, das ägyptische Volk zum Glauben an den Sonnengott Aton zu zwingen, berief sich Moses auf seinen Gott und verkündete dem jüdischen Volk die Gesetze, allen voran die Zehn Gebote, die sein Gott ihm auf dem Berge Sinai diktiert hat. An Gott zu glauben, dem Moses begegnet ist, bedeutet: ein gottgefälliges Leben zu führen. Es besteht darin, den von Gott dem Moses auf dem Sinai geoffenbarten Geboten zu gehorchen.

Diese Gebote betreffen einerseits das Zusammenleben der Menschen untereinander, grob gesagt die auf der zweiten Tafel der Zehn Gebote geschriebenen Gesetze: Das Verbot von Mord, von Ehebruch, von Diebstahl, von Meineid, von ungerechtfertigtem Besitzanspruch. Auch das als letztes auf der ersten Gesetzestafel angebrachte Gebot der Ehre von Vater und Mutter gehört dazu, leitet aber gleichzeitig zu den anderen vier Geboten über, die den religiösen Kult betreffen: der Leitsatz, dass es einen einzigen Gott gibt und keine Götter neben ihm; das Verbot, sich Gott bildhaft vorzustellen; das Gebot, den Namen Gottes zu ehren; und das Gebot, den Sabbat heilig zu halten. Vor allem diese einzigartigen vier Gebote, und unter ihnen herausragend das Sabbatgebot, zeichneten das jüdische Volk gegenüber anderen Völkern aus, die in den Ländern zwischen dem Nil im Westen und Euphrat und Tigris im Osten lebten, wo die frühen Hochkulturen der Menschheit entstanden.

Moses festigte mit der Verkündigung gottgegebener Gesetze die „Söhne Israels" zu einem eigenständigen und selbstbewussten Volk. Dies ist das außerordentliche Verdienst dieses von der Tradition Ägyptens geprägten Mannes. Ihm dürfte auch bewusst gewesen sein, dass keine einzige und kein einziger aus seinem Volk, nicht einmal sein Bruder Aaron, der Stammvater aller kommenden Hohepriester, die gleiche Begegnung mit Gott hatten wie er beim brennenden Dornbusch. Das Befolgen der gottgegebenen Gesetze mag den Glauben an Gott befördern, aber es kommt nicht in die Nähe einer Offenbarung wie jener, der Moses teilhaftig wurde. So blieb Moses die Hoffnung, dass vielen aus seinem Volk der umfassende Glaube an Gott dann geschenkt wird, wenn es nach dem Verlassen Ägyptens und der vierzigjährigen Irrfahrt in der Wüste endlich in das Gelobte Land gelangt. Jenes Land, das Moses in seinem irdischen Leben nicht betreten durfte.

Als, wie Markus berichtet, ein reicher junger Mann zum Wanderprediger Jesus mit der Frage kam, wie er im rechten Glauben an Gott leben solle, in der damaligen Sprache: was er tun müsse, um das ewige Leben zu erben, meinte der Heiland zu ihm: „Du weißt ja die Gebote wohl: ‚Du sollst nicht ehebrechen; du sollst nicht töten; du sollst nicht stehlen; du sollst nicht falsch Zeugnis reden; du sollst niemand täuschen; ehre Vater und Mutter.'" Diese Antwort genügte dem jungen Mann nicht, denn daran hat er sich seit seiner Kindheit gehalten. Er meinte wohl, dass der Glaube an Gott aus mehr bestünde, als aus dem Befolgen von Gesetzen.

Jesus fand Gefallen an dem Gottsucher, er stimmte ihm offenkundig zu und schlug ihm vor, alles hinter sich zu lassen und ihm nachzufolgen. Dem vermochte der junge Mann allerdings nichts abzugewinnen, weil er zu stark an seinem irdischen Besitz hing. So ging er traurig weg. Hat er, der weiterhin den Geboten folgte, den Glauben an Gott verloren und „das ewige Leben" verwirkt? Oder hat er, ähnlich wie später Paulus, ein Damaskus-Erlebnis erfahren und dadurch den Glauben an Gott so gewonnen, dass er „das ewige Leben erbte"? Wir wissen es nicht.

Eine historisch dokumentierte Gottesbegegnung, die keinem Geringerem als Blaise Pascal, Frankreichs größtem Denker, widerfuhr, ereignete sich knapp vor Mitternacht des 23. November 1654. Der damals 31-jährige Blaise Pascal war als mathematisches Genie in den gebildeten Kreisen Frankreichs bekannt, vor allem aber als geistreicher Gesprächspartner in den Zirkeln der gehobenen Gesellschaft ein gern gesehener Gast, so im schöngeistigen Salon der Madame de Sablé, wo er stundenlang vor aufmerksamstem Publikum über die belletristische Literatur seiner Zeit Konversation betreiben konnte. In diesen angenehmen Jahren seines Lebens beschäftigte er sich einerseits immer noch mit wissenschaftlichen Fragen. So maß er das Gewicht der Luft, die abhängig von der Höhe des Ortes, wo gemessen wird, schwerer oder leichter ist. Oder er entwickelte zusammen mit dem in Toulouse ansässigen Rechtsgelehrten und Hobbymathematiker Pierre de Fermat die Wahrscheinlichkeitsrechnung, die das Glücksspiel regiert. Andererseits schloss er Freundschaften mit jungen Männern seiner Art aus der adeligen und reichen Gesellschaft: dem philosophisch interessierten Duc de Roannez, dem der Spielsucht verfallenen steinreichen Chevalier de Meré und dessen freigeistigen Freunden. Ende 1654 zog sich Pascal ein wenig von der lebenslustigen Pariser Gesellschaft zurück, depressive Stimmungen nahmen bei ihm überhand – aber von dem Ereignis, das ihn in der Nacht des 23. November ereilen sollte, wurde er wie vom Blitzschlag getroffen.

Während sich Moses nur zaghaft dem brennenden Dornbusch näherte und in ehrfürchtigem Abstand vor ihm Halt machte, stürmte auf Pascal mit voller Wucht eine Gottesbegegnung ein. Noch in der gleichen Nacht notierte er, wie er dieses religiöse Erweckungserlebnis empfand: „Feuer", schrieb er in eine Zeile allein. Und danach: „Der Gott Abrahams, der Gott Isaaks und der Gott Jakobs, nicht der Philosophen und der Gelehrten. Gewissheit, Gewissheit, Empfinden, Freude, Frieden." Den stammelnd hervorgebrachten Worten ist zu entnehmen, dass Gott, dem Pascal so unmittelbar begegnete, nichts mit irgendeinem Wesen zu tun hat, über das man in geistreichen Diskussionen spricht. Dass Pascal das Wort „Gewissheit" zweimal hintereinander schreibt, zeigt an, wie zweifelnd er zuvor der Religion gegenüberstand, wie er in dieser mitternächtlichen Stunde vom „Empfinden" der Gewissheit überwältigt, welche Last ihm von der Seele genommen wurde, wie „Freude, Frieden" sich seiner Seele bemächtigten. „Freude, Freude, Freude, Freudentränen", notiert er einige Zeilen später, offenkundig noch im Zustand der Ekstase.

Bis zu seinem frühen Tod, knapp acht Jahre später, war die Gottesbegegnung am 23. November 1654 für Pascal der Eckstein seiner Existenz. Dieses Ereignis war ihm zeitlebens nah – im wahrsten Sinne des Wortes: sein *Mémorial*, der

Zettel, auf dem er die Empfindungen seiner Begegnung mit Gott notierte, trug er ständig bei sich. Das Papier hatte er im Saum seines Mantels eingenäht.

Tatsächlich zog er sich nach dem göttlichen Erweckungserlebnis völlig von der mondänen Welt der Pariser Salons zurück, lebte in klösterlicher Einsamkeit. Wenn er nicht religiösen Tätigkeiten nachging – ganz konnte er sich nicht von der Mathematik fernhalten und nahm an Wettbewerben teil, welche die Pariser Akademie ausschrieb, außerdem gründete er zusammen mit seinem Freund Roannez ein Fuhrwerksunternehmen mit Pferdedroschken, das den Beginn des öffentlichen Nahverkehrs in Paris markierte –, tat er dies unter Verwendung fremder Namen: Louis de Montalte oder Amos Dettonville waren zwei seiner Pseudonyme. Denn er selbst, Blaise Pascal, sollte sich allein auf den Glauben an Gott konzentrieren. Die von der nüchternen Logik geeichten Maßstäbe der Vernunft zerbrechen an diesem Glauben. Pascals Gott ist „kein Gott, der lediglich ein Schöpfer der geometrischen Wahrheiten und der Ordnung der Elemente wäre: das ist den Heiden eigen", sondern „ein Gott der Liebe und des Trostes, der Herz und Seele derjenigen erfüllt, die ihn besitzen".

„Gerechter Vater", steht in Pascals *Mémorial*, „die Welt hat dich nicht erkannt, aber ich habe dich erkannt."

Vielleicht haben sie sich geirrt: Echnaton und Moses, Paulus und Pascal. Vieles spricht tatsächlich dafür, dass die genannten und andere Persönlichkeiten, deren Glauben an Gott auf einer unmittelbaren und eindringlichen Begegnung mit rational nicht Fassbarem fußt, hochgradig sensibel waren, vielleicht sogar zu Wahnvorstellungen neigten und von modernen Psychiatern zumindest als „auffällig" erachtet würden. Die Bilder, auf denen uns Echnaton entgegenblickt, zeigen tatsächlich einen Menschen mit abstoßender Physiognomie – ganz im Gegensatz zu seiner schönen Frau Nofretete, deren prachtvolle Büste im Ägyptischen Museum Berlins zu bewundern ist. Von Moses berichtet die Bibel, er habe „eine schwere Zunge" gehabt, was bedeutet, dass er stotterte – ein fürchterlicher Makel, wenn er vor den Pharao treten sollte und sein Bruder Aaron das Wort führen musste, weil ihm selbst keine unfallfreie Formulierung eines Satzes gelang. Aus den Briefen des Paulus geht hervor, dass es sich bei ihm um einen wilden Eiferer handelte, einen fanatischen Christenhasser vor seiner Gottesschau auf der Reise nach Damaskus und danach um einen noch glühenderen Missionar, als er sein ganzes Leben für die Verkündigung Christi hingab. Wobei dieser Christus eher jener von den Toten Auferstandene war, der ihm in seinem Damaskus-Erlebnis begegnete, als der aus Galiläa stammende historische Jesus. Und von Pascal wissen wir, dass er von Kindheit an kränklich war, seit seinem 14. Lebensjahr ständig unter quälendem Kopfschmerz litt – allein die Beschäftigung mit Mathematik, so sagte er, erlöste ihn davon. In den Tagen vor dem 23. November 1654 befielen ihn überdies Depressionen. Und man munkelt, dass er am Abend dieses Tages einen Unfall mit der Kutsche hatte, sodass ein Schädeltrauma der physische Grund seines Erlebnisses einer Gottesbegegnung gewesen sein könnte.

Selbst Sokrates, der in seinem Gewissen das Daimonion, die zu ihm sprechende Gottheit erkannte, ist nicht der edle Philosoph, wie ihn uns sein Schüler Platon ehrfurchtsvoll vorstellt. Eher trifft die Komödie *Die Wolken* von

Aristophanes das wahre Bild des von der Natur mit einem unförmigen Leib geschlagenen Sokrates: zwar durch den Spott des Aristophanes verfremdet, aber doch als schrulliger Außenseiter und weltfremder Sonderling vom Athener Publikum belächelt.

In den Ohren eines neutralen Beobachters mögen diese Erklärungen überzeugend klingen: Die empfundenen Begegnungen mit Gott beruhen auf Halluzinationen. Echnaton und Moses, Paulus und Pascal, ja auch Sokrates hingegen würden diese Diagnose als abwegig verwerfen. Denn was Außenstehende als haltloses Wahngebilde hinstellen, empfinden sie als unerschütterliche Wahrheit. Wer, so fragen sie mit Recht, ist befugt, ihnen ihre Erlebnisse als Trugbilder madig zu machen. Wenn die Diagnose der Wahnvorstellung ein Leiden konstatiert und eine Therapie nach sich zieht, mag sie zum Wohle von Patienten und Umwelt gerechtfertigt sein. Doch das ist sehr irdisch und pragmatisch gedacht. Wird bei den Gottesbegegnungen Echnatons oder des Moses, des Paulus oder Pascals eine solche Diagnose getroffen, zielt sie ins Leere. Sie besagt in diesen Fällen nämlich nur, dass Außenstehende mit unangebrachten und unpassenden Begriffen ein Phänomen zu verniedlichen versuchen, das sie schlicht nicht verstehen.

Wie unangemessen, ja sogar unbeholfen die nüchterne wissenschaftliche Sprache sein kann, lehrt bereits der Alltag: Denken wir zum Beispiel an unser Farbempfinden. Erblicken wir das saftige Grün einer Wiese, erfreut es die Seele. Lichtwellen mit 555 Nanometer Wellenlänge treffen unsere Netzhaut, erklären uns Physiker und Physiologen. Doch nichts an dieser Erklärung hat mit der Empfindung des schönen Grün zu tun, das wir sehen und das kein Messgerät mit der gleichen Empfindung wahrnimmt wie wir. Ich weiß nicht einmal, ob die neben mir stehende Person die Wiese im gleichen Grün sieht wie ich. Was ist grün? Die Antwort 555 Nanometer Wellenlänge zielt in die Leere. „Grau, teurer Freund, ist alle Theorie, und grün des Lebens goldner Baum", tröstet uns Goethe.

Ein anderes, wirklich schwer wiegendes Argument hingegen zwingt Echnaton wie Moses, Paulus wie Pascal zu verstummen. Sie mögen Auserwählte sein, denen sich Gott geoffenbart hat. Doch was ist mit den vielen anderen, die ganz im Gegensatz zu ihnen unter der Ferne Gottes leiden? Deren Schicksalsschläge sie an Gott zweifeln, gar verzweifeln lassen?

Ein wenig mehr als hundert Jahre nach dem Erweckungserlebnis Pascals, am 1. November 1755, ereignete sich im Atlantik, in unmittelbarer Nähe von Lissabon, ein gewaltiges Erdbeben, das eine Vielzahl der Gebäude zum Einsturz brachte. Die nachfolgende Sturmflut zerstörte, was nach dem Erdbeben noch nicht vernichtet worden war. In ganz Europa war man ob dieser Katastrophe erschüttert. Noch dazu, wo an diesem Allerheiligentag zur Zeit des Gebets und der heiligen Messen die braven portugiesischen Katholiken in den Kirchen waren und dort vom Beben überrascht wurden. Hunderte Kinder wurden von den Trümmern getroffen. Die von den herabgefallenen Blöcken eingeklemmten Mütter konnten sich nicht einmal zu ihnen bewegen, nur ihr Schreien und Stöhnen vernehmen, an der Todesangst ihrer Kinder verzweifeln. Wie konnte Gott, der noch kurz zuvor von den Opfern auf Knien in diesen Kirchen verehrt wurde, dies zulassen? Selbst die Ausrede, dies geschah als Strafe

Gottes für Schuld und Sünden, welche die Menschen auf sich geladen hatten, klingt schal, wenn nicht sogar zynisch. Was ist die Schuld des Neugeborenen in der Windel, dessen Kopf eine herabgefallene Säule zermalmte? Unglaubwürdig sind jene, die auf die Erbsünde verweisen. Denn die Alfama, das Hurenviertel Lissabons, blieb an diesem Tag verschont.

Wo war Gott am Allerheiligentag 1755? Der damals sechsjährige Goethe stellte sich diese Frage: „Gott, der Schöpfer und Erhalter Himmels und der Erden", schreibt Goethe in seiner Autobiographie, „hatte sich, indem er die Gerechten mit den Ungerechten gleichem Verderben preisgab, keineswegs väterlich bewiesen." Nicht nur der Dichterfürst, Abertausende mit ihm fühlten sich, von Gott verlassen, dem schier Ungeheuren hilflos ausgeliefert.

„Trauert Gott nicht nach, der euch verlassen hat!", lautet der Ruf nüchterner Denker. Und tatsächlich: Wenn man Gott vergisst, wenn man Gott in der Ferne verrotten lässt, wenn man, wie Nietzsche, Gott für tot hält, verliert zugleich das Ungeheure der Welt seinen abgrundtiefen Schrecken. Denn der Mensch, einsam und auf sich allein gestellt, ist bestrebt, das Ungeheure in das zu Verhindernde zu verwandeln.

Dieser unscheinbare, aber gewichtige Unterschied drückt sich in den Versuchen aus, den Jammer der Welt rational erklären zu wollen: Steht ein Schwerverbrecher vor seinem irdischen Gericht, erforscht man seine unglückliche Kindheit, um dem Ausmaß seiner Taten irgendwie gerecht werden zu können. Mäht ein jugendlicher Amokläufer mit dem Gewehr seines Vaters in einer Schule so lange Mit- schüler und Lehrer nieder, bis er, von der Polizei in die Enge getrieben, seinem Leben das Ende bereitet, untersucht man akribisch sein Elternhaus, versucht man wissenschaftlich den Einfluss von Gewaltvideos zu erheben. Und für die Angehörigen der Opfer stehen nach modernsten Erkenntnissen ausgebildete Psychologinnen und Ärzte bereit, nicht mehr wie seinerzeit die Priester, welche bei der „Trauerarbeit" – man vermeint, auch für das Unsagbare irgendeinen Begriff erfinden zu müssen – helfen sollen. Weil man das Unfassbare irgendwie erklärt haben will. Selbst wenn verbrecherische Diktatoren wahnwitzige Kriege anzetteln, Massenmorde, gar das Vernichten von Millionen Menschen kaltblütig befehlen – unentwegt sucht man nach Erklärungsmustern, vermutet sie in den damaligen gesellschaftlichen Bedingungen, gräbt nach den Motiven der willigen Vollstrecker grauenhafter Untaten. Denn wenn wir auf diese Welt ohne Gott zurückgeworfen sind, deren Grenzen abzustecken allein den Naturwissenschaften erlaubt ist, können wir gar nichts anderes tun: Das Ungeheure selbst gibt es nicht, es gibt nur zu Verhinderndes, und dessen Ursache gilt es ausfindig zu machen.

Und bei Naturkatastrophen, wenn Flutwellen Tausende Fischerdörfer versenken, wenn Orkane die Häuser von Millionenstädten zerbrechen, wenn Feuersbrünste ganze Landstriche verbrennen? Dann bleibt nur mehr der Trost, dass solche Dinge eben immer wieder geschehen, dass es blinder Zufall sei, ob man selbst oder nur der Nachbar oder die fremde Frau vom anderen Kontinent davon betroffen sind. Und sogar dafür gibt es Rechtsanwälte und Versicherungen, die zwar keinen Trost zu spenden in der Lage sind, wohl aber das einstige Klagen gegen Gott zu einem Klagen bei Gericht verwandeln.

Dennoch: All die Ausflüchte, welche entstehen, wenn man das Ungeheure durch das zu Verhindernde ersetzen möchte, fruchten letzten Endes nicht. Und die Devise moderner Nachfahren der Athener Zeitgenossen des Paulus, man möge das kurze Leben genießen, das einem in diesem uns gegenüber gleichgültigen Universum gegönnt ist, zieht bestenfalls bei den sorglosen „Beautiful People", die auf dem Hochglanzpapier der Gesellschaftspostillen grinsend abgebildet sind. „There's probably no god. Now stop worrying and enjoy your life", „Es gibt wahrscheinlich keinen Gott. Hört auf, euch Sorgen zu machen und freut euch des Lebens", war vor einigen Jahren auf den Außenseiten Londoner Busse affichiert. Betrieben wurde die Annonce von Leuten, die sich aus unerfindlichen Gründen „Brights", also „Helle Köpfe", nennen. Ob sie damit eine Mutter überzeugen, die in einem solchen Bus ins Krankenhaus zu ihrem sterbenden Kind fährt, mag dahingestellt bleiben.

Die Bibel erzählt von Hiob: Er war wohlhabend, in einer glücklichen Familie eingebettet, gesund. Plötzlich wird er mit dem Verlust all seiner Habe, mit dem Sterben seiner Kinder, mit schrecklicher Krankheit geschlagen. Hiob weiß nicht, warum. Aber Hiob glaubt all der Schicksalsschläge zum Trotz an Gott. Er mag mit Gott hadern, er mag Gott fordern, zu erklären, weshalb ihn ein so bitteres Los trifft, er mag über das Ausbleiben einer Antwort verzweifeln, aber er lässt dennoch nicht von seinem Glauben ab. Es ist der Glaube an den ICH BIN DA, an den Gott, dem er sich nahe weiß. Schließlich tröstet die Bibel all jene, die in ihr von Hiobs Schicksal lesen, mit der Botschaft: Nachdem Hiob seine aufsässigen Anklagen bereut hatte, wird er von Gott belohnt, indem Gott ihm doppelt so viel von dem gibt, was er vorher verloren hatte.

Diese Geschichte mit ihrem unglaubwürdig gnädigen Ende mag ein erster Versuch sein, sich dem Ungeheuren zu stellen. Aber, so fragen wir bohrend weiter, was ist mit einem Hiob, für den es kein Ende des Leidens gibt, der mit all seinem Verhängnis einem bitteren Sterben ausgeliefert ist? Und was ist, so lautet die noch schärfere Frage, wenn Hiob von seinem Hader mit Gott ablässt, nicht weil er Gott gegenüber Einsicht zeigt, sondern weil er verzweifelt? Weil er sich von Gott vergessen und verlassen fühlt?

Auch darüber gibt es einen biblischen Bericht:

Der hl. Markus, dessen Evangelium wohl das älteste ist und am wenigsten von nachträglichen Verfremdungen und Beschönigungen verfälscht sein dürfte, beginnt seine Botschaft über den Heiland mit einer Gottesbegegnung, als Jesus zum Ufer des Jordan aufbrach, um sich dort einer Bußtaufe zu unterziehen: „Und es begab sich zu der Zeit, dass Jesus aus Galiläa von Nazareth kam und ließ sich taufen von Johannes im Jordan. Und alsbald stieg er aus dem Wasser und sah, dass sich der Himmel auftat, und den Geist gleich wie eine Taube herabkommen auf ihn. Und da geschah eine Stimme vom Himmel: Du bist mein lieber Sohn, an dem ich Wohlgefallen habe." Spätestens seit diesem Ereignis war Jesus zusammen mit der von ihm zusammengerufenen Schar Gleichgesinnter vom Glauben getrieben, in Kürze werde die Gottesherrschaft hereinbrechen. Er und seine Jünger zogen durch die Lande und hinauf nach Jerusalem mit der Verkündung des nahenden Himmelreichs. Das einfache Volk war von Jesu Worten fasziniert, Berichte von Wunderheilungen und Massenausspeisungen machten die Runde. Umso grässlicher war die plötzliche Gefangennahme Jesu durch Soldaten Roms und die Anklage gegen ihn, er würde einen politischen Aufruhr schüren – nichts lag ihm ferner als dies. Denn mit der irdischen, dem Verfall preisgegebenen Welt wollte er angesichts des sicher nahenden Gottesreiches gar nichts zu tun haben. Ein Schnellgerichtsverfahren mit der damals für Rebellen üblichen Verurteilung zum Tod am Kreuz beendete das nur wenige Monate dauernde Wirken Jesu in der Öffentlichkeit.

Als er nun, von Freunden und Jüngern verlassen, den gleichgültigen Soldaten ausgesetzt, von Peitschenhieben und mit einer Dornenkrone gequält, Hände und Füße von Nägeln durchbohrt und stundenlang in brütender Hitze immer heftiger nach Atem ringend am Galgen hing, zersetzte bodenlose Verzweiflung sein ihn zuvor noch immer tragendes Empfinden, Gott, der ICH BIN DA, sei ihm nahe.

Jetzt, in diesen letzten, sich fast endlos dehnenden Sekunden seiner Pein, fühlt er sich von Gott verlassen. Gott ist in unnahbare Ferne gerückt. „Eli, Eli lama asabthani?", ruft er. Markus schreibt diese Worte im aramäischen Original, um ihre Echtheit und Glaubwürdigkeit zu betonen, und setzt hinzu: „Das ist verdolmetscht: Mein Gott, mein Gott, warum hast du mich verlassen?"

Damit habe Jesus den Beginn des 22. Psalm zitiert, versuchen emsige unter den Theologen dieser Hoffnungslosigkeit einen Rest von Sinn abzugewinnen. Diese Ausrede verfängt nicht. Wenn von römischen Henkern ans Kreuz genagelte Juden mit letztem Eigenwillen aufbegehrten und aus der Bibel zitierten, dann sprachen sie das Sch'ma Israel, den täglich zu betenden Hymnus, der mit den Worten beginnt: „Höre, Israel, der HERR ist unser Gott, der HERR ist einzig." Sie empfanden sich wie Hiob, dem zwar kein Lohn für sein Leid mehr hier auf Erden winkt, doch wie dieser glaubten sie sich immer noch Gott nah, waren immer noch, wie Richard Dawkins sagen würde, der „God Delusion", dem Gotteswahn verfallen. Nicht so der am Kreuz hängende Jesus: Wenn Gott wenigstens tot wäre! Wenn Gott wenigstens gar nicht wäre! Dann könnte der Gekreuzigte noch gegen das Absurde rebellieren! So aber ist Gott von ihm in unerreichbare Ferne entrückt, und der am Schandpfahl Hängende stürzt alleingelassen in den Schlund des Todes.

„Du kannst nicht tiefer fallen, als nur in Gottes Hand", versuchte der Kirchenlieddichter Arno Pötsch in einem seiner „Notlieder der Kirche" angesichts des Absurden – in seinem Fall: der Schrecken des Zweiten Weltkriegs – zu trösten. Er mag recht haben. Aber wenn sich „Gottes Hand" erst in unfassbar tiefer Ferne auftut, ist dieses Fallen das schier Ungeheure ...

Es kann kein Zweifel daran bestehen, dass zuerst die Frauen um Jesus und danach seine Jünger und andere seiner Gefolgschaft eine überwältigende Gottesbegegnung erlebten, als ihnen der Heiland als Auferstandener gegenübertrat. „Für den Historiker", schreibt Carl Schneider in seiner *Geistesgeschichte der christlichen Antike*, „gibt es nur zwei Möglichkeiten, die Auferstehungsverkündigung der Schüler Jesu zu verstehen: entweder geht sie auf visionäre Erlebnisse zurück oder auf die Übertragung des Mythos vom auferstandenen Gott. Wahrscheinlich war beides der Fall." Im ersten Brief an die Korinther betont Paulus, wie glaubwürdig und zuverlässig die Botschaft vom auferstandenen Gekreuzigten ist: Nachdem Jesus starb und begraben worden ist, steht für Paulus unzweifelhaft fest, „dass er gesehen worden ist von Kephas, darnach von den Zwölfen. Darnach ist er gesehen worden von mehr denn fünfhundert Brüdern auf einmal, deren noch viele leben, etliche aber sind entschlafen. Darnach ist er gesehen worden von Jakobus, darnach von allen Aposteln. Am letzten ist er auch von mir, einer unzeitigen Geburt gesehen worden." Mit diesem letzten Satz spielt er auf sein Erlebnis bei der Reise nach Damaskus an.

Keiner der Korinther, die Adressaten des Briefes, teilten das Erlebnis einer Begegnung mit dem auferstandenen Heiland. Sie konnten bloß daran glauben. Allein darauf legt Paulus wert. Nicht mehr wie einst Moses, der dem jüdischen Volk, das nicht das Erlebnis des brennenden Dornbuschs mit ihm teilte, Gott über die Gebote nahezubringen versuchte. Für Paulus genügt es, wenn die von ihm Bekehrten, gleichgültig ob Jude oder Heide, mit ihm den Glauben an den Auferstandenen teilen. Jenen Auferstandenen, dem Paulus auf dem Weg nach Damaskus begegnete und der, davon ging Paulus aus, in seiner göttlichen Herrlichkeit wiederkommen werde, wahrscheinlich sogar sehr bald. Denn, so schreibt er in seinem ersten Brief an die Gemeinde von Thessalonich: „Das sagen wir euch als ein Wort des HERRN, dass wir, die wir leben und übrig bleiben auf die Zukunft des HERRN, werden denen nicht zuvorkommen, die da schlafen. Denn ER selbst, der HERR, wird mit einem Feldgeschrei und der Stimme des Erzengels und mit der Posaune Gottes herniederkommen vom Himmel, und die Toten in Christo werden auferstehen zuerst. Darnach wir, die wir leben und übrig bleiben, werden zugleich mit ihnen hingerückt werden in den Wolken, dem HERRN entgegen in der Luft, und werden also bei dem HERRN sein allezeit."

Je mehr sich die Wiederkunft des Auferstandenen verzögerte, umso mehr verödete bei den Gläubigen die Erwartung einer unmittelbaren Gottesbegegnung. Als Ersatz dafür malten sie sich das Göttliche aus. Zuerst, noch vom Verbot befangen, sich von Gott ein Bild zu machen, nur mit der Erfindung von Eigenschaften, die sie Gott zusprachen: er sei allmächtig, er sei allwissend, er sei allgütig, wobei sich hieraus angesichts des Ungeheuren in der Welt innere Widersprüche ergaben, die sich nicht lösen ließen und eine Vielzahl logischer Winkelzüge hervorriefen. Sodann, Jahrhunderte später, wagte man sich sogar an die bildliche Darstellung des Auferstandenen als Weltenrichter und Pantokrator, als All- und Weltenherrscher. Schließlich sogar an Bilder nicht nur von Christus, dem Sohn, nicht nur vom Heiligen Geist, symbolisiert als Taube, sondern sogar von Gott, dem Vater. Dies geschah trotz aller Warnungen der großen Kirchenlehrer, von Origines bis hin zu Nikolaus von Kues, trotz der Einsicht des großen Mystikers Meister Eckhart, der die wunderbaren Worte von sich gab, die Gottheit sei „weiselos", sei ein „grundloser Grund", sei eine „einfaltige Stille". Betritt man eine barocke Kirche, ist man von Götzen umzingelt, furchtbarer als vor Jahrtausenden in den Tempeln der Antike. Mit dem Glauben an Gott hat das alles nichts mehr zu tun.

Der Glaube an Gott ist der Glaube an den ICH BIN DA. Er ist mit der Hoffnung verwoben, dass Gott zu guter Letzt wirklich nahe ist, dass er nicht in der Ferne verharrt. Denn sonst könnte man auf den Glauben an ihn gut und gern verzichten. Worin aber manifestiert sich dieser Glaube bei jenen, die noch nicht eine Begegnung mit der Gottheit wie jene Pascals in der Nacht des 23. November 1654 haben?

„HERR, lehre uns beten", sagten die Jünger zum Heiland. Und er antwortete ihnen mit den sieben Bitten des Vaterunsers, bei dessen Anrede – Gott wird als Vater gerufen – bereits zum Ausdruck kommt, wie nahe man Gott zu sein hofft. Tatsächlich handelt es sich bei den sieben Bitten nicht um banale Wünsche, die man erfüllt haben möchte, sondern um Paraphrasen des grenzenlosen Gottvertrauens: Die ersten drei – die Heiligung des Gottesnamens, das Kommen des Himmelreichs und die Erfüllung von Gottes Willen – sind direkt an den göttlichen Vater gerichtet, zu dem man betet. Die letzten drei – die Vergebung der Schuld, der Schutz vor der Versuchung und die Erlösung von dem Bösen – betonen die Erwartung, dass schließlich alle Hindernisse einer Gottesbegegnung beseitigt sein werden. Und die mittlere Bitte um das tägliche Brot will zum Ausdruck bringen, wie sich der Betende in allen Fasern seines Daseins, sogar im elementar Irdischen, in Abhängigkeit von Gott weiß.

Zuweilen spricht man von Bittgebeten, wenn man Gott um eine Gunst bittet, so wie einst die Untertanen ihre Herrscher angefleht hatten. Man kennt auch Dankgebete, die gesprochen werden, wenn man meint, dass einem tatsächlich der an Gott gerichtete Wunsch erfüllt wurde. Aber all das sind sehr menschenähnliche Vorstellungen, nahe am Aberglauben angesiedelt, die dem Ernst des Glaubens an Gott nicht gerecht werden. Das einzige wahre Gebet ist jenes, das sich im Preisen der Gottheit ergeht.

Bei einem Todesfall, am Grab und zum Totengedenken spricht der fromme Jude in Anwesenheit von mindestens neun anderen erwachsenen Juden das Kaddisch und betet zu Gott:

Erhoben und geheiligt werde SEIN großer Name auf der Welt, die nach SEINEM Willen von IHM erschaffen wurde. SEIN Reich erstehe in eurem Leben, in euren Tagen und im Leben des ganzen Hauses Israel, schnell und in nächster Zeit. Sprecht: Amen! SEIN großer Name sei gepriesen in Ewigkeit und Ewigkeit der Ewigkeiten. Gepriesen und gerühmt, verherrlicht, erhoben, erhöht, gefeiert, hocherhoben und gepriesen sei der Name des HEILIGEN. Gelobt sei ER, hoch über jedem Lob und Gesang, jeder Verherrlichung und Trostverheißung, die je in der Welt gesprochen wurde. Sprecht: Amen!

Mit keiner Silbe wird bei diesem Gebet der oder des Toten gedacht. Es ergeht sich allein in der Lobpreisung Gottes. Das von Jesus gelehrte Vaterunser sollte im gleichen Sinn gebetet werden.

Einmal von einer Journalistin gefragt, wie ich es denn mit Gott halte, gab ich wahrheitsgemäß zur Antwort, ich sei ein „frommer Agnostiker". Agnostiker im ursprünglichen Sinn des Wortes: „agnoein" bedeutet: nicht wissen. Tatsächlich weiß ich von Gott buchstäblich nichts. Ich hatte keine so einschneidende Begegnung wie einst Pascal, habe vielleicht bloß eine Ahnung, allenfalls wird die Ahnung mir einmal zur Gewissheit, aber ich weiß es einfach nicht. Trotzdem bezeichne ich mich als fromm. Weil ich bete. Nicht in Messen oder in Gemeinschaft mit anderen – gerate ich dort hinein, mache ich aus Anstand und Höflichkeit mit, aber eigentlich ohne tiefe innere Anteilnahme. Wirklich bete ich nur allein. Und so gut ich eben kann. – „Ach ja", versuchte darauf die Journalistin meine Antwort zu verstehen, „Sie tun dies wohl als Rückversicherung, sollte Gott vielleicht doch existieren und ein Jüngstes Gericht abhalten." Ich muss gestehen, dass ich auf diese Reaktion empört, fast wütend reagiert habe: An Gott zu glauben, weil man sich etwas von ihm erwartet – primitiver geht es wirklich nicht!

„Das Gebet", schrieb Dietrich Bonhoeffer, „ist das schlechthin Verborgene. Es ist der Öffentlichkeit in jeder Weise entgegengesetzt. Wer betet, kennt sich selbst nicht mehr, sondern nur noch Gott, den er anruft." Bonhoeffer war evangelischer Theologe und einer der eminentesten Vertreter der sogenannten Bekennenden Kirche, die sich dem Widerstand gegen das Regime der Nationalsozialisten verschrieb. Am 9. April 1945 wurde er auf ausdrücklichen Befehl Adolf Hitlers als einer der Letzten, die mit dem Attentat vom 20. Juli 1944 in Verbindung gebracht wurden, hingerichtet. Eines seiner bekanntesten Gebete endet mit den Worten:

Von guten Mächten wunderbar geborgen
erwarten wir getrost, was kommen mag.
Gott ist bei uns am Abend und am Morgen
und ganz gewiss an jedem neuen Tag.

War Gott dem zu ihm betenden Dietrich Bonhoeffer nahe in dem fürchterlichen Augenblick, als der Henker den Strang um seinen Hals legte? Oder war Gott ihm so fern, wie er einst dem Herrn und Heiland Bonhoeffers schrecklich unerreichbar fern war, als dieser schmerzhaft um Atem ringend am Kreuze hing? Wir wissen es nicht.

Und selbst wenn wir es wüssten – was änderte dies daran, ob man an Gott glaubt oder nicht?

Am südlichen Mainufer in Frankfurt steht das Ich-Denkmal, das von Hans Traxler entworfen und 2005 eingeweiht wurde. Den Denkmalsockel kann jeder besteigen, um sich darauf photographieren zu lassen.

DER GLAUBE AN DAS ICH

Fundamentum inconcussum", den „unerschütterlichen Grund", wo findet man ihn? Auf welchem festen Fels sind mein Dasein und die Welt errichtet? Was ist so gewiss, dass daran kein Zweifel nagen kann? René Descartes, einer der klügsten Denker des 16. Jahrhunderts, wollte diese Fragen beantwortet wissen.

Auf die Überlieferung der Texte antiker und mittelalterlicher Gelehrten ist kein Verlass, dessen war sich Descartes sicher. Denn zu oft widersprechen sie einander. Doch nicht nur Worte, sondern überhaupt alles, so Descartes, lässt sich in Zweifel ziehen. Selbst dass er, während er sich diese Gedanken macht, in einem großen Salon auf einem behaglichen Fauteuil sitzt, vor ihm im Kamin ein flackerndes Feuer sieht, sein Knistern hört, seine Wärme spürt und ein Glas, gefüllt mit exquisitem Bordeaux, in der Hand hält, den edlen Wein riecht und schmeckt, all das könnte ein Trugbild sein. Er könnte vielleicht träumen. Zuweilen träumt man sogar, dass man träumt.

Nichts, so denkt Descartes, scheint gewiss zu sein.

Aber *dass* er denkt, dass nichts gewiss zu sein scheint, *das* ist unbezweifelbar. „Je pense, donc je suis", „Ich denke, also bin ich." Hier finde ich es, so Descartes, das fundamentum inconcussum, hier finde ich den unerschütterlichen Grund, auf dem alles errichtet ist.

Es ist wenig bekannt, dass rund tausend Jahre vor Descartes bereits der hl. Augustinus am fast gleichen Argument Gefallen fand. Im lateinischen Original lautet es: „Si enim fallor, sum", übersetzt: „Selbst wenn ich mich täusche, bin ich." Und Augustinus erläutert es: Oft täuscht man sich. Selbst was man auf festem Grund errichtet wähnt, stellt sich zuweilen als Täuschung heraus. Aber eines ist gewiss: Um überhaupt getäuscht werden zu können, muss man existieren.

Augustinus denkt sogar schärfer als Descartes: Für Descartes erschließt sich seine Existenz aus der offenkundigen Tatsache, dass er zweifeln kann. Darum sagt Descartes: „Cogito, ergo sum", „Ich denke, also bin ich." Augustinus treibt den Gedanken hingegen auf die Spitze, indem er ihn umkehrt: Die offenkundige Tatsache, dass er zweifeln kann, hat seine Existenz nicht als zwingende Folgerung, sondern als notwendige Voraussetzung. Im Unterschied zu Descartes würde Augustinus sagen: „Sum, ergo cogito", „Ich bin, also denke ich."

Kein Denker vor Augustinus war so sehr wie er auf sich selbst, auf sein Ich konzentriert. Bloß die Selbsterkenntnis interessiert ihn. „Deum et animam scire cupio. Nihilne plus? Nihil omnino!", schreibt er in seinen *Selbstgesprächen*: „Gott und die Seele will ich erkennen. Sonst nichts? Nein, sonst nichts!" Man mag einwenden, Augustinus interessiere sich nicht nur für seine eigene Seele, sondern auch für Gott. Aber der Gott des Augustinus ist ein Gott, der im Ich des Augustinus wie in einer Gefängniszelle angekettet ist. Des Augustinus Gott ist keine autonome und souveräne Gottheit, sondern ein fassbares, erkennbares und durchschaubares Wesen, in der Sprache Freuds: das Über-Ich des Augustinus. Wenn Augustinus zu seinem Gott betet, spricht er in frommer Pose in Wahrheit nur zu sich selbst.

Die Gelehrten vor Augustinus, wie Platon oder Aristoteles, sahen sich und alle anderen Menschen in einen Kosmos eingebettet, der vor ihnen und den anderen Menschen existierte und nach ihnen und den anderen Menschen weiter existieren wird. Augustinus, der nie Griechisch lernte und die Schriften der großen Philosophen Athens und Alexandrias nur in lateinischen Übertragungen aus zweiter Hand kannte, nahm sich – vielleicht aus diesem Grund – die Freiheit heraus, keinen einzigen Gedanken über die Einbettung des Menschen in der ihn umgebenden Außenwelt zu verschwenden. Nicht die Fauna und Flora, nicht Geographie und Astronomie interessieren ihn, die ganze belebte und unbelebte Natur schließt er aus seiner Gedankenwelt aus. Er denkt so, als ob er den Kosmos einfach nicht mehr in den Blick nehmen müsse. Dieser ist ihm herzlich egal. Augustinus sieht nur mehr die menschliche Seele, eigentlich nur sich selbst, nur mehr das Ich.

Die Abwendung vom Kosmos, die sich Augustinus erlaubte, war derart radikal, dass ihm erst Jahrhunderte später von einzelnen anderen darin gefolgt wurde: von so verschiedenartigen Denkern wie Johann Gottlieb Fichte, Max Stirner, Søren Kierkegaard, Friedrich Nietzsche, Edmund Husserl, Martin Heidegger, Karl Jaspers, Jean-Paul Sartre, Albert Camus.

Und es regte sich Widerspruch zur Vorstellung, im Ich das Fundament des Daseins und der Welt zu sehen. Auf der einen Seite wurde bemängelt, dass der Glaube an das Ich viel zu kurz greife. Augustinus verirre sich in einem Spiegelkabinett. Im nächsten Kapitel wird erläutert, was damit gemeint ist.

Auf der anderen Seite wurde entgegengehalten, dass der Glaube an das Ich haltlos sei, weil man dem Ich ganz und gar nicht trauen dürfe, noch viel weniger als den Wahrnehmungen, denen Descartes misstraut. In schroffer Kritik gegen Augustinus und auch gegen Descartes wird die Behauptung erhoben, es handle sich beim Ich bestenfalls um ein fragiles Phänomen der Evolution, eigentlich um eine pure Illusion.

Auf die Frage eines Journalisten an den Neurowissenschaftler und Philosophen Thomas Metzinger, warum dieser am Ich zweifle, wo doch er, der Journalist, das klare Empfinden besitzt, seinem Gesprächspartner gegenüberzusitzen, den eigenen Körper zu spüren, die eigenen Gedanken und die eigene Lebensauffassung zu haben, antwortet Professor Metzinger: „Sie haben natürlich das Gefühl eines Selbst, aber das gehört nur zu einem vom Gehirn erzeugten Modell. Und das fühlt sich in etwa so an, als würden wir wie ein kleines Männchen hinter den Augen sitzen und in die Welt hinausschauen. Zu uns gehört der Körper, ein Volumen im Raum und eine Abgrenzung nach außen. Das ist das Grundgefühl, das uns das Gehirn manchmal vermittelt: jemand zu sein.“

Tatsächlich verlässt uns fast jede Nacht dieses „Grundgefühl" – wenn wir schlafen. Selbst wenn wir träumen, spielen sich im Gehirn Vorgänge ab, die uns zuweilen wie Fremde auf unseren eigenen Körper blicken lassen. Arbeitet das Gehirn nicht richtig, droht das Ich zu zerbröseln, zu zerbrechen. Ist das Gehirn fit, dann hält es sich ein Ich so ähnlich wie eine soignierte Gesellschaftsdame ihr Schoßhündchen. Darum behauptet Thomas Metzinger: „Genau genommen gibt es das Ich nicht. Es ist eine Illusion – und zwar die beste, die Mutter Natur je erfunden hat. Das Gehirn erzeugt sie, um sich besser in der Welt orientieren zu können. Wenn man ein gutes inneres Bild davon hat, wer man ist, woher man kommt und wohin man geht, dann ist es einfach viel leichter, auf Reize zu reagieren, Pläne zu schmieden oder schwierige Entscheidungen zu treffen. Evolutionär gesehen war es also nur sinnvoll für den Organismus Mensch, ein solches Werkzeug zu entwickeln. Aber es gibt keinen inneren Kern, keine unsterbliche Substanz, die all dem zugrunde lägen." So gesehen ist das Ich eine Marotte der Natur, dem Menschen eigen, wie dem Hirsch sein Geweih und dem Pfau sein Rad. Auf den Punkt gebracht:

„Das Ich ist eine Illusion, die niemandes Illusion ist."

Thomas Metzinger und seine Kollegen aus dem Bereich der Neurophysiologie waren jedoch nicht die Ersten, die dem Ich sein manifestes Vorhandensein raubten. Schon mehr als hundert Jahre zuvor schockierte der Physiker und Philosoph Ernst Mach seine Kollegen und die gelehrte Gesellschaft mit dem Ausspruch: „Das Ich ist unrettbar." Das Einzige, so Mach, womit wir uns sinnvoll auseinandersetzen können, sind die Sinneseindrücke, die Empfindungen, die auf uns hereinstürmen. Natürlich braucht sich Mach nicht von Descartes belehren zu lassen, dass man an der Wahrnehmung, die man aus einer Empfindung gewinnt, Zweifel hegen muss: Man sieht einen schräg ins Wasser gehaltenen Stab, man nimmt ihn an der Wasseroberfläche geknickt wahr, obwohl er dies nicht ist. Doch darauf kommt es Mach gar nicht an. Denn der Natur Wahrheit zu entlocken ist schon längst nicht mehr das Ziel der Wissenschaft. Worauf es ihr einzig ankommt, ist aus der Mannigfaltigkeit der Empfindungen einzelne Merkmale herauszulösen und sprachlich in ein System von Begriffen, Urteilen und Schlüssen zu fassen. Je erfolgreicher dies gelingt, will sagen: je treffender man damit Voraussagen über künftige Sinneseindrücke machen kann, umso besser. Mit Wahrheit oder Erkenntnis habe das Ganze nichts mehr zu tun.

„Wenn ich sage ‚das Ich ist unrettbar'", so formulierte es einmal Ernst Mach im Salon der Berta Zuckerkandl vor interessiertem Publikum, „so meine ich damit, dass es nur in der Einfühlung des Menschen in alle Dinge, in alle Erscheinungen besteht, dass dieses Ich sich auflöst in allem, was fühlbar, hörbar, sichtbar, tastbar ist. Alles ist flüchtig; eine substanzlose Welt, die nur aus Farben, Konturen, Tönen besteht. Ihre Realität ist ewige Bewegung, chamäleonartig schillernd. In diesem Spiel der Phänomene kristallisiert, was wir unser ‚Ich' nennen. Vom Augenblick der Geburt bis zum Tod wechselt es ohne Ruhe."

Hermann Bahr, Machs Zeitgenosse, geistreicher Literat und Begründer der Bewegung Jung-Wien, der Koryphäen wie Arthur Schnitzler, Hugo von Hofmannsthal, Felix Salten, Peter Altenberg angehörten, war von Machs „unrettbarem Ich" zugleich beeindruckt wie auch verwirrt. Auf der einen Seite stimmt er ihm zu: Das Ich, so Bahr, „ist nur ein Name. Es ist nur eine Illusion. Es ist ein Behelf." Auf der anderen Seite insistiert er, dass man vom Ich als Voraussetzung nicht ablassen dürfe, selbst wenn ihm Mach kein objektives Vorhandensein zuspricht: „Für mich gilt nicht, was wahr ist, sondern was ich brauche, und so geht die Sonne dennoch auf, die Erde ist wirklich und *ich bin ich*."

Hofmannsthal, der im Sommer 1897 ein Universitätskolleg bei Mach besuchte, war ebenso wie Bahr einerseits von der luziden Gedankenführung Machs beeindruckt.

Schon seit seiner Jugend gab ihm der Blick auf das schillernde Ich Rätsel auf: „Wir haben kein Bewusstsein über den Augenblick hinaus, weil jede unserer Seelen nur einen Augenblick lebt", schrieb er als junger Mann, und setzte fort: „Mein Ich von gestern geht mich so wenig an wie das Ich Napoleons oder Goethes." Und schließlich kommt er zu dem Schluss: „Wir sind mit unsrem Ich von Vor-zehn-Jahren nicht näher, unmittelbarer eins als mit dem Leib unserer Mutter." Andererseits wusste Hofmannsthal, wie sich bereits der hl. Augustinus diesen Rätseln stellte: Indem er auf die Memoria, auf das Gedächtnis verwies, meinte er erklären zu können, dass zwischen dem Ich von Vor-zehn-Jahren und dem Ich im jetzigen Augenblick eine Einheit herrscht. Wiewohl die Frage offen bleibt, ob und wenn ja wie, das Ich Napoleons oder Goethes in diese Einheit verwoben sind. Diese seltsame Einheit spricht Hofmannsthal in einer seiner *Terzinen der Vergänglichkeit* an:

Noch spür ich ihren Atem auf den Wangen:
Wie kann das sein, dass diese nahen Tage
fort sind, für immer fort, und ganz vergangen?

Dies ist ein Ding, das keiner voll aussinnt,
und viel zu grauenvoll, als dass man klage:
Dass alles gleitet und vorüberrinnt.

Und dass mein eignes Ich, durch nichts gehemmt,
herüberglitt aus einem kleinen Kind
mir wie ein Hund unheimlich stumm und fremd.

Dann: dass ich auch vor hundert Jahren war
und meine Ahnen, die im Totenhemd,
mit mir verwandt sind wie mein eignes Haar.

So eins mit mir als wie mein eignes Haar.

Zugegeben, als fundamentum inconcussum, als unerschütterlicher Grund des Daseins, versagt das Ich, wenn das scharfe Skalpell der Neurophysiologie an es gelegt wird. Vor dem analytischen Auge des Naturwissenschaftlers gerät das Ich aus dem Blickfeld. Aber das will wenig besagen. Ein vom Heisenberg-Schüler Hans-Peter Dürr erfundenes Gleichnis erklärt, warum:

Wenn Fischer ihr Netz auswerfen und die Maschen des Netzes stets einen Durchmesser von mindestens fünf Zentimeter Freiraum lassen, werden den Fischern – jedenfalls in der Regel – nur Fische im Netz hängen bleiben, die größer als fünf Zentimeter sind. „Fische sind Tiere, die mindestens fünf Zentimeter groß sind", lautet demnach die Erkenntnis der Fischer. Naturforscher sind wie die Fischer: Sie werfen ihre Netze aus, die ihnen einen reichen Fang bescheren. Aber dass in deren Netzen alles hängenbleibt, was die Wirklichkeit zu bieten hat, davon sind nur die Naiven unter ihnen überzeugt. Hätte Mach gesagt, im System der Begriffe, Urteile und Schlüsse seiner Wissenschaft findet sich nicht die geringste Spur eines Ich – niemand dürfte ihm widersprechen. Allerdings klingt es auch nicht so bombastisch wie „Das Ich ist unrettbar".

Als fundamentum inconcussum des Wissens ist das Ich unbrauchbar. Doch als fundamentum inconcussum des Glaubens bietet es sich an.

Wiewohl ein Glaube an das Ich sich keinesfalls als behagliche Angelegenheit herausstellt. Viel bequemer ist es, das Ich in der Anonymität der Vielen untergehen zu lassen. Man hört und liest zwar immer wieder von der fortschreitenden Individualisierung. Aber in Wahrheit findet der gegenteilige Prozess statt. Nur weil viele Menschen alleine wohnen, völlig verschiedene Slogans auf ihre T-Shirts drucken lassen und sich ungebunden fühlen, heißt das noch lange nicht, sie seien individuell. Über diese Scheinhandlungen gelagert ist der in die andere Richtung zielende Trend: Weg von der Eigenpersönlichkeit. Das Ich wird hinter die vielfältigen Masken versteckt, welche die vielen, der Mode folgenden Firmen anbieten: Ich bin mein Handy. Ich bin mein Klingelton. Ich bin mein Outfit. Ich bin mein Auto. Ich bin mein Urlaub. Ich bin die Liste meiner Facebook-Freunde. Ich bin, weil ich in Google bin. Ich bin eine der vielen Münzen im großen Geldspeicher des „Humankapitals".

Die phantastischen technologischen Errungenschaften erlauben es jeder Person, ihr Ich nach außen zu verfrachten, hinein in das namenlose Gemenge. Und viele machen es gern, weil ihnen genau das als Wegweiser unseres großen „Zeitalters der Selbstfindung" vorgegaukelt wird.

Weg vom unverwechselbaren Ich, das ist der Antrieb, der Menschen dazu bringt, sich dem Rausch des als „Musik" getarnten Lärms hinzugeben, mit Tausenden anderen die Arme in die Höhe zu strecken und begeistert zu johlen. Ein Event wird scheinbar nur dann als attraktiv wahrgenommen, wenn es „schrill" ist. Nur im Gedröhn ist Existenz zumutbar.

Es scheint schwerzufallen, das Leise zu ertragen – weil es den Horizont der eigenen Existenz allzu intensiv erweitert, die Belanglosigkeit fühlen lässt. Zwar ahnt man von der Kraft, die das Leise, die Stille gar vermitteln kann. Doch die meisten scheinen sich eher dafür zu entscheiden, ihre Ohren so lange den penetranten Reizen auszusetzen, bis sie nicht nur ihr Gehör verlieren, sondern auch ihr Ich voll und ganz verschleudern.

Das Eigenartigste dabei: Niemand wird dazu gezwungen. Freiwillig lässt man sein Ich so schnell in der Anonymität zerfließen, bis es sich von keinem der anderen mehr unterscheidet. Vor Jahrzehnten mussten Diktaturen und Schreckensherrschaften die brutale Gewalt ihrer Schergen und das Schüren der Angst einsetzen, um den Menschen ihr Ich zu rauben. Jetzt ereignet sich das anscheinend wie von selbst.

Vielleicht, weil man damit zugleich eine Last abwirft: die der Verantwortung. Nicht ich als Mutter oder Vater stehe dafür ein, dass meine Kinder eine sinnerfüllte Zukunft vor sich haben. Das soll gefälligst die Gesellschaft tun. Nicht ich als Schülerin oder Schüler habe mich um mein Wissen zu bemühen. Das ist die Aufgabe der Schule. Nicht ich als Lehrerpersönlichkeit habe durch mein Wissen und meinen Einsatz auf die Kinder zu wirken. Stattdessen gibt es den PISA-Test. Nicht ich als unternehmerische Kapazität habe meine Firma durch die Fährnisse der Wirtschaft zu lenken wie ein guter Kapitän sein Schiff. Die Dossiers der Beratungsfirmen sind dafür als Ersatz teuer genug. Die Zahl der Beispiele ist Legion.

Demgemäß ist es kein Wunder, wenn man regelrecht Angst davor hat, einmal, und sei es nur für ein paar Stunden, offline zu sein. Ohne elektronisches Beiwerk fühlt man sich hilflos. Denn nicht mehr ich will entscheiden, die Myriaden der mir stets zur Hand gereichten Apps steuern meinen Lebensvollzug. Vor dreihundert Jahren galt Julien Offray de La Mettrie als furchterregender Gottseibeiuns, weil er behauptete, der Mensch sei eine Maschine. Er funktioniere wie ein Uhrwerk – die zu La Mettries Zeit als am kompliziertesten erachtete Apparatur. Im Gegensatz dazu dürfen sich die heutigen Propheten der künstlichen Intelligenz wie Hans Moravec oder Ray Kurzweil wie Erlöser feiern lassen, wenn sie La Mettries Thesen wiederholen und dabei das Uhrwerk durch die Rechenmaschine ersetzen: In einigen Jahren, so deren Credo, werden Computer selbst die klügsten, die erfahrensten, die talentiertesten Menschen in allen Belangen übertreffen. Endlich darf dann jeder sein Ich in der Cloud verdampfen lassen.

So darf man sich nicht wundern, wenn man erfährt, dass ein Autofahrer mitten im Autobahntunnel bei regem Verkehr plötzlich reversierte und als Geisterfahrer die falsche Richtung einschlug. Als er – wie durch ein Wunder ohne Schaden angerichtet zu haben – von der Polizei angehalten und befragt wurde, was ihn zu dieser Wahnsinnstat getrieben habe, gab er zur Antwort: „Das Navigationssystem hat gesagt, ich solle wenden."

Ich bin mein Navi.

Wo befindet sich das Ich, an das man glauben kann, wenn es nicht im Navi ist? Wo befindet sich das Ich, wenn man es nicht in einer irgendwie passend gefundenen Anonymität bis hin zur Unkenntlichkeit verbirgt? Diese Frage ist gar nicht so leicht zu beantworten. Denn die von Thomas Metzinger belächelte Karikatur, das Ich würde „wie ein kleines Männchen hinter den Augen sitzen und in die Welt hinausschauen", nimmt niemand wirklich ernst.

Die Frage, wo sich das Ich befindet, ist bloß Ausgangspunkt eines viel verworreneren Rätsels, mit dem sich, eine Generation nach Mach, der Physiker Erwin Schrödinger leidenschaftlich auseinandersetzte: Ich betrachte, so stellt Schrödinger lapidar fest, die Welt nicht wie ein außerirdischer Zaungast von ferne, sondern ich bin anscheinend zugleich Beobachter und ein Baustein dieser Welt unter vielen. Mein menschlicher Körper ist, wie alle anderen körperlichen Gegenstände auch, den Gesetzen der Physik, der Chemie, der Biologie unterworfen. Doch ich bin in der Lage, ganz wie ich will, die Finger zu beugen oder zu strecken, den Kopf zu schütteln, die Beine zu bewegen, obwohl das Ich sicher nichts mit den Gesetzen der Physik, der Chemie oder der Biologie zu tun hat.

Wie ist das möglich? Schon René Descartes stellte sich diese Frage. Er selbst meinte, dass das körperlose Ich auf irgendeine geheimnisvolle Weise – Descartes sprach von „Lebensgeistern" – mit dem ausgedehnten Körper verbunden sei. Doch er selbst wird bemerkt haben, dass er damit keine auch nur annähernd befriedigende Erklärung gefunden hat.

Noch mehr war Schrödinger fasziniert von einer ebenfalls eigenartigen Erfahrung: Begegnet man einem Menschen, nimmt man ihn vordergründig durch seine körperliche Erscheinung wahr. Aber wie selbstverständlich geht man davon aus, dass dieser Mensch ein ihm eigenes Ich besitzt. Das scheinbar nichts mit meinem Ich zu tun hat. Von dem man wie durch eine unüberbrückbare, bodenlose Kluft getrennt ist. Man kann sein eigenes Ich nicht mit dem eines

anderen Menschen tauschen. In den Augen Schrödingers ist
das ein sehr seltsamer Befund. Er erläutert seine Merkwür-
digkeit anhand des folgenden Beispiels, das, so Schrödinger,
nur in der indischen Samkhya-Philosophie als eigenartig
paradox erkannt wurde:

Gegeben zwei Menschenleiber A und B. Wird A in eine
bestimmte äußere Situation gebracht, so wird ein be-
stimmtes Bild erblickt, sagen wir die Aussicht auf einen
Garten. B soll sich unterdessen in einem finsteren
Zimmer befinden. Wird nun A in das finstere Zimmer
gesteckt und B in die nämliche Situation gebracht,
in der sich früher A befand, so ist es nichts mit der
Gartenaussicht, es ist vollkommen finster (weil A *mein*
Leib ist, B der eines anderen!). – Der Widerspruch ist
flagrant, denn für das Phänomen in seiner Allgemeinheit und als Ganzes betrachtet *fehlt* der zureichende
Grund nicht weniger als für das Herabsinken der einen
von zwei gleich belasteten Waagschalen!

Man versteht die Paradoxie erst, wenn man von der Annahme
absieht, das Ich würde „wie ein kleines Männchen hinter den
Augen sitzen und in die Welt hinausschauen". Dann ist es
in der Tat unverständlich, wie es zustande kommt, dass die
beiden von außen, also von „der Sicht der Welt aus" betrachteten völlig gleichartigen Geschehen – einmal tritt A aus
dem finsteren Zimmer und B bleibt in ihm, das andere Mal
tritt B aus dem finsteren Zimmer und A bleibt in ihm – völlig
verschiedene Empfindungen hervorrufen: beim ersten Mal
der Eindruck des Gartens, beim zweiten Mal die völlige
Dunkelheit. „Nun ja, es ist doch die Empfindung des Ich von

A, das diese beiden verschiedenen Empfindungen verspürt", könnte man voreilig dagegenhalten, „beim Ich von B ist es gerade umgekehrt, und damit wäre die Paradoxie aufgehoben." Aber diese Replik läuft just auf die Annahme hinaus, das Ich würde „wie ein kleines Männchen hinter den Augen sitzen und in die Welt hinausschauen" – und eben diese nimmt niemand wirklich ernst.

Folglich bleibt als Lösung des Paradoxons die Einsicht, dass es *eine* Welt, in der A und B als gleichwertig zu betrachten sind, *nicht gibt.* Vielmehr gibt es die *mit meinem Ich verwobene Welt,* in der A im Unterschied zu B *mein* Körper ist, in der ich im ersten Fall den Sinneseindruck des Gartens und im zweiten Fall den Sinneseindruck völliger Dunkelheit habe. Ob es eine andere Welt gibt, von der ich aus dem Mund von B höre, es sei dessen Welt, mag stimmen oder nicht – ich werde es nie wissen, nie erfahren. Und ich habe nicht die geringste Chance, mich in eine andere Welt als in meine hineinzuversetzen.

Noch deutlicher sah dies Ludwig Wittgenstein, der eminenteste Philosoph des 20. Jahrhunderts, als er einen von seinem in Cambridge lehrenden Mentor George Edward Moore erdachten paradoxen Satz in Augenschein nahm. Der Satz von Moore lautet:

Es regnet, aber ich bin der Ansicht, dass es nicht regnet.

Wenn es eine vom Ich unabhängige Welt gäbe, wäre an dem Satz nichts Widersprüchliches festzustellen. Denn die Aussage, es regnet, ist eine meteorologische Feststellung. Und die Aussage, ich bin der Ansicht, dass es nicht regnet, ist eine psychologische Feststellung. Die beiden Aussagen gehören völlig unterschiedlichen Erkenntnissystemen an, können folglich einander gar nicht widersprechen. Trotzdem ist es klar, dass der Satz von Moore absurd ist. Wie kommt die Unsinnigkeit dieses Satzes zustande?

Würde der Satz von Moore ersetzt werden durch den Satz: „Es regnet, aber Ludwig ist der Ansicht, dass es nicht regnet", ist er frei vom inneren Widerspruch. Denn hier wird einerseits festgestellt, dass es regnet, und andererseits wird mitgeteilt, Ludwig sei der Ansicht, dass es nicht regnet, mit anderen Worten: Ludwig würde sich mit dieser seiner Meinung im Irrtum befinden. Das kann ja stimmen. Auch Ludwig kann sich irren. Nichts ist in diesem Satz absurd.

Die Widersprüchlichkeit des Satzes von Moore kommt hingegen dadurch zustande, dass *ich* es bin, der feststellt, es regnet, und zugleich bin *ich* der Ansicht, dass es nicht regnet. Weil *ich* den Satz ausspreche, entsteht der groteske Aberwitz. Es gibt nicht die Sprache, so folgert Wittgenstein daraus, es gibt nur *meine* Sprache. Es gibt nicht die Welt, es gibt nur *meine* Welt. „Die Grenzen meiner Sprache bedeuten die Grenzen meiner Welt", schrieb Wittgenstein als Satz 5.6 in seinem *Tractatus logico-philosophicus*. Wer fragt, wo denn das Ich zu finden sei, dem könnten Schrödinger oder Wittgenstein zur Antwort geben: Das Ich ist die Grenze meiner Welt.

Ich kenne nur meine, die mir eigene Welt. Von einer anderen Welt als der eigenen weiß ich nichts. Es ist völlig sinnlos, von einer „objektiv" gegebenen Außenwelt zu sprechen. Denn, von meinem Ich als fundamentum inconcussum ausgehend, existiert nur meine Welt. Über manches in ihr kann ich unumschränkt verfügen. Manchem in ihr bin ich bedingungslos ausgeliefert. Innerhalb dieser beiden Grenzpfosten, zwischen dem, welches mir unumschränkt verfügbar ist, und dem, welchem ich bedingungslos ausgeliefert bin, erstreckt sich mein Dasein in meiner Welt.

Ich verfüge unumschränkt über die Gedanken, die ich entwickle, über die Phantasien, die ich spinne. Ich fühle mich gesund, wenn ich über meinen Körper nach Belieben verfügen kann. Ich betreibe Sport, um die Verfügbarkeit über meinen Körper steigern zu können. Die Vorstellung, dass die Verfügungsgewalt über den eigenen Körper mächtig sei, verlockt zur Annahme, dass sich das Ich in diesem Körper befinde. Und weil meine Phantasien und Gedanken nur mir „gehören", glaubt man das Ich in dem Organ verorten zu können, das für das Denken zuständig ist. Daher kommt die Illusion, das Ich sei ein wenig oberhalb der Augen, irgendwo im Gehirn versteckt.

Zuweilen aber zeigt man auf seine Brust, wenn man „ich" sagt. Weil man seit alters her im Herzen den Ort der Gefühle vermutet, über die man verfügt oder denen man ausgeliefert ist.

In Wahrheit hat das Ich keinen Ort.

Ich verfüge weiter über die Kleider, die ich trage, über die Speisen und die Getränke, die ich zu mir nehme, über die Wohnung, in der ich hause, über das Rad oder das Auto, das ich fahre, über all die Geräte, von der Waschmaschine bis zum Smartphone, die ich ein- und ausschalte. Ich verfüge über alles, das ich besitze.

Manches von dem, worüber ich verfüge, erachte ich als wertvoll. Und dies umso mehr, je mehr ich mich damit identifiziere. Der Büchernarr findet sich in seinen Folianten, die Archäologin findet sich in ihren Grabungen.

Zugleich bin ich meinen Träumen ausgeliefert, auch manchen Ideen und Einfällen, die auf mich einstürmen, und ich weiß nicht woher. Ich bin der Hinfälligkeit meines Körpers ausgeliefert, der Tatsache, dass er älter und gebrechlicher wird, von Krankheit befallen sein kann und schließlich einmal zerbrechen wird. Ich bin der Natur ausgeliefert, mit dem Wetter beginnend und mit Lawinen, Felsstürzen, Erdbeben endend. Ich bin dem ewigen Kreislauf der Gestirne ausgeliefert, dem Auf- und Untergang der Sonne, dem Scheinen des Mondes, dem Wandern der Sonne, des Mondes und der Planeten entlang des Sternenhimmels. Die trügerische Astrologie lebt davon, dass ich mich sogar in diesem kosmischen Schauspiel zu finden hoffe, über das ich wahrlich nie und nimmer verfügen kann.

Wiewohl ich dem Eiterherd im Backenzahn, der mir schmerzlich nahe ist, wie auch dem Sirius am Sternenhimmel, der mir von ferne leuchtet, ausgeliefert bin, sind beide, Eiterherd wie Sirius wie alles andere, das ich empfinde, Teil meiner Welt. Sie sind mein Eiterherd und mein Sirius, beide unauflöslich mit dem Ich verbunden.

Ich war als Neugeborener, als Säugling, als Kind ausgeliefert. Und ich werde als Sterbender, einerlei ob betagt oder allzu früh, wieder ausgeliefert sein.

Ich bin in eine Gemeinschaft von Menschen eingebunden. Über einige von ihnen glaube ich verfügen zu können: Als Mutter oder Vater über die Kinder, als Lehrerin über die Schüler, als General über die Soldaten, als Unternehmerin über die Angestellten, als Politiker über die Zuträger der Macht. Doch bin ich in der Position dessen, über den ein anderer verfügt, fühle ich mich ihm ausgeliefert: Der Angeklagte der Richterin, der Gefangene dem Wärter, die Bettlerin der Passantin, der hilf- und sprachlos Kranke der Ärztin, der arme Schuldner dem reichen Jedermann.

Wer felsenfest an das Ich glaubt, versteht den hl. Augustinus, wenn dieser sich einzig und allein um seine eigene Seele kümmert. Er gibt zu, dass sein Ich von gestern und sein Ich von Vor-zehn-Jahren sich im Vergleich zu seinem Ich in diesem Augenblick unterscheiden. Alles, was vergangen ist, gehört, wie zum Beispiel auch „sein" Goethe und „sein" Napoleon, zwar noch seiner Welt an, aber das Vergangene ist nicht mehr verfügbar. Dennoch lehrt Augustinus, dass man sich in der Erinnerung das Ich von gestern, sogar das Ich von Vor-zehn-Jahren wieder vergegenwärtigen kann. Die beiden sind einem nicht so fremd wie Goethe oder Napoleon, ganz im Gegenteil: Erlebnisse, Empfindungen, Erfahrungen des Ich von gestern oder des Ich von Vor-zehn-Jahren mögen so prägend gewesen sein, dass sie dem gegenwärtigen Ich seine einzigartige Kontur verleihen. Manchmal sind die prägenden Momente so erhebend, ja so göttergleich, dass man sie sich immer wieder ins Gedächtnis ruft. Manchmal aber auch – ich weiß wovon ich schreibe, vae mihi! – sind sie so beschämend, ja so abstoßend, dass man sie für immer bereut. „Von einem bestimmten Alter an ist jeder Mensch für sein Gesicht verantwortlich", heißt es bei Albert Camus.

Für die Zukunft gilt Ähnliches: Ich werde in Zukunft anders sein, als ich mich heute empfinde. Doch dieses Ich der Zukunft geht aus meinem gegenwärtigen Ich hervor, weil ich mir Vorstellungen und Entwürfe mache, wie die Zukunft zu gestalten sei. In der Erwartung des zukünftigen Ich vergegenwärtige ich es mir. Nur allzu oft stellt sich die hoffnungsfrohe Erwartung, selbst wenn sie sich kurzfristig erfüllt, schlussendlich doch als Täuschung heraus, nur allzu oft beklagt man in den Worten Friedrich Hebbels: „Traurig grüßt der, der ich bin, den, der ich könnte sein." Noch tragischer liest man es in Heinrich Heines *Buch der Lieder*:

Still ist die Nacht, es ruhen die Gassen,
in diesem Hause wohnte mein Schatz;
sie hat schon längst die Stadt verlassen,
doch steht noch das Haus auf demselben Platz.

Da steht auch ein Mensch und starrt in die Höhe,
und ringt die Hände, vor Schmerzensgewalt;
mir graust es, wenn ich sein Antlitz sehe –
der Mond zeigt mir meine eigne Gestalt.

Du Doppelgänger! Du bleicher Geselle!
Was äffst du nach mein Liebesleid,
das mich gequält auf dieser Stelle,
so manche Nacht, in alter Zeit?

Wer die Vertonung dieses „Doppelgängers" im *Schwanengesang* von Franz Schubert hört, fühlt den Schrecken, der mit dem Glauben an das Ich einhergehen mag. Denn in allem Jammer der Welt erkennt das Ich immer nur sein Spiegelbild oder Teile davon. Am Ende schließlich zerbricht die Welt. Wittgenstein sieht dies ganz klar. Als Soldat des Ersten Weltkriegs, worin er sich in waghalsigsten Unternehmungen oft bewusst höchster Gefahr ausgesetzt hatte, notiert er in sein Tagebuch, dass „beim Tod die Welt sich nicht ändert, sondern aufhört zu sein".

Denn nicht der Tod ist es, der beim Glauben an das Ich so viel Schwermut hervorruft, sondern die erbarmungslose Einsamkeit, die mit dem Glauben an das Ich einhergeht. Bertrand Russell, Mathematiker und Philosoph, Lehrer in Cambridge, Förderer Wittgensteins und brillanter Denker, verdeutlichte die Unerträglichkeit dieser Einsamkeit anhand einer Anekdote. Er erhielt, so erzählt Russell, einen Brief der bedeutenden Logikerin Christine Ladd-Franklin, die ihm erklärte, dass sie nur an ihr Ich glaube und felsenfest davon überzeugt sei, es existiere nichts außerhalb der ihrem Ich eigenen Welt. Allerdings, so schrieb sie Russell, überrasche es sie, dass niemand anderer ihren Glauben teilt.

Im Friedhof Montparnasse in Paris stellte Constantin Brancusi 1911 seine Skulptur *Der Kuss* am Grab von Tanjoucha Raschewskaja auf, die sich 23-jährig aufgrund einer unglücklichen Beziehung das Leben nahm.

DER GLAUBE AN DICH

D ie ersten Worte der Bibel berichten über die Schöpfung von Himmel und Erde. Sie sind mit großer Sicherheit von jüdischen Gelehrten in der Zeit der sogenannten Babylonischen Gefangenschaft um 550 v. Chr., vielleicht sogar noch später geschrieben worden. Die Vorstellung, in dieser Schöpfungsgeschichte werde über die Entstehung der Welt, wie sie sich objektiv zugetragen habe, berichtet, ist absurd. Dies war nicht einmal zur Zeit der Entstehung der Schöpfungsgeschichte der Fall, weil die Autoren dieser Geschichte mit ihrem poetischen Lobgesang einen Hymnus auf den Ewigen verfassten, dem alles im Himmel und auf der Erde untertan ist.

In mannigfacher Weise erkennt man, dass es sich bei der Schöpfungsgeschichte der Bibel um ein sprachliches Kunstwerk handelt. So kommen zum Beispiel in ihm neun Einleitungssätze mit den beiden Wörtern „Gott sprach", ein zehnter längerer Einleitungssatz „Gott sprach zu ihnen" – im Hebräischen aus drei Wörtern bestehend – vor, und einmal, nach dem sechsten „Gott sprach", ist im Text die Passage „Gott segnete sie *sprechend* " zwischengeschoben. Die Gesamtzahl der Wörter in den Einleitungssätzen mit „sprechen" beläuft sich somit auf 9 × 2, dazu addiert 3 und 1, also auf 22. Die Zahl 22 ist die Zahl der Buchstaben des hebräischen Alphabets – und dies führt zu folgender Deutung:

Die Schöpfung kommt aus dem Wort, aus den Buchstaben der Sprache hervor. „Im Anfang war das Wort", so beginnt das Evangelium nach Johannes.

Existenz bedeutet nicht ein Geworfensein ins Nichts, sondern ein Gesprochensein durch Gott. Denn die Sprache setzt sich aus den Buchstaben – im Fall der hebräischen Sprache der Bibel aus 22 Buchstaben – zusammen. Darum findet man im kabbalistischen *Sefer Jezira*, dem *Buch der Weltformung*, den Satz: „Zweiundzwanzig Buchstaben. ER zeichnete sie, ER hieb sie aus, ER läuterte sie, ER wog sie und ER wechselte sie, einen jeden mit allen; ER bildete durch sie die ganze Schöpfung und alles, was geschaffen werden sollte."

Wie bei einem architektonischen Meisterwerk, das auf der einen Seite, den Gesetzen der Statik gehorchend, entsprechend geplante tragende Elemente besitzt und auf der anderen Seite das Auge des Betrachters durch Ornamente besticht, besteht auch die Schöpfungsgeschichte aus wesentlichen Aussagen, die den tiefen Glauben ihrer Autoren bezeugen, und aus ornamentalen Elementen, die den Hymnus zu einem Kunstwerk veredeln. Kritiker, die zum Beispiel die Zahl der sechs Schöpfungstage beanstanden, wo doch die Entstehung der Welt Milliarden Jahre in Anspruch genommen hätte, stehen dem heiligen Text genauso unbedarft und töricht gegenüber wie ein Betrachter einer Hausfassade, der meint, dass die an Fensterstöcken angebrachte Atlanten tatsächlich die oberen Stockwerke tragen, wiewohl diese Atlanten bloßer Zierrat sind und sich die eigentlich tragenden Elemente dahinter verbergen.

Gleichsam als Fußnote dazu sei angefügt: Die Entwürfe der Naturwissenschaften über die Entstehung der Welt sollten genauso wenig wie der Schöpfungsbericht in der Art eines Drehbuches gelesen werden, obwohl dies, vor allem in den zuhauf anzutreffenden populären Schriften und Filmen, gerne so präsentiert wird: „Vor 13,7 Milliarden Jahren ereignete sich ein Urknall. Eine Hunderttausendstel Sekunde danach gab es im wesentlichen nur Elektronen, Positronen, Neutrinos, Antineutrinos und Photonen in einer dichten, 100 Milliarden Grad heißen Brühe; elf Hundertstelsekunden später ist diese bereits auf 30 Milliarden Grad abgekühlt, es gibt bereits einige Neutronen und etwa doppelt so viel Protonen; eine Sekunde später ist das Universum nur mehr zehn Milliarden Grad heiß ..."

Das klingt ziemlich bombastisch, besagt aber im Grunde nicht viel. Denn wie es wirklich war, ist eine sinnlose Frage. Niemand war dabei. Der Urknall „existiert" allein deshalb, weil er erdacht worden ist. Und der Wert solcher Berichte ist einzig in Hinblick auf die Stimmigkeit zu den Messungen zu beurteilen, die heute erfolgen. Das Ganze ist ein gedankliches Modell und so weit von der Wirklichkeit entfernt, wie die hölzerne Schachfigur eines Königs von einem leibhaftig anwesenden Regenten.

13,7 Milliarden Jahre – das klingt wie eine unermesslich lange Zeit. Doch für mich, als blutigen Laien, dauern die 13,7 Milliarden Jahre, immer wenn ich davon höre, bloß knappe fünf Sekunden. So lange, bis das Wort gesprochen, von mir vernommen und registriert worden ist. Danach interessiert es mich nicht weiter. Fachleute der Kosmologie interessieren sich dafür intensiver, für einen Kosmologen mögen die 13,7 Milliarden Jahre ein halbes Leben währen – hoffentlich nicht mehr, denn würde er sich fast sein ganzes Leben damit beschäftigen, hätte er es verpfuscht. „Vorstellen" kann sich unter den 13,7 Milliarden Jahren ohnehin niemand etwas, weder der Experte noch der Laie.

Wie man sich auch nichts unter der Entfernung von zweieinhalb Millionen Lichtjahren vorstellen kann, die uns vom Andromedanebel trennen. Bezeichnenderweise wird diese Entfernung in „Jahren" angegeben, weil das Licht des Andromedanebels zweieinhalb Millionen Jahre benötigt, bis es zur Erde gelangt. Wie man auch sagt, dass Salzburg rund drei Stunden von Wien entfernt sei, weil eine Zug- oder Autofahrt von Salzburg nach Wien rund drei Stunden in Anspruch nimmt. Zu Zeit Mozarts war Salzburg von Wien viel weiter weg, die beiden Städte waren mehr als drei Tage entfernt. Aber die Entfernung des Andromedanebels ist und bleibt, egal ob zu Mozarts Zeit oder in der Gegenwart, eine unvorstellbare Größe. Man kann sie messen – eine höchst beeindruckende Leistung der Astronomie – aber das ist auch alles. Mit meiner Raumvorstellung hat sie nichts zu schaffen.

Diese meine Lesart sei, so könnte ich getadelt werden, eine extrem subjektive Sicht der Dinge, die den objektiven Gegebenheiten keinen Respekt zolle. Ich würde, so könnte beanstandet werden, wenn ich meine Kindheit als eine lang-dauernde Periode meines Lebens empfinde, aber die Millionen Jahre verschlingende Ära, als Dinosaurier auf der Erde wandelten, nur in Sekunden vor mir abspulen lasse, die Welt wie aus einem Fischauge betrachten. Dem halte ich entgegen: Das stimmt. Aber ich kenne eben nur mein Weltempfinden und kein anderes. Niemand hat von „objektiven Gegebenheiten" der Welt die geringste Ahnung. Folglich ist die Annahme, ich sei als kleines, unscheinbares Wesen in das riesige Weltgeschehen des Universums, in eine mich wie ein Brotkrümel verschlingende Außenwelt von unfassbarer zeitlicher und räumlicher Ausdehnung geworfen, in meinen Augen bloß eine haltlose Spukgeschichte.

Der Schöpfungsgeschichte der Bibel ist jedenfalls frei von solchem Spuk.

Es ist wenig bekannt, dass nach der berühmten Schöpfungsgeschichte mit den sechs Tagen, da Gott Himmel und Erde schuf, und dem siebenten Tag, da er, nachdem er alles für sehr gut befunden hatte, ruht, noch ein zweiter Schöpfungshymnus angeschlossen ist, der einige hundert Jahre älter als der erste ist. In der jüngeren, aber auf den ersten Seiten der Bibel erzählten Schöpfungsgeschichte liest man von Gott als Schöpfer des Lichts, des Himmelsgewölbes, von Land, Meer und Pflanzen, von Sonne, Mond und Sternen, von Fischen und Vögeln sowie, am sechsten Tag, von den Tieren des Landes und schließlich, als letztes Werk, des Menschen.

In der älteren, aber auf den darauffolgenden Seiten erzählten Schöpfungsgeschichte konzentriert sich der biblische Erzähler auf die Bepflanzung des Garten Eden, auf dessen Begrenzung durch die vier Flüsse Pischon, Gichon, Chiddekel und Euphrat und auf die Schilderung, wie der Mensch durch den Hauch des Ewigen erschaffen wird:

Und ER, Gott, bildete den Menschen, Staub vom Acker,
ER blies in seine Nasenlöcher Hauch des Lebens,
und der Mensch wurde zum lebenden Wesen.

Der Mensch heißt deshalb Adam, weil er aus dem Ackerboden, der hebräisch Adama heißt, geformt wurde. Während in der jüngeren Schöpfungsgeschichte mehrfach geschildert wird, wie Gott sprach, dass alles von ihm Geschaffene gut sei, sogar sehr gut sei, spricht in der älteren

Schöpfungsgeschichte nach der Einhegung des Garten Eden Gott die Worte:

Nicht gut ist, dass der Mensch allein sei.

Als sich nämlich zeigte, dass nichts auf der von Gott geschaffenen Welt dafür geeignet ist, dem Menschen ein ebenbürtiges Gegenüber zu sein, das ihn in der Begegnung bis in die Tiefe seiner Seele anspricht, beseitigt der Schöpfer gleichsam mit eigener Hand die Einsamkeit des Menschen. Gott gibt Eva, wörtlich übersetzte: die Belebte, dem Adam als ebenbürtiges Gegenüber. Sie ist jene, die Adam als ein Du ansprechen kann. Denn Adam erkennt sie als „Bein von meinem Gebein, Fleisch von meinem Fleisch" – so schreibt es holzschnittartig vor fast dreitausend Jahren der Autor der Heiligen Schrift.

Eigentlich sollte man die jüngere und auf den ersten Seiten der Bibel erzählte Geschichte der Schöpfung als eine Ergänzung und Umrankung der nachfolgenden älteren Schöpfungsgeschichte lesen. In der jüngeren Erzählung wird als Vorbereitung auf das Sabbatgebot von den sechs Tagen berichtet, in denen Gott durch sein Wort die Schöpfung in Gang setzte, und vom siebenten Tag, an dem die Arbeit zu ruhen hat, und es wird ein Panorama der ganzen Welt, beginnend mit dem Licht – wohlgemerkt noch vor der Erschaffung der Sonne, des Mondes und der Sterne – bis hin zu Flora und Fauna, die Menschen mit eingeschlossen, ausgebreitet. Dass Menschen sowohl als Mann als auch als Frau geschaffen wurden, erwähnt bloß ein Nebensatz. Denn dies ist ja bereits aus der älteren Erzählung bekannt.

Dass die ältere Erzählung, kräftiger und eindringlicher in ihrer Sprache als die jüngere, nicht in allen Details mit der jüngeren in Einklang steht, braucht uns nicht zu bekümmern. Sehen wir doch die Bibel nicht als Protokollschrift, sondern als sprachliches Kunstwerk und die Berichte von der Schöpfung als Hymnen und Lobpreisungen Gottes. Diese ältere Erzählung, obwohl nicht so weltumfassend angelegt, schält ihrerseits den Kern der Conditio humana heraus, der Bedingung des Menschseins: Der Mensch ist ein auf Beziehung zu einem Du hin angelegtes Geschöpf. Er soll nicht allein sein. Adam sehnt sich nach Eva.

Sehr klug erzählt der Autor der älteren Schöpfungsgeschichte, dass vor der Erschaffung Evas nichts in der Welt Adam ein ebenbürtiges Gegenüber sein kann. Das Verhältnis des Menschen zu den Geschöpfen der Welt, die der Mensch als von sich getrennt wahrnimmt und von denen er Erfahrungen sammelt, berührt nicht die Seele des Menschen. Blaise Pascal würde sagen, es handle sich um ein Verhältnis, welches vornehmlich den Esprit géométrique, die Logik des nüchtern abwägenden Verstandes anspricht. Die Beziehung des Menschen zu einem ebenbürtigen Gegenüber jedoch verlangt, so würde Pascal meinen, darüber hinaus den Esprit de finesse, die Logik des Herzens. Erst in dieser Beziehung wird die Einsamkeit des Menschen überwunden.

Anfang des 20. Jahrhunderts wurde dieser Gedanke erneut aufgegriffen. Der aus Wiener Neustadt stammende Volksschullehrer Ferdinand Ebner nannte die Beziehung des Menschen zu einem Gegenüber, das tief hinein in die Seele des Menschen dringt, die Ich-Du-Beziehung. Ebners Schrift wäre wohl völlig in Vergessenheit geraten, hätte sie nicht der mit ihm befreundete Verleger Ludwig von Ficker, ein einflussreicher und Dichtern wie Georg Trakl und Rainer

Maria Rilke sowie Geistesgrößen wie Ludwig Wittgenstein nahestehender Intellektueller, in dessen maßgebender Zeitschrift *Der Brenner* im Jahre 1921 veröffentlicht. Von Ebner beeinflusst wurde Martin Buber, der nicht nur zusammen mit dem Historiker und Philosophen Franz Rosenzweig die hebräische Bibel kongenial ins Deutsche übertrug, sondern auch eminenter und tiefgründiger Denker war. Auch Buber unterscheidet in seinem 1923 erschienenen Buch *Ich und Du* zwei Verhältnisse, die ein Ich-sagendes Wesen zur Welt eingehen kann: „Die Welt als Erfahrung gehört dem Grundwort Ich-Es zu. Das Grundwort Ich-Du stiftet die Welt der Beziehung." Für Buber sind „die Grundworte nicht Einzelworte, sondern Wortpaare. Das eine Grundwort ist das Wortpaar Ich-Du. Das andre Grundwort ist das Wortpaar Ich-Es; wobei, ohne Änderung des Grundwortes, für Es auch eins der Worte Er und Sie eintreten kann."

In den folgenden Absätzen wird geschildert, wie sich die Welt für Menschen gestaltet, die allesamt das Grundwort Ich-Du nicht kennen, die allein im Ich-Es-Verhältnis mit den Dingen der Welt und miteinander leben.

Die Ich-Es-Erfahrung wird im biblischen Auftrag angesprochen, als Gott zu den eben von ihm erschaffenen Menschen sprach: „Fruchtet und mehrt euch und füllet die Erde und bemächtigt euch ihrer! Schaltet über das Fischvolk des Meers, den Vogel des Himmels und alles Lebendige, das auf Erden sich regt!" Adam darf über die Geschöpfe seines Gottes nach seinem Belieben verfügen. Doch nach seiner Vertreibung aus dem Paradies wird er erfahren, wie sehr er von der ihn umgebenden Welt abhängig ist, wie es sich anfühlt, wenn sein Acker verflucht ist, „Dorn und

Stechstrauch" ihn um die Früchte seiner Arbeit bringen und er den Bannspruch hört: „Im Schweiße deines Antlitzes magst du Brot essen, bis du zum Acker kehrst, denn aus ihm bist du genommen. Denn Staub bist du und zum Staub wirst du kehren."

So ist die Existenz des Menschen zwischen den Polen des Über-die-Welt-verfügen-Könnens und des Der-Welt-ausgeliefert-Seins aufgespannt. Mit der von ihm genutzten Intelligenz versucht er sich darin, so gut es geht, einzurichten, alles auszunützen, was ihm die Natur zu bieten hat, dabei auf lange Sicht zu planen und nicht Raubbau an Pflanzen und Tieren zu betreiben, die in der Natur scheinbar schlummernden Regelmäßigkeiten zu erforschen – und schließlich Geräte und Maschinen zu konstruieren. Mit ihnen steigert er sein Vermögen, über möglichst viel verfügen zu können, und mit ihnen verdrängt er, so gut es geht, das Wissen um sein Der-Welt-ausgeliefert-Sein.

Menschen stehen Menschen gegenüber. Doch noch ist Eva nicht geschaffen, noch nicht Adam als ebenbürtiges Gegenüber geschenkt. Noch kennen die Menschen kein Du. Sie treffen einander in einem Ich-Es, genauer: in einem Ich-Er- oder einem Ich-Sie-Verhältnis. Einer kommt mit dem anderen in Kontakt und wägt spontan ab: Inwieweit bin ich dem Gegenüber ausgeliefert? Inwieweit vermag ich über das Gegenüber zu verfügen?

Es ist eine schön klingende, aber naive Idee, die Samuel von Pufendorf, ein Rechtsgelehrter des 17. Jahrhunderts vertrat, dass die Menschen von Natur aus gesellige Wesen seien, wie von selbst innige Beziehungen aufbauten und deshalb die großen Gemeinschaften bis hin zum Staat entstünden. Vielmehr überzeugt der kühl nüchterne Blick des

Mathematikers und Philosophen Thomas Hobbes: Wie gestaltet sich das Leben, fragt Hobbes, wenn einer dem anderen bestenfalls in kühler Distanz entgegentritt? Hobbes selbst erlebt es von 1642 bis 1649 während des zwischen Parlament und Krone tobenden Bürgerkriegs in England: Jeder ist ohne Rücksicht auf die anderen auf seinen Vorteil bedacht, jeder will sich unbarmherzig durchsetzen. Es herrscht, wie Hobbes schreibt, „bellum omnium contra omnes", der „Krieg von allen gegen alle", aus dem allein der jeweils Stärkste als Überlebender hervorgeht – doch auch dieser nur für jene kurze Zeit, bis er selbst einem noch Stärkeren in die Quere kommt. Darum ist das Leben ohne Staat, wie Hobbes lakonisch feststellt, „solitary, poor, nasty, brutish, and short": „einsam, arm, ekelig, bestialisch und kurz".

Dass der Appell befolgt würde, im anderen nicht ein Es, nicht ein Er, nicht eine Sie, sondern ein Du zu erblicken, darf niemand hoffen. Da ist es doch besser, so Hobbes, man unterwirft sich einem Dämon, den Hobbes, bezogen auf den 104. Psalm Davids, „Leviathan" nennt. Ihm überantworten die Menschen alle Gewalt. Nichts hier auf Erden, so Hobbes, ist mächtiger als Leviathan. Und die Menschen akzeptieren Leviathan, weil er Garant des Rechtes ist, weil er die universelle Autonomie der Einzelnen in ein gemeinsames, nicht von Natur aus gegebenes, sondern per Dekret verfasstes, positives Recht übersetzt. Der Dämon Leviathan, das ist der Staat.

Was genau ist die Aufgabe des Staates? Er garantiert als Einsetzungs-, als Vollzugs- und als Überwachungsorgan der Gesetze mit seinem nach innen wie nach außen hin bestehenden Monopol der Gewalt die Sicherheit seiner Bürger, würde Hobbes zur Antwort geben. Doch Sicherheit allein ist nicht genug. Über Hobbes hinausgehend verlangen die auf ihren Nutzen bedachten Bürger drei weitere Leistungen vom Staat: Er schafft Freiheit, er achtet die Tradition und er garantiert Zukunft. Die vom Staat geschaffene Freiheit erlaubt dem Einzelnen nach seinem Vermögen, seinen Eignungen und seinen Neigungen sein privates Leben nach Gutdünken gestalten und planen zu können – keine der privaten Vorlieben gehen den Staat auch nur das Geringste an. Die vom Staat geschaffene Freiheit erlaubt zugleich politische Betätigung, die allein dort ihre Grenzen erfährt, wo sie die Sicherheit auch nur eines Bürgers des Staates gefährdet. Die vom Staat geachtete Tradition sorgt dafür, dass die in ihm lebenden Bürger sich an althergebrachte „gute Sitten" halten, so dass es nicht nötig ist, jeden der Bürger ständig unter polizeiliche Wachsamkeit zu stellen. Und die vom Staat garantierte Zukunft sorgt dafür, dass sich die Bürger des Staates darauf verlassen können, dass deren Sicherheit und Freiheit über Generationen hinweg und ungeachtet aller technischen und politischen Entwicklungen gewahrt bleiben.

Wie gelingt es, dass der Staat diesen Verpflichtungen Rechnung trägt? Ganz im Sinne von Hobbes wäre es waghalsig, darauf zu vertrauen, dass die Staatenlenker dies in idealistischer Gesinnung vollziehen. Schon die antiken Staatstheoretiker waren sich dessen bewusst: Der monokratischen Staatsführung eines verantwortungsbewussten Herrschers steht die Tyrannis eines zum Despoten verkommenen Autokraten gegenüber. Die aristokratische Staatsführung einer kleinen Gruppe fürs politische Geschäft besonders Geeigneter – die „aristoi" sind im antiken Sinn als

„die Besten" zu übersetzen – verkommt in Windeseile zur Oligarchie, bei der die wenigen politisch Einflussreichen ihre Macht bevorzugt für eigennützige Zwecke missbrauchen. Und der demokratischen Staatsführung, bei der dem Ideal nach alle Staatsgewalt vom Volk ausgeht, steht als desaströse Abart die Ochlokratie gegenüber, die Herrschaft des Pöbels. Der Appell an den Alleinherrscher im Falle der Monokratie, an die Gruppe der Mächtigen im Falle der Aristokratie, oder an das ganze Volk im Falle der Demokratie, sich bei der Staatsführung der Verantwortung für das „Staatsganze" bewusst zu sein, reicht bei weitem nicht. Ebenso wenig wie die Berufung auf naturrechtliche Prinzipien, auf Menschenrechte oder ähnliche Surrogate einstiger als gottgegeben erachteter Gebote. Sie alle spielen bei einer puren Ich-Es-Beziehung keine Rolle. Mit Hobbes wissen wir: Sobald bittere Mangelwirtschaft droht, wird jeder so gut er kann versuchen, ohne Rücksicht auf die von ihm erwartete Verantwortung für das „Staatsganze" seine Eigeninteressen durchzudrücken.

Nicht idealistische Konzepte, sondern solide fundierte Strukturen, formal festgelegte Mechanismen der Gewaltenteilung können für ein Gelingen des Staates sorgen. Den Römern der Antike war dies bewusst: Sie besetzten die monokratischen Organe, insbesondere das Konsulat, jeweils mit zwei Amtsträgern, die einander kontrollierten, und mit einer auf ein Jahr beschränkten Amtsperiode. Allein in Zeiten höchster Gefahr war ein Diktator allein an der Macht – dies aber nur ein halbes Jahr. Dazu kamen als aristokratisches Organ der Senat und schließlich das Volk selbst, das demokratisch Macht ausüben konnte. Auch die US-amerikanische Verfassung kennt eine Emulsion monokratischer, aristokratischer und demokratischer Elemente: Es gibt den Präsidenten mit einer beschränkten Amtszeit, die auf Lebenszeit ernannten Höchstrichter, die Häuser des Kongresses und das zu den Wahlen von Präsident und Abgeordneten berufene Volk, wobei die zur Macht Befugten einander in „Checks and Balances" die Waage halten.

Dies alles klingt kalt und nüchtern, ist aber das Beste, was zu haben ist, wenn Menschen nur im Ich-Es-Verhältnis zueinander stehen. Von Moral ist hier keine Rede, denn niemand kann davon ausgehen, dass ein Mensch dem anderen gut sei. Wenn von „guten Sitten" gesprochen wird, meint man damit nur den korrekten Umgang miteinander, das Einhalten von überlieferten Regeln des Anstands, des Respekts, der Höflichkeit, die sich im gesellschaftlichen Verkehr bewährt haben – nicht mehr.

Die funktionierenden Mechanismen des Politischen übertragen sich auch auf das Wirtschaftliche: Der Systemwissenschaftler Anatol Rapoport beschrieb, wie sich eine Unternehmerin oder ein Geschäftsmann vernünftig, also dem Esprit géométrique folgend, im Zusammenspiel mit einem Partner verhält: Es wird angestrebt, dass beide aus dem Geschäft Nutzen ziehen; eine Übervorteilung des Partners bei einem der Geschäfte hätte nachteilige Folgen für die weiteren Geschäfte. Darum werden, wenn die beiden Geschäftspartner das Ziel verfolgen, nachhaltig ihren Gewinn zu sichern, die folgenden Regeln beachten. Erstens: Man steige optimistisch in das Geschäft ein; ein kleines Risiko kann man immer wagen. Zweitens: Man handle gegenüber dem Partner offen und berechenbar. Drittens: Man verzeihe dem Partner keine faulen Tricks – spielt dieser einmal mit gezinkten Karten, hat man alles Recht der Welt, ihn dafür büßen zu lassen. Viertens: Man sei jedoch nicht nachtragend – wenn der Geschäftspartner sich wieder als verlässlich erweist, soll man erneut für Kooperation offen sein. Fünftens: Man bleibe bescheiden und neide dem Partner nicht, dass er mitverdient, vielleicht sogar einen ein wenig größeren Gewinn einstreicht als man selber.

Aber wie im Fall des Staates, der im Sinne von Hobbes nur korrekt funktionieren soll, aber nie den Bürgern das vermeintlich Gute zu bringen im Sinn hat, so geht es auch im Geschäftsleben zu: Obwohl die genannten fünf Regeln so klingen, als ob sich die Unternehmerin oder der Geschäftsmann moralisch einwandfrei verhielten, ist dies keineswegs der Fall. Sie verhalten sich bloß korrekt. Und sie tun dies in der Hoffnung, damit den eigenen Nutzen zu maximieren. Es gibt im Wirtschaftsleben keine Freundschaften, sondern nur Verträge. Denn die dort agierenden Personen sind allein im Ich-Es-Verhältnis miteinander in Kontakt – und das ist auch sinnvoll.

Im politischen, im wirtschaftlichen, allgemein: im öffentlichen Leben reicht es völlig aus, dass die Menschen einander allein in einem Ich-Es, genauer: in einem Ich-Er- oder einem Ich-Sie-Verhältnis treffen. Alles andere wäre übertrieben, wenn nicht sogar peinlich. Man kann die profane Öffentlichkeit exakt dadurch definieren, dass in ihr eine Ich-Du-Beziehung absolut und restlos unangebracht ist.

Ein Mensch, der bloß in der Öffentlichkeit lebt, vereinsamt. Alle, die auf ihn zugehen, sehen ihn nur in seiner jeweiligen öffentlichen Funktion: als Bundeskanzler, als Herzchirurgin, als Straßenbahner, als Unternehmerin, als Fernsehmoderator, als Botschafterin, als was auch immer – man beachte: *was* und nicht *wen* auch immer! Aber sie blicken nie in die Tiefe seiner Seele, die der allein in der Öffentlichkeit lebende Mensch vor allen anderen und letzten Endes sogar vor sich selbst versteckt. Denn er kennt nur die Ich-Es-Erfahrung. Nie findet er Geborgenheit. Trotz des Trubels um ihn herum ist er allein.

Aber es ist nicht gut, dass der Mensch allein sei. Im Privaten einsam zu sein, sich nichts und niemandem öffnen zu können, ist die Hölle auf Erden.

Wer kein menschliches Du findet, sucht Ersatz in Dingen, Pflanzen oder Tieren. Es gibt Büchernarren, die ohne Unterbrechung Tage in ihrer Bibliothek verbringen und sich in ihre Folianten verkriechen, sich in den Seiten gedruckten Papiers verlieren. Es gibt Bewunderer von Uhren, die für diese mechanischen Wunderwerke ins Schwärmen geraten. Mit Liebe und zartester Sorgfalt ziehen sie die Uhren auf, denn sie wissen: Jede einzelne von ihnen, besonders jene, die schon alt und fragil sind, muss man wie ein graziles Lebewesen behandeln und pflegen. Vom französischen König Ludwig XVI. wird erzählt, dass er mit Hingabe und, da er begeisterter Tischler war, auch mit Geschick die Uhren in Versailles instand hielt und reparierte, wobei er sowohl die Staatsgeschäfte zuweilen außer acht ließ als auch Marie Antoinette, seine Frau, viel zu oft vernachlässigte. Ob er sie in den Tagen seiner Regentschaft in Versailles überhaupt als Du, als ein ebenbürtiges Gegenüber erkannte, darf man in Zweifel ziehen. Er fand die Rolle als König und als Ehemann belastend und stellte sich nur widerwillig der Verantwortung. Er war in seiner Narretei für Uhren so kauzig und verschroben, dass er nicht einmal die Revolution, die sich unter seiner Regentschaft ereignete, zur Kenntnis nahm: Am 14. Juli 1789, dem Tag des Sturms auf die Bastille, notierte er „Rien“, „Nichts“, in sein Tagebuch.

Marie Antoinettes Neffe Franz, der erste Kaiser von Österreich, ein berechnender, emotionsloser und kalter Monarch, den nur wohlwollende Biographen als Inbegriff des schrulligen Wiener „Grantlers“ mit trockenem Humor beschreiben, war noch beziehungsärmer und verlor sein Ich in seiner Sammlerleidenschaft und in den von ihm geliebten Pflanzen. Im Wiener Burggarten und im Laxenburger Schlosspark konnte man ihn hingebungsvoll die Bäume, Sträucher und Blumen pflegen sehen. Als seine Herrschaft wegen des Kriegs mit Napoleon auf der Kippe stand, soll er gesagt haben: „Aber wenigstens mein Laxenburg wird er mir doch lassen!“

Noch misanthropischer, einzelgängerischer war Arthur Schopenhauer, der über Mitmenschen nur böse zu reden verstand. „Alle Verliebtheit“, so meinte er einmal abschätzig, „wie ätherisch sie sich auch gebärden mag, wurzelt allein im Geschlechtstriebe.“ Dafür aber hatte er eine Schwäche für Tiere: „Ich muss es aufrichtig gestehen“, kann man in seinen letzten Manuskripten lesen, „der Anblick *jedes* Tieres erfreut mich unmittelbar, und mir geht dabei das Herz auf; am meisten der der Hunde.“

„Woran sollte man“, fragte Schopenhauer rhetorisch, „sich von der endlosen Verstellung, Falschheit und Heimtücke der Menschen erholen, wenn die Hunde nicht wären, in deren ehrliches Gesicht man ohne Misstrauen schauen kann?“ Vielen spricht er damit aus dem Herzen, die mit anderen Menschen schlechte Erfahrungen machen mussten und nur noch einem einzigen Du begegnen wollen: ihrem Hund.

Fraglos handelt es sich bei all den genannten Beispielen um echte Ich-Du-Beziehungen, wiewohl das Du nicht als Mensch entgegentritt. Martin Buber selbst vergleicht sie zur Ich-Es-Erfahrung am Beispiel eines Baumes, den er betrachtet. In der Ich-Es-Erfahrung ist der Baum ein „Gegenstand und hat seinen Platz und seine Frist, seine Art und Beschaffenheit".

„Es kann aber auch geschehen", schreibt Buber weiter, „dass ich, den Baum betrachtend, in die Beziehung zu ihm eingefasst werde, und nun ist er kein Es mehr. Die Macht der Ausschließlichkeit hat mich ergriffen." Empfindungen wie diese müssen einst auch Kaiser Franz im Schlosspark von Laxenburg eigen gewesen sein, all seiner sonstigen Knorrigkeit zum Trotz. „So hätte er denn ein Bewusstsein, der Baum", fragt Martin Buber weiter, „dem unsern ähnlich? Ich erfahre es nicht." Es ist eine unbeantwortbare Frage. Denn das Einzige, was man in der Ich-Du-Beziehung erlebt, ist, dass das Ich mit dem Du verschmilzt; das Bewusstsein ist eins. Bezeichnenderweise kennt das Wort Bewusstsein keine Mehrzahl.

Doch viel heikler, viel risikoreicher ist es, die Ich-Du-Beziehung von Mensch zu Mensch zu stiften. Der Misanthrop Schopenhauer hat sich mit verletzenden und zynischen Vorurteilen davor gedrückt, sich darauf nicht eingelassen. Damit hat er sich der Möglichkeit begeben, in einer unvergleichlichen, in einer einzigartig intensiven Weise an ein Du zu glauben. In der Ich-Du-Beziehung ist das Du als menschliches Gegenüber keine Person unter anderen Personen, sondern das eine, das einzige Du. In der Ich-Du-Beziehung ist das Du als menschliches Gegenüber kein in

Raum und Zeit verorteter Körper, sondern das Du erfüllt raum- und zeitlos alles. In der Ich-Du-Beziehung begegne ich dem Du als menschliches Gegenüber nicht wie anderen Personen höflich und korrekt, sondern ich will dem Du nur Gutes. Allein aus der Ich-Du-Beziehung entstehen Gewissen und Moral.

Selbstverständlich gibt es Gebote und Gesetze, die ein korrektes Verhalten in der Gesellschaft gewährleisten, wobei diese Gesellschaft aus Personen besteht, die einander im Ich-Er- und im Ich-Sie-Verhältnis treffen. Aber das hat noch nichts mit Moral und noch nichts mit dem Guten zu tun. Im Gegensatz zu den Regeln angemessenen Verhaltens klingen verbindliche Grundsätze zur Bildung des Gewissens nur vordergründig stimmig, überzeugen jedoch bei tieferem Nachdenken nicht. Wie könnten sie auch? Setzen die allgemein verbindlichen Grundsätze doch eine objektiv vorhandene Welt der vielen Er, Sie und Es voraus, die dem Ich gegenüberstehen. Ein Du hat dort keinen Platz.

Tatsächlich bildet sich das Gewissen eines Menschen allein in Ich-Du-Beziehungen. Zuerst im Laufe der Erziehung vom Säuglingsalter an: Das Kind erfährt die Zuneigung und die Strenge der Mutter, des Vaters. Schnell begreift es Praktiken, wie es über Erwachsene verfügen kann: Es ruft sie, es verstört durch Weinen, es belohnt durch Lächeln. Ebenso schnell fühlt es, was es bedeutet, Erwachsenen ausgeliefert zu sein. Schließlich wird ihm bewusst, was es bedeutet, in der Begegnung mit Mutter, Vater, Erwachsenen und anderen Kindern Gutes zu erfahren und selbst gut sein zu wollen.

Das Kind hört Geschichten: Märchen und Sagen von guten Feen und bösen Zauberern. All dies prägt sich tief in ihm ein. Es eignet sich die Welt an, so gut es ihm gelingt, indem es Rollen spielt und in diesem Spiel einem vorgestellten Du begegnet.

Das Kind kann, und ich kann noch immer das Gewissen anhand der „großen Erzählungen" bilden, die das Gemüt tief bewegen: Das kann die Bibel genauso sein wie die Epen des Homer, Shakespeares *Hamlet* genauso wie Goethes *Faust*. Große Erzählungen können ellenlang sein, wie Musils *Mann ohne Eigenschaften*, können aber auch kurz sein, nicht einmal eine Seite umfassen, wie Kafkas *Kaiserliche Botschaft*. Auch in diesen Erzählungen begegne ich der Autorin oder dem Autor als einem Du.

Das Kind kann, und ich kann noch immer das Gewissen in der echten oder auch nur literarischen Begegnung mit maßgebenden Menschen bilden, die als Vorbilder prägen, die nicht nur als ein Er oder eine Sie angesprochen werden wollen, sondern denen man als einem Du begegnen soll. Karl Jaspers nennt vier: Sokrates, Jesus, Buddha, Konfuzius. Doch die Auswahl ist subjektiv und die Palette der Möglichkeiten bunt. Sie mag historische Persönlichkeiten umfassen wie Albert Schweizer, legendäre wie Antigone, aber auch nur dem Einzelnen als Ideal dienende und der Öffentlichkeit völlig unbekannte Menschen. Wie hätten diese Leitsterne in einer prekären Lage entschieden, welches Urteil hätten sie über eine zweischneidige Handlung gefällt? Fragen wie diese rühren an das Gewissen.

Das Gewissen ist das Wissen um das Gute, und es bedrängt mich. Gerade dann, wenn ich es nicht wahrhaben will, fühle ich die andrängende Macht des Gewissens besonders. Es sagt sich nicht an. Es ist plötzlich da, bohrt und setzt zu. Es gibt zu verstehen, dass es mit meiner Handlung nicht einverstanden ist. Es zielt nicht auf ein Wort oder auf eine

Tat ab, sondern ist der Spiegel der gegenwärtigen Verfassung, in die ich durch meinen Gedanken, durch mein Wort, durch meine Tat gebracht worden bin.

Thomas von Aquin formulierte theoretisch, woran Sokrates praktisch sein ganzes Leben hindurch festhielt: Das Gewissen ist die letzte Instanz, nach der ich mich zu richten habe. Über alle Gesetze und Dogmen – der hl. Thomas betont: auch über die von der Kirche verkündeten Gesetze – muss ich mich hinwegsetzen, wenn es mein Gewissen verlangt.

Zwar kann man keine abstrakten Leitsätze definieren, die mein Gewissen formen. Aber ich weiß: Das Gewissen meldet sich, wenn ich bei all dem, worüber ich verfüge, nicht behutsam bin – es könnte ja ein Du sein. Das Gewissen meldet sich, wenn ich bei all dem, welchem ich mich ausgeliefert fühle, nicht gelassen bleibe – es könnte ja ein Du sein. Das Gewissen meldet sich, wenn ich enttäusche, wenn ich verletze, wenn ich schädige – es könnte ja ein Du sein.

Man irrt, wenn man die Ich-Es-Erfahrung und die Ich-Du-Begegnung als unvereinbar erachtet. Tatsächlich ist das Gegenteil der Fall. Die Person, zu der ich in Ich-Du-Beziehung trete, begegnet mir als fugenlose Einheit; mein Ich verliert sich in der Verbindung. Doch ich kann nicht umhin, ich hole aus ihr die Farbe ihrer Haare, den Klang ihrer Stimme, die Wärme ihrer Güte – und schon ist sie nicht mehr Du. Auf der anderen Seite trifft man jemanden, spricht mit ihm über belanglose Themen, weiß, dass er einen in Kürze verlassen wird, dass man ihn nie mehr wieder sehen wird, da plötzlich, wie in einem Augenblick, erkennt man dieses Gegenüber als Du – doch gleich danach ist dieser Mensch wieder zu einem Er, wieder zu einer Sie geworden.

Es ist so, als ob man über die Ich-Es-Erfahrung nach Belieben schalten und walten kann, sie ist einem stets verfügbar. Die Ich-Du-Begegnung hingegen lässt sich nur schwer erzwingen, sie wird einem gleichsam geschenkt, so wie Adam von Gott Eva bekam.

Auch ist es so, dass die Ich-Du-Beziehung zuweilen nur wie von Ferne erahnt, gleichsam als Möglichkeit herbeiphantasiert wird. Aber auch dann ist sie von Raum und Zeit, von allem Gegenständlichen und Beiläufigen, von Ursache und Wirkung so weit entrückt, wie wenn sie eindringlich wäre.

Die wohl intensivste Ich-Du-Beziehung erlebt eine Frau, wenn sie Mutter eines eben geborenen Kindes ist. Sie hat uns nicht nur einen neuen Menschen geschenkt, ein ganzes neues Universum ist geschaffen worden. Denn mit der Geburt eines Menschen entsteht eine ganze Welt, und mit dem Tod eines Menschen zerbricht ein ganzes Universum. Wo, wenn nicht an der Brust der Mutter, an die sich das Neugeborene klammert, wann, wenn nicht in diesen Augenblicken der ersten Mutterworte zu dem neuen Menschenkind, manifestiert sich deutlicher das Grundwort Ich-Du?

Das schlagendste Argument dafür ist die Geschichte vom Stauffer Friedrich II., dem vielleicht eigenartigsten aller Kaiser des Heiligen Römischen Reiches, eine Ausnahmeerscheinung des 13. Jahrhunderts, den seine Zeitgenossen „Stupor mundi", das „Erstaunen der Welt", nannten. Denn er sprach mehrere Sprachen, er entwickelte modern anmutende politische Konzepte, um sein Kaisertum absichern zu können, und er interessierte sich außerordentlich für die Ereignisse in der Natur, vor allem für das Verhalten der Vögel, insbesondere der von ihm so geliebten Falken. In seinem Bestreben, die Ursprache der Menschheit zu finden, jene Sprache, die vor dem Bau des Turmes zu Babel alle Menschen verstanden, ordnete er einen für heutige Ohren gespenstisch klingenden Versuch mit knapp nach ihrer Geburt von ihren Müttern entrissenen Säuglingen an. Der Chronist Salimbene von Parma berichtet darüber mit folgenden Worten: „Seine Idee war, mit einem Experiment zu entdecken, welche Art Sprache und Sprechweise Menschen nach ihrem Heranwachsen hätten, wenn sie vorher mit niemandem sprächen. Und deshalb befahl er den Ammen, sie sollten den Kindern Milch geben, sie baden und waschen, aber in keiner Weise mit ihnen schön tun und zu ihnen sprechen. Er wollte nämlich erforschen, ob sie die hebräische Sprache sprächen, als die älteste, oder griechisch oder lateinisch oder arabisch oder aber die Sprache der Mütter, die sie geboren hatten. Aber er mühte sich vergebens, weil die Kinder alle starben. Denn sie vermochten nicht zu leben ohne die Koseworte ihrer Ammen."

Wenn einige Absätze zuvor darüber geschrieben wurde, wie sich die Welt für Menschen gestaltet, die allesamt das Grundwort Ich-Du nicht kennen, so handelte es sich freilich um eine künstlich konstruierte Welt, die es in der Wirklichkeit in dieser unbarmherzigen Strenge nicht gibt. Ein Mensch, der von jeglicher Ich-Du-Beziehung isoliert ist, stirbt an Vereinsamung.

Allerdings gehört es zu den bittersten Erfahrungen, dass im Gegensatz zum Grundwort Ich-Es das Grundwort Ich-Du wie hauchdünnes Porzellan zerbrechlich zu sein scheint. Denn das menschliche Gegenüber ist dem Tod geweiht. Auch dies mag einer der Gründe sein, warum manche das Unterfangen scheuen, in einem Menschen ein Du zu finden. Denn Gegenstände sind ersetzbar, Pflanzen wachsen jedes Jahr aufs Neue, und wenn Schopenhauer ein Pudel weggestorben war, besorgte er sich den nächsten, den er genauso wie den alten „Atman" taufte, nach dem Sanskrit-Wort für Atem oder Lebenshauch. So verdrängte Schopenhauer die tiefe existenzielle Erfahrung des Todes.

Aber Schopenhauer musste doch wissen, dass er selber einmal sterben werde, mag man dagegen halten. Diese Behauptung zielt in die Leere. Denn *mein Tod existiert nicht.* Meinen Tod gibt es genauso wenig, wie es einen dreieckigen Kreis gibt, oder eine Primzahl, die zugleich Quadratzahl ist. Es ist nicht nur so, wie einst Epikur behauptete, dass mich mein Tod nichts anginge. Denn, so Epikur, solange ich lebe, ist er nicht da, und sobald er eintritt, lebe ich nicht mehr. Nicht wegen eines witzig klingenden, aber in Wahrheit wirdigen Arguments von Epikur gibt es meinen Tod nicht, sondern mein Tod kann prinzipiell nicht existieren. Weil nämlich die einzige Welt, die es gibt, die Welt meiner Wahrnehmungen ist. Und in dieser Welt kommt mein Tod genauso wenig vor wie eine Fünf, die gerade ist.

Darum ist es sinnlos, sich vor seinem eigenen Tod zu fürchten. Eher darf man sich vor seinem Schatten fürchten. Den gibt es wenigstens, wenn in der Nähe Licht erstrahlt.

Der Tod eines anderen Menschen jedoch, dem das Ich im Ich-Du begegnet, dieser Tod ist sehr wohl da. Dieser Tod existiert in all seinem Ernst, seiner Bitternis und mit all dem Entsetzen, der Bestürzung, der Fassungslosigkeit, der Trauer, die er bei mir hervorruft.

Eine Ärztin, die vom Tod des Patienten im Zimmer 137 erfährt, mag darüber mit professioneller Indifferenz hinweggehen, vor allem dann, wenn sie diesen Patienten nur in der Erfahrung des Ich-Er kennengelernt und behandelt hat. Schon allein von Berufs wegen wird sie sich bei ihren Patienten von Neigungen und Affekten möglichst frei halten. Erfährt die gleiche Ärztin vom Tod ihrer Mutter, ist sie fassungslos und tieftraurig. Selbst dann, wenn die Mutter eine uralte Frau gewesen war. Selbst dann, wenn sie sich in ihren letzten Monaten vor unerträglichen Schmerzen gewunden hatte. Selbst dann, wenn sie an schwerer Demenz gelitten und ihre Tochter gar nicht mehr erkannt hatte. Selbst dann, wenn das Verhältnis von Mutter zu Tochter von tiefen Zerwürfnissen durchfurcht war. Irgendwann einmal ereignete sich zwischen diesen beiden Frauen eine so innige Ich-Du-Beziehung, dass diese deren Leben für immer prägte. Nun aber hat der Tod die Mutter in eine von der Tochter scheinbar unerreichbare Ferne entrückt.

Wer an das Du zu glauben vermag, für den ist diese Ferne nur scheinbar, aber nicht wirklich unerreichbar. Wer an das Du zu glauben vermag, ist vom Glauben erfüllt, dass das Grundwort Ich-Du über den Tod hinausreicht. Seit den Grabbeigaben, die es bereits in der Steinzeit gab, seit dem *Ägyptischen Totenbuch* wird mit naiven Bildern von einem Jenseits der Glaube an die Beständigkeit des Grundwortes Ich-Du wie mit Ornamenten umrankt. Aber dass sich das Ich in ein Du verlieren kann, das sich über den Tod hinaus als ewiges Du erweist, das ist der tragende Pfeiler dieses Glaubens.

Der schrecklichste Tod ist für eine Mutter der ihres Kindes. Die größten Künstler ihrer Zeit versuchten sich am

tragischen Bild der Pietà, der Mater Dolorosa, der Schmer-
zensmutter, die den vom Kreuz genommenen Leib ihres
einzigen Sohnes im Schoß hält und seinen Tod beweint.
Unermesslich ist die Verzweiflung, wenn eine Mutter am
Friedhof in den tiefen Schacht blickt und den Sarg sieht, in
dem liegt, was von ihrem Kind sterblich war. Wenn überhaupt irgendetwas die Mutter zu trösten vermag, dann
der kaum in Worte zu fassende Glaube, vermittelt in dem
Symbol, das Kind sei in einen Angelus novus, in einen neuen
Engel verwandelt worden, der darauf wartet, dass sich das
Ich in ihn wie in ein ewiges Du verströmt.

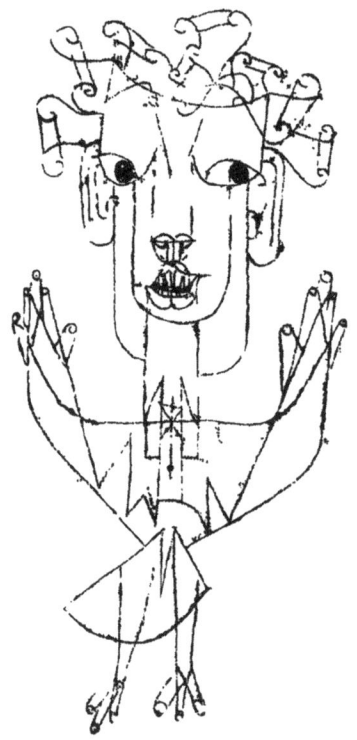

Paul Klees *Angelus novus* ist ein Geschöpf, das noch kein richtiger Engel ist, erst zum Engel erwachen wird, sich erst, wie Klee sich ausdrückte, „im Vorzimmer der Engelschaft" befindet.

Epilog

DER UNBEWEISBARE GLAUBE

Karl Jaspers, 1883 in Oldenburg geboren, Psychiater und Philosoph, Professor in Heidelberg, während der Naziherrschaft aufgrund seiner Treue zu seiner jüdischen Frau seiner Lehrtätigkeit beraubt und mit Publikationsverbot belegt, nach Ende des Krieges Professor in Basel, wo er 1969 verstarb, verfasste 1948 eine immer noch lesenswerte Schrift, der er den Titel *Der philosophische Glaube* verlieh. In ihr verdeutlichte er den Unterschied zwischen Wissen und Glauben anhand der beiden fast zur gleichen Zeit, am Ende des 16. und am Beginn des 17. Jahrhunderts lebenden Gelehrten Giordano Bruno und Galileo Galilei:

> Glauben ist unterschieden vom Wissen. Giordano Bruno glaubte und Galilei wusste. Äußerlich waren beide in der gleichen Lage. Ein Inquisitionsgericht verlangte unter Drohung des Todes den Widerruf. Bruno war zum Widerruf mancher, aber nicht der für ihn entscheidenden Sätze bereit; er starb den Märtyrertod. Galilei widerrief die Lehre von der Drehung der Erde um die Sonne, und man erfand die treffende Anekdote von seinem nachher gesprochenen Wort: und sie bewegt sich doch. Das ist der Unterschied: Wahrheit, die durch Widerruf leidet, und Wahrheit, deren Widerruf sie nicht antastet. Beide taten etwas dem Sinne der von ihnen vertretenen Wahrheit Angemessenes. Wahrheit, aus der ich lebe, ist nur dadurch,

dass ich mit ihr identisch werde; sie ist in ihrer Erscheinung geschichtlich, in ihrer objektiven Aussagbarkeit nicht allgemeingültig, aber sie ist unbedingt. Wahrheit, deren Richtigkeit ich beweisen kann, besteht ohne mich selber; sie ist allgemeingültig, ungeschichtlich, zeitlos, aber nicht unbedingt, vielmehr bezogen auf Voraussetzungen und Methoden der Erkenntnis im Zusammenhang des Endlichen. Es wäre ungemäß, für eine Richtigkeit, die beweisbar ist, sterben zu wollen.

Galilei wusste. Galileis Wahrheit ist die wissenschaftliche Wahrheit, von anderen nachvollziehbar, unabhängig von deren Befindlichkeit, sofern sie sich auf die Erkenntnismethode einlassen – im Falle Galileis: sofern sie sich nicht weigern, durch das Fernrohr zu blicken, das Galilei gegen den Himmel gerichtet hat. Für die Verteidigung einer wissenschaftlichen Wahrheit lässt sich kein Vernünftiger auch nur ein Haar krümmen.

Bruno glaubte. Brunos Wahrheit ist die existenzielle Wahrheit, die nichts mit nachvollziehbarer Erkenntnis zu tun hat. Während der Erkenntnisgrad wissenschaftlicher Wahrheit mit der Zeit zunimmt, die heutige Physik zum Beispiel weitaus umfangreicher ist als jene, die Galilei, deren Begründer, überblickte, kennt existenzielle Wahrheit keinen Fortschritt. Vor allem kennt der Glaube, woran auch immer, keinen unerschütterlichen Beweis seiner Gültigkeit. Trotzdem knüpft der von seinem Glauben Überzeugte daran Haut und Haar, seine ganze Existenz.

Wie aber findet man zum Glauben? Aus dem Wissen kann er nicht hervorgehen. Er entspringt vielmehr einer Botschaft, die an die einzelne Person – und nur an sie allein –

gerichtet ist. Wer ist der Bote? Das griechische Wort dafür heißt „ángelos": der Engel.

Darum sei noch einmal der Angelus novus, der neue Engel angesprochen, der am Ende des letzten Kapitels auftaucht: Paul Klee zeichnete um 1920 einen solchen Engel, den er *Angelus novus* nannte. Und damit meinte er ein Geschöpf, das noch kein richtiger Engel ist, erst zum Engel erwachen wird, sich erst, wie Klee sich ausdrückte, „im Vorzimmer der Engelschaft" befindet. Der Kulturkritiker und Philosoph Walter Benjamin erwarb 1921 dieses Bild; es begleitete ihn zwei Jahrzehnte und es prägte sein Denken. Benjamins Freund, der Theologe und Kabbalaforscher Gershom Scholem erinnert sich: „Vom ersten Moment an faszinierte ihn Klees Bild aufs höchste und spielte in seinen Betrachtungen zwanzig Jahre lang eine bedeutungsvolle Rolle als Meditationsbild und als Memento einer geistigen Berufung. Er kam mündlich und schriftlich öfter auf das Bild zu sprechen."

Tatsächlich ist Klees *Angelus novus* ein tief beeindruckendes Geschöpf. Der Engel besitzt einen übergroßen Kopf mit einer katzenartigen Nase, einem geöffneten Mund, der markante Zähne zum Vorschein bringt, mächtigen Ohren, vor allem aber weit aufgerissene Augen, die mit Silberblick Botschaften aus einer geheimnisvollen Richtung empfangen. Die Haare wirken, wie Ingrid Riedel schreibt, als seien sie „vom Sturm zersaust", die kleinen Beine enden mit an Vogelfüßen erinnernden Zehen – die emporgestreckten Arme deuten nur leicht die Flügel des Engels an.

Anfangs meinte Walter Benjamin, dass der *Angelus novus* vor Gott Hymnen singt. „Die Kabbala erzählt", so

269

Gershom Scholem, „dass Gott in jedem Nu eine Unzahl neuer Engel schafft, die jeder nur bestimmt sind, ehe sie ins Nichts zergehen, einen Augenblick das Lob von Gott vor seinem Thron zu singen."

Aber als im September 1939 der Zweite Weltkrieg anbricht, wird Benjamin, der seit 1933 im Pariser Exil lebt, als „feindlicher Ausländer" für drei Monate interniert. Er kehrt dann nach Paris zurück und verfasst Anfang 1940 den Text *Über den Begriff der Geschichte*, worin er den Angelus novus als einen Boten der Geschichte sieht:

Es gibt ein Bild von Klee, das *Angelus novus* heißt. Ein Engel ist darauf dargestellt, der aussieht, als wäre er im Begriff, sich von etwas zu entfernen, worauf er starrt. Seine Augen sind aufgerissen, sein Mund steht offen und seine Flügel sind ausgespannt. Der Engel der Geschichte muss so aussehen. Er hat das Antlitz der Vergangenheit zugewendet. Wo eine Kette von Begebenheiten vor uns erscheint, da sieht er eine einzige Katastrophe, die unablässig Trümmer auf Trümmer häuft und sie ihm vor die Füße schleudert. Er möchte wohl verweilen, die Toten wecken und das Zerschlagene zusammenfügen. Aber ein Sturm weht vom Paradiese her, der sich in seinen Flügeln verfangen hat und so stark ist, dass der Engel sie nicht mehr schließen kann. Dieser Sturm treibt ihn unaufhaltsam in die Zukunft, der er den Rücken kehrt, während der Trümmerhaufen vor ihm zum Himmel wächst. Das, was wir den Fortschritt nennen, ist dieser Sturm.

Walter Benjamin konnte sich vor der Katastrophe, die über Europa hinwegfegte, nicht retten. In der Nacht auf den 27. November 1940 nimmt er sich nach einem missglückten Versuch, über die Pyrenäen zu fliehen, das Leben. Wie ihm der Angelus novus, dessen Bild er in Paris zurücklassen musste, in diesen letzten Stunden begegnete, wissen wir nicht.

Wie wir auch nicht wissen, welchen Glauben der Angelus novus dem verkündet, den er mit seinen großen Augen anblickt.

Bibliografische Information der Deutschen Nationalbibliothek
Die Deutsche Nationalbibliothek verzeichnet diese Publikation in der Deutschen Nationalbibliografie;
detaillierte bibliografische Daten sind im Internet über http://dnb.d-nb.de abrufbar.

2. Auflage

Lektorat: Andreas Deppe
Satz und grafische Gestaltung: Burghard List
Cover: Modular plus

Bildnachweis:
Cover: Ingo Pertramer | Seite 10: Getty Images / Leonard Mccombe / The LIFE Picture Collection |
Seite 16: Shutterstock | Seite 30: © IG Windkraft – www.igwindkraft.at | Seite 68: picturedesk.com /
Friedel Gierth / Interfoto | Seite 86: Universum Bremen / © Julia Roth | Seite 108: © Simone Hainz /
pixelio.de | Seite 132: bpk / Skulpturensammlung und Museum für Byzantinische Kunst, SMB / Jörg P.
Anders | Seite 164: Roman Opalka: Oktogon / 1 – ∞. 2010 / © Bildrecht, Wien, 2016 | Seite 186: wiki-
media / © Tonval | Seite 218: wikimedia / © Popie-commonswiki | Seite 240: Constantin Brancusi: Der
Kuss. 1909 / © Succession Brancusi – All rights reserved (Adagp) / Bildrecht, Wien, 2016 | Seite 266:
Paul Klee: Detail aus Angelus novus. Israel Museum (CC BY-SA 3.0)

Gedruckt in der EU

ISBN 978-3-7106-0063-0

Christian Brandstätter Verlag
GmbH & Co KG
A-1080 Wien, Wickenburggasse 26
Telefon (+43-1) 512 15 43-0
Telefax (+43-1) 512 15 43-231
E-Mail: info@brandstaetterverlag.com
www. brandstaetterverlag.com

Designed in Austria, printed in the EU